MINZU JICHUJIAOYU XINKECHENG GAIGE SHIQIEXING YANJIU

—YI NEIMENGGU TONGLIAOSHI MENGGUZU ZHONGXIAOXUE WEI GEAN

民族基础教育新课程改革适切性研究

——以内蒙古通辽市蒙古族中小学为个案

杨志娟◇著

民族出版社

多维视野的民族教育研究丛书

总主编：苏德

中央民族大学「985工程」中国少数民族教育研究创新基地文库

图书在版编目（CIP）数据

民族基础教育新课程改革适切性研究：以内蒙古通辽市蒙古族中小学为个案／杨志娟著．—北京：民族出版社，2017.9

（多维视野的民族教育研究丛书／苏德主编）

ISBN 978－7－105－15043－4

Ⅰ．①民… Ⅱ．①杨… Ⅲ．①蒙古族—少数民族教育—基础教育—教育研究—通辽 Ⅳ．①G639.2 ②G759.2

中国版本图书馆 CIP 数据核字（2017）第 245489 号

民族基础教育新课程改革适切性研究

——以内蒙古通辽市蒙古族中小学为个案

策划编辑：张宏宏
责任编辑：马少楠　张宏宏
封面设计：金　晔
出版发行：民族出版社
地　　址：北京市东城区和平里北街 14 号
邮　　编：100013
电　　话：010—64228001（编辑室）
　　　　　010—64224782（发行部）
网　　址：http://www.mzpub.com
印　　刷：北京中石油彩色印刷有限责任公司
版　　次：2018 年 1 月第 1 版　2018 年 1 月北京第 1 次印刷
开　　本：787 毫米×1092 毫米　1/16
字　　数：240 千字
印　　张：14.375
定　　价：36.00 元
ISBN 978－7－105－15043－4/G・2076（汉 994）

编委会

总　序

我国是一个统一的多民族国家，民族教育是我国教育事业的重要组成部分。民族教育的发展是促进各民族共同团结奋斗、共同繁荣发展的重要基础。《国家中长期教育改革和发展规划纲要（2010—2020年）》（以下简称《规划纲要》）专门对民族教育作出了全面的规划和部署，无论对民族教育事业的发展，还是对民族教育学科的建设，这都是大好机遇，有利于加快民族教育改革、实现民族教育的跨越式发展。

中央民族大学作为党和国家为解决民族问题、培养少数民族干部和高级专门人才而创建的高等学府，在我国民族事务与民族教育事业中具有举足轻重的地位。该校是一所汇聚了56个民族师生的国家“985工程”和“211工程”重点建设大学。中央民族大学教育学院是一个院、所合一的教学科研单位，是中央民族大学“211工程”、“985工程”项目重点建设单位。

历经五十余年的发展变化，特别是改革开放三十多年来的快速发展，通过“211工程”、“985工程”二期建设以及其他项目的积累和历练，教育学院形成了以少数民族教育为特色和优势的教育学科，凝聚了一支在国内外有影响、团结协作并有奉献精神的少数民族教育学术创新研究团队。在民族教育学的学科建设方面取得了许多重要成果，尤其是出版了一系列学术精品著作，如《中国少数民族教育学概论》（孙若穷、滕星主编）、《中国边境民族教育》（王锡宏主编）、《中国少数民族教育本体理论研究》（王锡宏著）、《中国少数民族双语教育概论》（戴庆厦、滕星等著）、《民族教育学通论》（哈经雄、滕星主编）、《文化变迁与双语教育：凉山彝族社区教育人类学的田野工作与文本阐述》（滕星著）、《中国少数民族教育史·达斡尔族教育史》（苏德等主编）、《中国少数民族高等教育学》（哈经雄著）、《蒙古族儿童传统游戏研究》（苏德著）、《教育人类学研究丛书》（滕星主编）、《族群·文化与教育》（滕星著）、《文化选择与教育》（王军著）、《文化环境与双语教育》（董艳著）、《蒙古学百科全书·教育卷》（扎巴主编、苏德等副主编）、《少数民族传统教育学》（曲木铁西著）、《文化变迁与民族地区农村教育革新》、《文化多样性、心理适应与学生指导》（常永才著）、《新时期民族院校人才培养问题研究》（常永才、谭志松主编）、《中外民族教育政策史纲》（吴明海主编）、《中国少数民族教育史教程》（吴明海主编）等重要的学术著作，在国内外核心期刊发表了上百篇学术论文，其中若干成果已获得国家、省（部）级科研成果一、二等奖以及国家图书奖，成为该学科发展的标志性成果。

在“九五”和“十五”期间，中央民族大学教育学院中国少数民族教育学的学科建设实现了跨越式发展，民族教育学先后被列为中央民族大学“211工程”重点学科建设项目（1999年）和“985工程”重点建设单位（2005年），并专门成立了“985工程”中国少数民族语言文化与边疆史地研究哲学社会科学创新基地“中国少数民族地区基础教育研究中心”。2010年学校成立了“985工程”“中国少数民族教育研究创新基地”。目前，教育学院承担着全国教育科学规划国家级重点课题、国家社会科学基金重点项目、教育部人文社会科学重点研究基地重大项目以及多项省部级民族教育研究重点课题，主持开展了国家社科基金重点招标课题“民族教育质量保障与特色发展研究”（苏德主持）、国家社科基金课题“内蒙古地区蒙古族中小学双语教学问题、对策与理论研究”（苏德主持）、联合国教科文组织西班牙千年发展目标促进基金“中国文化与发展伙伴关系”项目“中国少数民族基础教育政策研究”（苏德主持）、美国福特基金会“中国西部少数民族地区经济文化类型与地方性校本课程开发研究”（滕星主持）、加拿大女王大学国际合作项目“多民族社会的族群关系”（常永才参与设计与实施）等多项国际合作项目，苏德、吴明海是我主编的《中国大百科全书》之民族教育的分卷主编和主要作者，相关研究成果在国内外民族教育研究领域产生了较大影响。

教育学院坚持以科学发展观和构建社会主义和谐社会为指导思想，站在社会主义现代化建设的历史新起点上，围绕民族教育改革发展的重要理论和重大现实问题，坚持基础研究和应用研究并重，积极促进民族教育理论创新，增强民族教育研究的针对性和实效性，更好地服务于新时期国家民族教育决策和实践创新，促进民族教育学科的进一步发展。同时，教育学院在“211工程”三期建设中成立了中央民族大学“985工程”中国少数民族教育研究创新基地文库编委会，该编委会以本院民族教育科研师资队伍为主，并且邀请国内外民族教育研究领域的优秀专家学者，撰写和出版中国少数民族教育的系列专业教材和学术著作。该丛书是中央民族大学民族教育学学科建设的标志性成果之一，为中国少数民族教育学科与民族教育事业的发展作出了重要贡献。该文库的内容十分丰富，包括了民族教育的理论研究、民族教育史研究、田野研究，还包括了早期教育、女童教育、民族艺术教育等方方面面，有如一部民族教育的百科全书。

民族教育研究应围绕《规划纲要》制定的目标，聚焦当前少数民族教育中的重大理论和现实问题，以项目研究为依托，加强队伍建设，凝炼学科方向，推进学科建设，加快科学研究的自主创新和社会服务能力建设，为中国少数民族教育改革和发展建言献策。我相信通过中央民族大学“985 工程”中国少数民族教育研究创新基地文库的出版，中央民族大学教育学院将秉承注重民族地区教育田野调查的优良传统，大力加强民族教育学的理论研究和应用研究，努力培养优秀的教学和科研人才，达到中国少数民族教育学科建设的一流水平，为推动少数民族地区教育事业又好又快的发展，促进边疆安全、民族团结、社会和谐和国家长治久安而发挥积极作用。

是为本文库总序。

顾明远

2013 年 6 月

前　言

新一轮基础教育新课程改革，是为了适应当代社会发展、全面推进素质教育、加强教育创新而采取的重大改革举措。对促进民族基础教育发展具有重要意义，是提高民族教育质量的关键环节。

新一轮基础教育新课程改革至今已走过十几个年头，在这十几年里，它到底取得了哪些成就，又存在哪些问题，是我们在21世纪第二个十年开始的时候应该厘清的问题。同时，新课程改革又是以东部地区和西部汉族地区为试点推行的，对民族地区课程改革的设计与论证不足，有待研究的问题很多。因此，对民族地区课程改革的研究势在必行。

对民族地区新课程改革进行研究，不仅因为它是学术界研究的热点和焦点，更因为它是广大民族地区人们热切关注的问题。那么基础教育新课程改革是否如众所期望的那样发挥了提高民族教育质量的作用呢？以此为基本出发点，本书选取内蒙古自治区通辽市两所蒙古族学校为个案，对民族学校新课程改革的适切性现状进行了深入的调查，在此基础上总结了民族学校新课程改革所取得的成就和存在的问题，并提出“利益和价值的双重冲突”是民族学校基础教育新课程改革多重问题的根源，进而提出通过教育制度的创新和文化的自觉，来消解民族学校新课程改革面临的冲突与困顿。

本书共包括五个部分：

第一部分为第一章导论，主要内容包括本书的研究背景、相关研究的动态、核心概念、研究思路、理论范式和具体的研究方法等。这一部分内容的主要作用在于引导全篇，奠定本书的文献基础和理论基础，明确研究的思路与研究的方向。

第二部分为第二章民族基础教育新课程改革政策文本分析，内容涉及以下两个方面。第一，确定民族基础教育新课程改革政策文本分析的方法，本书采用的是综合的政策文本分析方法，即文件属性计量分析和文件话语分析相结合。第二，对已搜集的民族基础教育新课程改革政策进行整理和分类，政策属性计量分析的内容包括政策级别分布、发布单位和时间分布。政策内容的概括，沿着三条脉络进行：一是提炼所搜集的政策中有关新课程改革的内容；二是提取所搜集的政策中有关民族基础教育的内容；三是精炼所搜集的政策中与民族基础教育新课程改革直接相关的内容。

第三部分是本书的主体部分，包括第三章、第四章、第五章和第六章，是对民族基础教育新课程改革适切性现状的调查和分析。所依托的材料包括问卷调查所获得的数据；通过教师座谈或访谈、学生访谈所了解的内容；通过课堂观察所获取的信息；通过家长访谈、校园观察所获得的信息等。从三个层面，即学校层面、教师层面和学生层面展示了民族学校新课程改革的适切性现状。学校层面包括民族学校新课程改革课程设置及教材变革、新课程改革与民族文化传承等。教师层面包括民族学校教师对新课程改革的认知和态度、民族学校新课程改革教师培训、民族学校新课程改革教学的变革、教师在新课程改革中面临的困难和阻力等。学生层面包括民族学校新课程改革学生学习方式的变革及学生的学习效果。

第四部分是第七章民族基础教育新课程改革适切性的理论分析。新课程改革的发展历程，其实质是一项课程政策从酝酿、形成、实施到评估的过程。本书以民族基础教育新课程改革适切性为主题，其实质也是对民族学校新课程改革政策执行结果的分析。本书在剖析了民族基础教育新课程改革的现状的基础上，总结了其所取得的成就和存在的现实困惑及其原因。

第五部分是第八章，为本书的结论和启示。从价值层面上追溯了民族基础教育新课程改革存在问题的根源，即利益与价值观的冲突，也就是整个教育领域中课程理想、理念与现实教育实际之间的价值冲突、民族教育内部民族文化与主流文化“主次”“本末”的矛盾冲突，并提出了走出困顿的路径，即通过教育制度的创新和文化的自觉，来消解民族基础教育新课程改革面临的双重冲突。

目 录

第一章　导　论

第一节　民族基础教育新课程改革适切性研究的背景

一、研究的重要意义

对于民族学校而言，新课程改革明确了学校的办学目标和发展方向，有利于民族学校全面推进素质教育；对于少数民族教师而言，新课程改革促进了教师的专业发展，提高了教师的研究能力和开发课程资源的能力，更新了教师的知识结构，使教师队伍的研究属性日渐突出；对于广大少数民族学生而言，新课程改革有利于激发学生的学习动机，转变学生的学习方式，调动学生学习的积极性。

民族基础教育课程改革，是我国基础教育课程改革的重要组成部分，也是实施基础教育课程改革的重点和难点。少数民族地区由于历史和现实的原因，教育水平大多比较低，表现为教育基础薄弱、教育观念落后、教师特别是双语教师匮乏、办学条件差等。课程改革是提高教育质量的关键环节，那么基础教育课程改革是否如期望的那样发挥了提高教育质量的作用呢？这个问题是本研究的出发点，由此延伸出这样一些问题，如国家为什么要实施新课程改革？课程改革对民族基础教育发展的重要意义何在？新课程改革在民族地区的实施现状如何？民族学校、少数民族教师和学生对新课程改革适切与否？民族学校的新课程改革取得了哪些成就？存在哪些问题？原因是什么？

本研究通过对个案地区民族学校新课程改革全面的、深入的实际调查，去寻找这些问题的答案，并对这些答案进行系统的理论分析。

本研究以民族基础教育新课程改革的适切性判断为核心问题，期望通过对个案民族学校的调查及在此基础上的理论分析和价值判断，能够深刻了解新课程改革在民族学校的发展历程及取得的成就和存在的不足，进而总结新课程改革在民族学校的发展状况，为今后的发展提供参考性建议。所以，这一研究对民族地区学校课程改革的研究具有明显的理论和实践意义。

1. 理论意义

（1）本研究重视对民族基础教育课程改革的理论分析，从教育人类学、系统论、课程论等多学科视角对民族基础教育课程改革的适切性判断进行理论阐释，以丰富课程改革的基本理论。

（2）对民族地区学校基础教育课程改革进行研究，可以为国家制定民族地区课程改革的政策和推进民族基础教育新课程改革提供理论依据。

2. 实践意义

（1）研究民族基础教育课程改革的适切性，可以揭示民族学校课程改革中存在的问题，通过发现问题、解决问题来促进民族地区学校课程改革的深入和发展。

（2）通过对个案民族学校课程改革经验的总结和宣传，可以为其他民族学校课程改革的开展提供借鉴。

二、研究目的

对民族地区新课程改革进行研究，不仅因为它是学术界研究的热点和焦点，更是因为它是广大民族地区人民群众热切关注的问题。本研究以民族学校新课程改革的适切性为核心问题，通过对这一问题的探讨，期望达到以下三个方面的目的。

首先，事实层面的描述，即对个案点民族学校进行实地调研，通过文献的搜集、访谈、问卷调查、课堂观察等方法，了解民族学校新课程改革的发展历程、语言生态环境等，重点了解新课程的参与主体对课程改革的态度、认识和行为表现，及其在真实的课堂场景中的课程价值取向，进行摸底性的调查，并做事实层面或者说是现象层面的描述和阐释。

其次，理论层面的解释，即在现象层面描述的基础上，分析存在的问题，也就是说，新课程改革在哪些方面适应了民族学校和少数民族学生的发展，哪些方面不适应民族学校和少数民族学生的发展，并对其进行归因分析。

最后，价值层面的判断，对新课程改革适切性的研究，也就是对新课程改革与相关因素的协调程度，或者说新课程改革满足社会发展、个体发展和教育自身发展的程度进行价值判断，所以说价值层面的判断是本研究的终极目的，即对新课程改革满足民族地区发展、少数民族学生的发展及民族教育自身发展的程度进行价值判断。

三、研究思路

本书以对民族基础教育新课程改革的适切性价值判断为核心问题，以新课程改革在理论方面的争议、实践中存在的问题和对新课程改革的反思为切入点，将研究的焦点放在民族学校“教”与“学”的方式变革上。

本书在论述上遵循从事实层面的描述到理论层面的分析再到价值层面的判断这样一个逻辑思路。事实层面的描述主要是在对个案点民族学校进行实地调研的基础上，阐释新课程改革的语言生态环境、历程和新课程的参与主体对课程改革的态度、认识和行为表现；理论层面的分析主要是了解新课程改革在哪些方面适应了民族学校和少数民族学生的发展，哪些方面不适应民族学校和少数民族学生的发展，并对其进行不同视角的归因分析；价值层面的判断主要是在前两个层面分析的基础上，对新课程改革满足民族地区发展、少数民族学生的发展及民族教育自身发展的程度进行价值判断。

第二节　相关研究动态

本书旨在探究新一轮课程改革对民族基础教育的适切性，因此在对文献资料进行收集和整理时，以对民族基础教育课程改革的研究为核心，以对普通学校基础教育课程改革的相关研究为参考。在对有关基础教育课程改革文献的梳理过程中，结合本书的研究主题，分析现有研究的应用价值和实际意义，指出现有研究存在的问题，分析今后有关基础教育课程改革研究的趋势，为本书的撰写奠定理论基础。

一、理论基础和理念

（一）理论基础

对新课程改革的理论基础的研究可以说是新课程改革研究中的一个热点问题，也是一个争论最为激烈的问题。对这一问题的争论缘起于2005年靳玉勒、艾兴在《中国教育报》发表的《新课程改革的理论基础是什么》。

在该文中作者提出新一轮基础教育课程改革的理论是多元的，但是理论基础是模糊的，是“建构主义、后现代主义，还是常提常新的杜威的实用主义”，“或者是所谓‘国外先进教育理念’的多元综合?”作者认为“基础上显得含混不清，会导致改革实践的不知所措”，新课程改革的理论基础缺乏“完整、系统和深入的阐述”，没有形成“改革者所设想的知识观、课程观、教学观等基本的课程理论体系”。作者提出“马克思个人全面发展的学说，是改革不可动摇的理论基础”，因为马克思主义相对于国外的其他理论更适合我国的国情。作者提到，新课程改革是“脱离传统和现实的推倒式革命，会给教育带来严重的后果”，要处理好继承与超越、照搬与借鉴的关系。

2006年马福迎在《校长阅刊》发表的《不要拉大旗作虎皮——也谈新课程改革的理论基础是什么》一文中对靳玉勒、艾兴的观点提出了反对意见，首先，作者提倡课程理论的多元化，认为新课程改革的理论基础应该建立在对多种不同理论的综合的基础之上，而这些理论应该包括建构主义、后现代主义、杜威的实用主义，还有加德纳的多元智力理论、马克思主义关于人的全面发展学说等。作者认为这样的理论基础“是鲜活、清晰的，是先进的，既有理论的前瞻性，又有很强的可操作性”。其次，作者认为新课程改革并不是靳玉勒、艾兴所提的“推倒式的革命”，“是改革，不是革命；是扬弃，是继承和发展，而不是割裂和推倒重建”。

2005年高天明、马福迎等在《中国教育报》发表的《新课程改革的理论基础究竟是什么》一文中，对靳玉勒和艾兴的观点进行了批判，认为“将马克思主义认识论作为课程改革的主要理论基础，是不很完善的。基础教育课程改革的理论基础应包括两个方面：马克思主义认识论基础和从课程哲学角度提出的直接理论基础”。课程的直接理论基础是课程哲学，马克思认识论是课程哲学的基础，它与课程的直接理论是不同的，不能泛泛地搬用马克思主义认识论代替课程改革的直接理论基础，否则不能起到实际的指导效果。

2006 年和学新在《当代教育论坛》发表的《科学把握新课程改革的理论基础的两个方法论问题》一文中，对上述争论进行了辨析，认为上述争论中存在两个方法论问题：一是混淆了“指导思想”与“理论基础”的概念及其使用范围。“指导思想”是宏观层面的概念，“理论基础”是中观层面的概念，而马克思主义认识论或者马克思关于人的全面发展学说是新课程改革的宏观指导，属于“指导思想”范畴。二是课程改革的理论资源及其取舍和消化问题。作者提出要“兼容并包”，合理整合各种教育资源。

吴永军、宁婷婷等在收集了大量的相关文献的基础上，于 2008 年在《教育理论与实践》发表了《我国基础教育新课程改革理论基础研究述评》，对我国基础教育新课程改革理论基础的研究做了综合的评述，该文献综述主要围绕三个问题进行：新课程改革的理论基础是什么、理论基础是否符合中国国情、理论基础是否继承了传统。关于新课程改革的理论基础是什么的问题，作者认为大多数学者在争论新课程改革的理论基础是什么的时候，都存在概念模糊不清和混用现象；人们所争论的焦点在于新课程改革的理论基础是“模糊的”还是“明确清晰的”，是“一元的”还是“多元的”。关于理论基础是否符合中国国情的问题，存在着“适应国情论”和“不问国情论”两种针锋相对的观点。关于理论基础是否继承了传统的问题，存在着“不讲继承，与传统一刀两断”与继承传统，“先立后破”之争。最后作者总结到，有关新课程改革理论基础的研究中存在“简单化”倾向、对新课程改革的误解与曲解和研究视角单一等问题。

（二）价值取向

价值取向（value orientation）指的是一定主体基于自己的价值观在面对或处理各种矛盾、冲突、关系时所持的基本价值立场、价值态度以及所表现出来的基本价值倾向。课程改革的价值取向就是课程改革的主体在面对课程改革中存在的问题时、在进行行为选择时所参照的价值标准。

新课程改革的价值取向问题，也是新课程改革研究的一个重点问题，许多学者对我们在新课程改革中应该具有哪些价值取向给予了回答。如刘旭东

2002 年在《内蒙古师范大学学报（教育科学版)》发表的《论基础教育课程改革的价值取向》一文中，批判了一直影响我国课程领域科学主义的理性化、逻辑化的价值取向，认为在这一价值取向的影响下，生活世界被忽略了，理性和科学成为人们的唯一追求；知识的完整统一性被破坏，情感体验、意志努力在知识生成中的作用被漠视；学科之间相互隔绝，各门学科都致力于建构自身的逻辑体系。而现代课程应以文化为价值取向，密切关注学生的活动和生活实际。

姜美玲 2002 年在《上海教育科研》发表的《回归生活世界：中小学课程改革的价值取向》中倡导课程要回归学生的生活，因为生活对学生来说具有课程教学意义。课程对生活的回归，要体现在课程理念、课程目标、课程内容、课程实施和学习方式上。要关注学生生活的世界和学生的现实需求，重视学生在学习中的体验，通过交往的、对话的方式实现提升学生主体地位和构建学生可能生活的目标。

容中逵、刘要悟 2005 年在《现代教育论丛》发表的《论新基础教育课程改革的价值取向问题》一文中探讨了新课程改革中如何权衡个人本位价值观与社会本位价值观的关系问题，批判新课程改革具有“泛人本化”倾向，过于强调课程的个体价值，认为“本次课程改革目标在强调个性本位的同时，切不可忘记人的本质属性是一切社会关系的总和这一基本观点”，“课程改革的目标应该定位在基于社会本位前提下既考虑个人需要又考虑社会需要的知识、能力、个性的培养上”。

金志远 2006 年在《民族教育研究》发表的《民族知识传承与民族基础教育课程改革价值取向》中探讨了少数民族基础教育新课程改革中应该具有的价值取向问题。作者围绕着民族知识、新课程改革和民族文化传承的关系展开论述。认为“民族基础教育的价值取向和任务就是一方面让少数民族学生学会融入现代化主流文化社会所需要的基本知识、技能、态度与行为方式；另一方面是让他们也掌握本民族拥有的民族知识、技能、态度价值观与行为方式”。

（三）基础教育新课程改革的理念

观念是行为的先导，任何一次课程改革，都是依据一定的课程理念展开的。那么指导新一轮的基础教育课程改革的课程理念是什么呢？很多学者给出了答案。如钟启泉、崔允漷主编的《新课程的理念与创新》（高等教育出版社，2003 年 7 月第一版）中提到，“贯穿本轮课程改革的核心理念是：为了中华民族的复兴，为了每个学生的发展”。在该书第一讲中，作者对新课程改革的基本理念进行了更为具体的阐释，即关注学生作为“整体的人”的发展、统整学生的生活世界与科学世界、寻求学生主体对知识的建构和创建富有个性的学校文化。董建稳、肖自明编著的《基础教育课程改革导论》（陕西师范大学出版社，2009 年 2 月第一版）提出六大课程理念，即全人发展的课程理念、回归生活的课程理念、有效教学的课程理念、从分科到综合的课程理念、以评价促发展的课程理念和民主管理的课程理念。这些理念是对《基础教育课程改革纲要（试行）》（以下简称为《纲要》）的进一步解读，使人们对新一轮基础教育课程改革的理念有了一个基本而全面的认识。

学者们对新课程改革理念的研究不仅仅局限于对《纲要》的解读，而是在反思和实践的基础上，提出了不同的课程改革的理念。如傅维利 2005 年在《中国教育学刊》发表的《课程改革应确立的三种核心教育观念》一文中提出，在基础教育课程改革中，应确立寻求多元逻辑体系的教育新观念，即不仅要重视学科发展的逻辑，还要重视事物发生、发展的逻辑以及学生认识事物的心理逻辑；应确立改革目标与各地现实教育资源相一致的改革观念，即不同学校为基础教育课程改革所提供的整体教育资源和技术条件是不同的，特别是教师资源和评价技术，因此，课程改革为了实现预期目标，就要与当地的教育资源一致；应确立实现教育促进人的发展和促进人的社会化两种功能的基本观念，即课程改革要突显学生在教育中的主体作用，但不能完全否定符合主流社会要求的社会化过程。

西南大学硕士学位论文《我国“新课程改革理念”的后现代主义倾向评析》（2007）中提出，我国新一轮基础教育课程改革的理念，具有后现代主义的倾向，“后现代主义思潮宣扬的‘反本质主义’、‘去中心’、‘告别整体性与同一性’、‘质疑科学理性’、‘崇尚多元’、‘强调差异性’，知识、真理只是相互间的‘约定’、‘生成’、‘沟通’、‘语言游戏’等等，在‘新课程改革理念’中得到了一定程度的体现”。具体表现为生成性、建构性和多元性的特点。作者进一步提到，“新课程改革理念”后现代主义倾向对新课程改革的影响有积极和消极两个方面。积极方面，帮助我们树立关注学生存在的课程目标观、价值多维的课程内容观、关注多种学习方式的教学过程观，建立民主、平等的师生观，关注发展的课程评价观；消极影响包括，课程目标上降低了知识目标的基础性，课程内容上忽视了教材的主要地位，教学过程中拒斥接受学习，降低学习效率，师生关系中漠视教师的主导作用，轻视了课程评价中考试的重要地位。在这一分析的基础上，作者认为，要超越后现代主义，在马克思主义哲学认识论基础上，综合各有关学科知识理论从而构建具有中国特色和时代特征的课程与教学理论体系，以此指导我们的新课程改革才是真正贯彻了教育方针，才能保障新课程改革的顺利进行。

昆明市第一中学教师梁春明 2007 年在《课程教材教学研究：教育研究》发表的《对新课程改革理念的思考》一文中提出，在新课程改革中教师在理念层面上，需要认真思考如下问题：第一，从注重知识的传授到注重能力的培养，并不是弱化对基础知识的掌握，相反，对基础知识的掌握应该是提出了更高的要求；第二，新课程强调以学生为中心，但不能否认教师在教学中的主导作用；第三，注重学生发展富有个性的学习，不能否认个性必须建立在共性的基础上；第四，新课程强调课程的社会实践性，要求课堂模式的创新，但这不能脱离教学实际，也不能对传统的班级课堂教学模式进行完全的否定。

人们对课程理念的研究，主要沿着两个脉络展开，一是对《纲要》的解读，二是在反思和实践的基础上，提出对新课程改革理念的新的认识。这两个脉络分别具有对新课程改革理念的肯定、宣传的取向和否定、质疑的倾向，无论是哪一种倾向，都使我们对新课程改革理念的认识进一步深化了。

二、基础教育新课程改革与教师

教师是课程改革成败与否的关键，新课程改革需要通过教师的工作得以实现，那么要实现新课程改革的目标，就要形成能胜任新课程教学的教师队伍；同时教师参与新课程改革，又可以更新教师的知识结构，提高教师的能力，促进教师的专业发展。所以说课程改革与教师发展密不可分，教师是实现课程改革的主力军。有关教师与课程改革的著作与论文也非常多，内容多集中在以下几个方面：新课程改革中教师的角色转换与角色定位；新课程改革与教师的专业发展；新课程改革中教师发展存在的问题等。

舒志定在《教师角色辩护——走向基础教育课程改革》[1] 中提出，传统的教师角色教师的个性化未被突出，片面强调教师的教育功能，以提升学生考试成绩为目标，过度强调满足学生现实需要的合理性，窄化了教师角色。在新课程改革中，教师首先要转变自己的角色，教师要成为聚集教育资源的合作者、提升素质的研究者、先进文化的传承者、个性化教育的设计者，而这种角色转换要通过教师培训来实现。对于教师来说，课程改革是一个重大的挑战，同时它为教师提供了机遇。

王守恒、姚运标编著的《课程改革与教师专业发展》[2] 讨论了课程改革与教师专业发展的关系问题，提出课程改革与教师发展两者是相互联系彼此促进的，一方面教师专业发展是课程改革的重要支撑，另一方面课程改革也会促进教师专业发展。新课程改革不仅提高了教师的研究能力、开发课程资源的能力，还更新了教师的知识结构，提升教师的实践智慧，更重要的是，新课程改革还通过校本培训、校本教研、校本课程资源开发等行动研究，促进教师的自主发展。

有关新课程改革中教师发展存在问题的研究相对较多，杨光在其东北师范大学硕士学位论文《教师对新课程的认识、问题及其影响因素》(2008) 中提出，教师在新课程改革中，存在课程资源不充足、身心压力大、专业支持不到位、评价方式不合理等问题，而造成这些问题的因素是保守消极文化的冲击、课程本身存在的问题、教师自身的素质、校本研究制度的缺失、教育评价方式、考试制度的制约等。孙杰远、李青在《新课程背景下教师职业压力的调查研究》[3] 一文通过对黑龙江省、四川省、广西壮族自治区三省区共26所中小学700名教师的问卷调查及分析，得出研究结论为：教学工作、教学评价和学生因素是影响教师职业压力大小的主要因素；教师是否参加新课程改革对其职业压力没有显著影响；教师职业压力遵循先降后缓慢上升的发展曲线；城市与农村、重点学校与普通学校教师之间的职业压力差别较大。

---

① 舒志定：《教师角色辩护——走向基础教育课程改革》，杭州，浙江大学出版社，2006。

② 王守恒、姚运标编著：《课程改革与教师专业发展》，合肥，安徽教育出版社，2007。

③ 孙杰远、李青：《新课程背景下教师职业压力的调查研究》，载《广西师范大学学报》（哲学社会科学版），2005（1）。

三、基础教育新课程改革存在的问题、质疑和反思

（一）存在的问题

任何一次课程改革在推行的过程中，都会出现各种各样的问题，也会伴随着各种质疑和争论。但是问题的出现及其合理的解决，是课程改革不断深入的必经之路，质疑和争论是对课程改革的批判与校准。

早在2002年，就有学者指出新课程改革在实施中存在一些问题。如黎世法在《中国教育资讯报》发表的《我看基础教育课程改革》一文认为，“满堂灌、注入式、一刀切”的同步教学方式、修补式的教学方式及“满堂动热闹式”教学方式阻碍着新课程体系的实施。并且在新课程改革中，存在着四种违背课程改革目标的现象：口头上改，行动上不改；有人来检查改，平常不改；上公开课改，独自上课不改；优质课评比改，评完后不改。而造成这些问题的原因在于教师的观念没有更新，许多认识问题没有解决，更不明白如何操作。钟启泉在《中国基础教育课程改革：问题与行动》[①] 一文中提出，新课程改革存在四个迫在眉睫的问题：一是重点学校政策何去何从；二是教材编审队伍如何建设；三是教师专业化如何定位；四是研究性学习怎么走出困境。郝德勇在《新课程改革：症结与超越》[②] 中提出新课程改革中存在文化心理积淀不足和教师准备不足的问题。“应试教育”的文化传统、功利主义的价值心理定势和本质主义的课程思维方式是造成新课程改革文化心理积淀不足的主要原因；认识不到位、理解不深刻，方法不得当、能力不支持是教师准备不足的表现。而要摆脱这种困境，就要转变教育观念和思维方式，建立切合课程改革的方法论，转变传统的教师培养与培训逻辑，建立“研究与发展”型教师队伍。兰州市第三十一中学教师王沛贵2005年在《甘肃日报》发表的《新课改中几个值得探求的问题》一文认为，新课程改革应该注意以下问题：一是注重技能提高，不要淡化知识传授；二是强调以人为本，但不放弃客观评价；三是既要注重教学形式，更要重视文本挖掘；四是探究式学

① 钟启泉：《中国基础教育课程改革：问题与行动》，载《全球教育展望》，2004（1）。

② 郝德勇：《新课程改革：症结与超越》，载《教育研究》，2006（5）。

习“过犹不及”，应做到恰如其分。彭泽平在《我国新一轮基础教育课程改革的问题检视》[①] 一文中提出，新课程改革在价值取向和改革的实施方式上仍存在诸多偏误和不足，如城市中心的价值取向，对学生的个性以及人的民主品格的培养缺乏足够注意的保守主义倾向，对人的理智反思、批判能力和国际意识（视野）的培养重视不够的民族主义的倾向和推行中的“硬着陆”的“革命”方式，使新课程改革实施困难重重。何娟、靳玉乐在《新课程发展中学校文化品性的缺失与重建》[②] 一文中提出，新课程改革中存在缺乏文化品性的问题，表现为学校文化主体性缺失、多元性缺失、开放性缺失、合作性缺失、生成性缺失等，而新课程发展中的学校文化蕴藏着全新的内涵和要素，即一种学习、对话、开放、探究型的学校文化。要重建学校文化，就要树立以人为本的理念，进行人本化管理；要开发优质的、具有特色的校本课程，还要不断生成富有特色的学校文化。

此类文献还有很多，涉及问题十分广泛，如新课程改革遭遇教师冷遇的问题、学科课程转型的问题、新课程实施过程中的公平问题、农村中小学实施新课程改革的困境及对策，等等。

（二）对基础教育新课程改革的质疑

人们对新课程改革质疑的焦点集中在新课程改革的方向和“三维”教学目标上。王策三在《关于课程改革“方向”的争议》[③] 一文中提出，不同的学者对新课程改革的“大方向”是错是对有不同的认识。而作者认为，对也好，错也罢，不能一概而论，要具体分析，要把精力集中用来研究具体事实和实际问题上。作者从一贯性、阶段性和曲折性角度分析了对新课程改革方向的争议，从一贯性讲，新课程改革所倡导的一些理念和取得的一些成果，都是建立在20世纪80年代的课程改革的基础之上的；从阶段性讲，进入21世纪后，课程改革出现了分化，广大学校、教师继续沿着20世纪80年代课程改革道路，朝纵深发展，“有的专家则提出一些‘新理念’，通称‘新课程

① 彭泽平：《我国新一轮基础教育课程改革的问题检视》，载《教学与管理》（中学版），2005（11）。

② 何娟、靳玉乐：《新课程发展中学校文化品性的缺失与重建》，载《教学与管理》，2005（19）。

③ 王策三：《关于课程改革“方向”的争议》，载《教育学报》，2006（2）。

理念’并付诸实践”。上述分析说明，新课程改革的路线，“既有一贯性，又有阶段性，不是直线的而是曲线的”。王策三在该文中还谈到了对新课程改革三维目标，即知识与技能、过程与方法、情感态度与价值观目标的认识，他认为，新课程改革三维目标存在的缺陷是没有经过充分的理论研究，没有指明三者各自的地位以及它们之间的结构和关系。

魏宏聚在《新课程三维目标在实践中遭遇的尴尬与归因——兼对三维目标关系的再解读》[①] 一文中对新课程三维目标做了更为全面的分析。作者认为，三维课程目标存在内涵交叉、外延纠缠，在实践中难以分清的问题；并且教师在三维目标的表述方面，存在着“分开”还是“不分开”的不同认识与选择；而三维目标是同等重要还是有主次之分是教师们质疑的焦点。这些质疑，主要是由于学界对三维目标关系的解读无法在实践中实现而产生的。

（三）对基础教育新课程改革的反思

《学记》中有“知不足然后能自反也”的名句，意思是说在发现问题、知道不足以后，才会反思，进而更加努力。反思不仅是我国的教育传统之一，也是教育实践的必然环节，它伴随着教育实践和教育研究的始终。人们对新课程改革的反思，也是建立在对新课程改革存在的问题和不足的认识基础上的，这些反思涉及课程改革的方方面面，我们可以从理论层面的反思和实践层面的反思进行讨论。

理论方面，北京师范大学石中英教授在《关于当前基础教育改革的几点认识论思考》[②] 一文中，从认识论的角度对当前基础教育改革中一些缺乏深入的理论思考和充分的实践检验的改革主张和措施进行了反思。作者认为，当前基础教育改革中对方法目标和能力目标的追求，使知识目标被忽视和弱化了，而通过知识获得发展，“是一条颠扑不破的教育真理”，所以，知识的选择显得尤为重要。在知识的选择方面，作者提出了三个标准，即满足儿童发展需要、满足社会发展需要和满足知识发展需要。而要实现这些知识的教育价值，就要遵循通过探求知识合法性或权威性的来源、历史及其实现形式而放弃对其绝对合法性或权威性的假设这一原则，即“促使他们去深入地理解、

---

① 魏宏聚：《新课程三维目标在实践中遭遇的尴尬与归因——兼对三维目标关系的再解读》，载《中国教育学刊》，2011（5）。

② 石中英：《关于当前基础教育改革的几点认识论思考》，载《人民教育》，2002（1）。

重构、质疑、批判这种知识，并了解这种知识进一步发展的可能性”。文章最后，作者提出知识观和知识增长观、艺术教育、质疑问难的积极性、多种形式的课程及各种类型的综合实践活动课是培养学生知识创新素养的重要因素。刘冬岩在《关注行动本身——课程改革教学价值观的反思》[①] 中提出，新课程改革将教学价值的关注点从教学结果转向教学过程，这是价值观念的超越。但是，并不是任何一种过程中的参与都有价值，在新课程改革中存在从形式上关注过程和参与，而忽视过程与价值追求的现象。新课程改革应关注教学行动本身，就是说要从关系的、系统的角度来理解教学的各个要素之间的价值。雷晓云和王英在《走出对立思维，实现思维创新——关于基础教育课程改革的文化反思》[②] 中提出，对立思维，即非此即彼、非好即坏的简单线性思维方式，是新课程实施中存在问题的根源，而思维方式是文化的最深层的内核，所以，要从文化角度来反思新课程。在转变思维方式过程中，必须结合新课程与中国文化的特质，建立一种复杂思维来应对新课程实施中的各种问题。骆寒波在其华南师范大学硕士学位论文《我国基础教育改革过程中运用建构主义出现的问题及其反思》（2007）一文中提出，建构主义作为新课程改革的重要理论基础，它在运用过程中也存在着一些问题，如课堂教学知识性质混乱，教学活动化、游戏化形式严重，扬生抑师的困境等，造成这些问题的根源是我们在运用建构主义来冲击传统教育的弊端的时候，片面夸大了建构主义的功能。事实上，任何事物都有两面性，必须一分为二地看待建构主义教育理论，既要看到建构主义在学习观、教学观等方面的积极因素，也要认识到建构主义在知识观上的主观主义、相对主义，对学生学习与科学探索的等同及对教师在教学过程中主导地位的忽视等问题，以一种符合我国教育实际、具有中国特色的建构主义理论来指导新课程改革的实践。

实践方面，华东师范大学教授钟启泉在《中国课程改革：挑战与反思》[③] 一文中提出，新课程改革是由我国教育中存在的危机引发的，同时改革中存在着各种困惑，造成这些困惑的原因在于高考制度落后、教育立法落后和教

① 刘冬岩：《关注行动本身——课程改革教学价值观的反思》，载《当代教育科学》，2005（16）。

② 雷晓云、王英：《走出对立思维，实现思维创新——关于基础教育课程改革的文化反思》，载《教育导刊》，2005（5）。

③ 钟启泉：《中国课程改革：挑战与反思》，载《比较教育研究》，2005（12）。

师研究落后。新课程改革需要寻求整体推进课程改革的合理的、适度的、透明的步伐，需要一系列教育制度的建立和教育科学的重建，需要良好的社会舆论环境和配套的经费支撑，才能顺利地开展下去。《教育科学论坛》特约研究员陈旭在《反思，在课改艰难行进时》① 一文中，尖锐地指出课改行进中的不尽如人意之处，如支持课改的理论缺席，即当课程改革的实践者面对各种困惑的时候，高屋建瓴的理论在因忽视实践困境而让人觉得理想化的同时又缺少从问题研究中生成的理论；课改面临的环境无序，即在我国地方政府成为引领课程改革的力量，但同时地方政府又缺乏解决教育内部规范与秩序问题的能力；师资素质的难以跟进，即教师自身的素质与新课程对教师高要求形成强烈的反差；动力链条的突然断裂，即随着改革的深入，来自于专家学者、师范院校、教育研究单位、地方政府、教育行政部门的支持越来越无力；区域改革的内力不足，即各个地区之间缺乏应有的交流，教师的实践缺乏相关部门的支持。张荣伟在《我国基础教育“十年课改”的反思》② 一文中，以政府行为、专家行为、教师行为、学生发展、学校生活、高考改革、社会反响为视点，系统探讨“十年课改”的时代背景、理论基础、实践路径、具体成效、文化建设、评价制度、舆论导向等问题。此类文章还有王爱菊、徐文彬2005年在《当代教育科学》发表的《“新课程”批判与反思：教材的选用机制》、周彦2006年在《教育研究与实验（新课程研究）》发表的《“祛魅”与“返魅”：新课程视野中教师角色转变的文化反思》等。

无论是对新课程改革问题的揭示，还是对新课程改革的质疑、反思，都使我们从另一个侧面看到了更真实的新课程改革，这些问题是我们继续研究新课程改革的动力。

四、民族学校基础教育新课程改革

这一部分所要介绍的著作和论文是本书的核心文献，主要包括民族地区课程改革的著作、博士学位论文和硕士学位论文，总体上来说，这类文献并不多。

---

① 陈旭：《反思，在课改艰难行进时》，载《教育科学论坛》，2006（9）。

② 张荣伟：《我国基础教育“十年课改”的反思》，载《课程·教材·教法》，2010（12）。

校本课程开发是一个伴随新课程改革发展而日益受到关注的事物，不仅专家学者致力于对其的研究，各地中小学校也重视对校本课程开发的研究。对民族地区学校校本课程开发的研究具有深远意义，它更能满足民族地区课程的特殊性。李定仁主编《西北民族地区校本课程开发研究》[①] 提出校本课程开发应该包括三个方面的内涵：一是以学生个体差异为基础，二是以学校为本，三是持续的、动态的课程开发过程。课程开发在目标上应体现多元性，在课程内容的选择与组织上要体现开放性，充分关注自然、社会和学生经验，在课程实施上要关注学生与教师的共同成长与发展，在课程评价上要倡导多元评价。马正学在其西北师范大学博士学位论文《西北少数民族地区校本课程开发研究》（2004）中写到，西北少数民族地区校本课程的开发，很大程度上有赖于对该地区丰富多样的民族优秀传统文化资源、人力资源、自然生态环境资源等潜在的课程资源的开发与利用。校本课程的开发要考虑少数民族地区民族多元、文化多元的现状和少数民族学生认知风格和成长规律，遵循多元性与一体性、本土性与现代性有机统一的原则。赵虹元在其西南师范大学硕士学位论文《澜沧拉祜族自治县地方课程资源开发问题研究》（2003）中，以云南省思茅地区澜沧拉祜族自治县为个案，探讨了该地区课程资源开发中存在的问题，这些问题包括：地方课程资源开发的理论基础薄弱；地方课程资源开发的内容、手段、途径单一；地方课程资源开发的能力匮乏；地方课程资源开发的实践价值未获得普遍认同；地方课程资源开发缺乏民族地方特色等。该论文凸显了民族地区课程资源开发中存在的问题，使人们对民族地区课程资源开发有了进一步的认识。欧群慧在《民族地区校本课程开发的批判分析》[②] 一文中，从三个方面对民族地区校本课程开发进行了批判分析：一是民族地区的校本课程开发，应以实现个体解放为目标，而这一目标体现在促进学生的解放和通过促进教师的解放来实现对学生的解放两个方面；二是加强“局内人”在民族地区校本课程开发中的自主权，也就是要突出少数民族教师在课程资源开发中的主体地位；三是民族地区校本课程开发应重视对弱势群体和非主流文化的关注，而对生计教育、环境教育和创新教育的开发，才能使民族地区校本课程的开发真正做到对弱势群体和非主流文化的

---

① 李定仁：《西北民族地区校本课程开发研究》，北京，民族出版社，2006。

② 欧群慧：《民族地区校本课程开发的批判分析》，载《中南民族大学学报》（人文社会科学版），2009（2）。

重视和关注。这篇文章把批判作为促进民族地区校本课程开发发展的方法和手段，从深层的理论视角对民族地区校本课程开发进行了分析，这不仅使人们对校本课程开发有了更深层次的认识，更体现了学者们在这一领域研究中的反思与感悟。此类文献在有关民族地区新课程改革的研究中占有很大的比重，其中又以各个院校的硕士学位论文居多，说明这一问题不仅是研究者关注的焦点，也是贴近民族地区课程改革实践的问题。

对民族的地区课程改革实施现状和存在问题的研究也是人们关注的焦点，王慧霞在其西北师范大学博士学位论文《西北民族地区基础教育新课程实施问题研究——以夏河县两所藏族学校为个案》（2008）提出，西北民族地区基础教育新课程实施中的主要问题包括：精神与物质文化条件失衡的基础困境、课程理念设计的激进性与实践的渐进式适应问题、西北民族地区基础教育课程的培养目标不明确、课程意识淡薄、课程观念落后、课程管理教条、课程内容脱离民族学生的经验和实际、课程文化单一、缺乏有力的课程与教学领导者等。毛雪梅在其内蒙古师范大学硕士学位论文《我区蒙古族初级中学课程实施现状分析及对策研究》（2004）中分析了内蒙古自治区蒙古族初级中学课程实施现状，其调查结果为，67.5%的学生喜欢新课程，92%的教师对新课程做过不同程度的研究，有55%的教师意识到转变观念对实施新课程的重要性，且有41%的教师认为自己的教育观念已经发生转变，“听讲—背诵—练习—再现”仍然是主要的学习方式等，针对这一现状，作者提出要制定相应的政策法规和新课程改革实验规划、建立监督和激励体制、增加教育经费、加强师资培训、建立反馈机制等保障课程改革的深入发展。

教师能否适应新课程教学改革，是新课程改革成功与否的关键所在。新一轮基础教育课程改革对教师提出了更新更高的要求，如何适应和有效实施新课程教学改革是每一位民族中小学教师面临的首要问题。首先，对于民族教师来说，新课程改革对教师原有的素质提出了挑战，果红在《课程改革向边疆民族地区教师素质提出挑战》[①] 一文中提出，基础教育课程结构的多样化和综合化对教师跨学科的知识结构和综合素质提出了挑战；课程内容的现代化对教师信息素养的提高和知识视野的开拓提出了挑战；现实中边疆地区教师的素质与教改需求存在较大差距。戴留喜在其内蒙古师范大学硕士学位论

① 果红：《课程改革向边疆民族地区教师素质提出挑战》，载《成人教育》，2004（2）。

文《蒙语授课中小学教师新课程教学适应性的调查研究》（2007）调查结果显示，蒙古语授课中小学教师对新课程教学适应性总体水平不高，而且乡镇（苏木）教师和城市教师相比适应性相对较低。影响教师教学适应性的因素可以从内在和外在两个方面来分析，其中内在因素包括教师的传统教育理念没有很好地得到转变；教师的知识结构陈旧，教学能力跟不上新课程要求；教师们缺乏课程开发意识和能力；教师整体素质达不到新课程要求，学历程度和实际能力水平失衡；等等。外在因素包括新课程培训方式不合理，培训内容缺乏针对性和操作性；缺乏配套的新课程评价机制；教材内容不太符合蒙古族中小学学生的实际，存在“城市化取向”和“主流民族文化取向”；缺乏课程资源，乡镇（苏木）更为突出，而且没能合理开发利用可开发的课程资源、缺乏课程资源的认识和开发利用等。面对这些挑战，教师应该如何应对和适应新课程改革的要求呢？在该论文中，作者提出，第一，要加强对教师新课程的培训，包括对培训认识的提高、目标的明确、方式的转变，校本培训的加强和对培训者培训的加强；第二，要完善教师评价制度；第三，要合理利用现有的课程资源；第四，要合理调整课程内容；第五，要加强教师教育；第六，要加大对农村、乡镇（苏木）教育投资力度。类似的论文还有郑光鹏的西北师范大学硕士学位论文《新课程改革背景下朝鲜族高中教师适应情况研究》（2008）、吴淑芳的西北师范大学硕士学位论文《新课程实施中农村教师的课程适应现状研究——以甘肃省康乐县为个案》（2006）等。

五、基础教育新课程改革的适切性研究

（一）新课程改革中教材及课程标准的适切性研究

教材是教学过程中的重要教学媒介，因此，对教材的研究也是新课程改革的一个重要研究问题。吴志华在《义务教育生物实验教材（人教版）与课程目标适切性研究》[①] 一文中提出，义务教育生物实验教材（人教版）在教材内容、教材结构和教材组织呈现方式等方面，都符合新课程改革中倡导的

① 吴志华：《义务教育生物实验教材（人教版）与课程目标适切性研究》，载《课程·教材·教法》，2003（4）。

知识、能力、情感态度与价值观的三维课程目标。王平强、徐文彬在《多元文化背景下小学语文教材的适切性——以国标本苏教版语文教材为例》[①] 中，从城乡倾向、文化传承、价值体现和情感归属四个方面考量了苏教版国标本语文教材选文的文化取向。作者认为该教材在这四个方面突出了多元文化的特征，关注了不同的教育主体。

新课程标准在新一轮基础教育课程改革中具有核心的地位，新课程改革是在对课程标准的研制、实施和推行的过程中来引起基础教育领域的一系列变革的，所以，在新课程标准实施一段时间后，很多研究者便把研究焦点放在新课程标准在实施中的适切性上。南京师范大学基础教育课程改革研究中心的张计兰在《新课程标准适切性的两难处境——基于课程改革功能的反思》[②] 一文中提出，新课程标准在实施的过程中存在这样的矛盾，即“国家通过新课程标准所提出的对国民的统一的基本素质要求”与“各地区各学校在课程实施中实际达到的不同水平”之间的矛盾。作者在论述中，提到这样的观点，解决这一矛盾过程中会产生这样的两难处境，如果只考虑前者，即国家统一的素质要求，那么势必会忽视新课程改革在贫困、边远、农村等地区推行；如果只考虑后者，即各地纷纷制定与本地实际相适应的课程标准，这既不实际，又会拉大不同地区的发展差距。作者认为，要解决这一两难处境，就要使课程标准具有一定的弹性。不仅要考虑发达地区新课程标准的更高水平的实现，还要有一个限度，要落在学生的最近发展区内；更要考虑欠发达地区的实际，要根据当地情况放低标准，同样，这个最低要求也不能随意脱离新课程标准的基本要求。倪娟在其南京师范大学博士学位论文《初中理科课程标准的适切性研究——基于对江苏省内实施情况调查及文本内容分析》（2008）中，从“文本”视角和“文化哲学”视角对理科课程标准及其在江苏省的实施情况进行了深入的分析。作者指出，我国的理科课程标准在研制过程中，借鉴和学习外国的课程标准较多，但是对国外课程标准产生过程、支撑思想、制度背景、定位功能、发展趋势等还缺乏更为全面的分析，对于理科课程标准呈现的课程目标、课程内容及课程实施等内容，缺乏本土

① 王平强、徐文彬：《多元文化背景下小学语文教材的适切性——以国标本苏教版语文教材为例》，载《教育科学研究》，2011（3）。

② 张计兰：《新课程标准适切性的两难处境——基于课程改革功能的反思》，载《新课程研究·基础教育》，2007（6）。

化的探讨与转化。这使教师的课程改革实践往往流于形式，没有展开实质性的研究与应用，缺乏系统和深入的反思。

上述论文阐释了新课程改革中课程标准在研制和推行过程的两个主要问题：一是新课程标准的普遍适应性问题；二是新课程标准理念的借鉴与本土化的问题。这两个问题虽然是从新课程标准的视角提出，但是并不意味着这些问题仅仅存在于新课程标准的研发与推进和研究过程中，在整个新课程改革的过程中，上述问题也是人们质疑新课程改革的焦点问题。

（二）新课程改革理论基础的适切性研究

随着新课程改革的颁布与实施，质疑新课程改革理论基础的适切性的论文闻声而起。研究者们将质疑的焦点聚集在后现代主义、建构主义和回归自然等理论和观念上。

人们对后现代主义课程观的认识过程可以说是一个逐渐理性化的过程，是从追崇到辩证的认识。张灵芝在其南京师范大学硕士学位论文《后现代课程观及其在中国的适切性》（2003）中，不仅分析了后现代主义课程观的特点，还阐释了后现代主义在中国背景下的焦虑。作者认为后现代主义课程观对权威的消解以及对中心的瓦解，对差异和多元化的重视，对合作与交流的倡导及对学习者自我意识和创造性的关注，扩大了课程研究的范围和视野，一定程度上昭示了课程理论的发展方向。但是后现代主义课程理论在我国的教学实践中却被束之高阁，原因在于课程理论界对其的认识不够深入和统一、理论上的曲高和寡与实践中的冲突，加之中国主流文化影响下的应试教育的抵制，以及其自身理论的苍白和难以操作。潘新民 2006 年在《教育科学研究》发表的《反思“当代西方新理论”在我国新课程改革中的适切性》一文中指出，后现代主义的知识观，否定了知识的客观性、普遍性、价值性和科学真理的唯一性，这不符合我国的国情和我国教育改革的实际，客观的、确定的科学知识仍然是当前我国新课程改革的根基。

在新课程改革中，建构理论也备受关注。滕飞、赵琼在《追问建构主义在基础教育课程改革中的适切性》[1] 中阐述了建构主义被课程改革关注的理

---

[1] 滕飞、赵琼：《追问建构主义在基础教育课程改革中的适切性》，载《教育科学研究》，2005（6）。

由，并提出了建构主义在新课程实践中需要改进的几点内容。作者认为，建构主义之所以被新课程改革所关注，是因为它关注学生，这与新课程改革的任务不谋而合；是因为它强调意义建构，这与新课程改革关注创新异曲同工；是因为它注重学生评价多元性，这与新课程改革精神相吻合。由于建构主义是“舶来品”，因此它在实践中需要不断完善以适应我国的实际。作者认为，建构主义过分强调非理性学习，忽视理性学习的重要性；其自由的学习评价标准难以操作；它所倡导的师生关系的变化，引起教师的阻抗；在它影响下的学习方式的变革，导致学生的不适应；由于教育资源缺失，建构主义当前难以实现。葛玲霞在《反思建构主义教学理论及其在我国的适切性》① 一文中也对建构主义进行了辩证的阐释，既认识到建构主义的贡献和合理性，又看到其不足和缺陷。其主要贡献是在认识论上的飞跃、对新的教学主体的呈现、提出了学习的发展性、重新解读了教学过程的实质、注重培养学生的思维品质和思维能力。其不足和缺陷在于理论体系本身不够完善、清晰，自身存在很多矛盾的地方，有相对主义、主观主义倾向，过于强调情境性教学，忽视知识学习中的外部技能的训练。在此基础上，作者提出，建构主义与我国的教育实际有一些不相适应的部分，如教材编写的逻辑顺序、教学环境需要配备现代化的教学技术、教师和家长的教育观念和学生的学习能力等。

不仅仅是上述的后现代主义课程观和建构主义受到了研究者的质疑，新课程改革倡导的“回归自然”、人本主义观念也同样受到了质疑。如“回归自然”不是简单片面地推崇中国传统的“天人合一”的自然观，而是要达到一种高层次的人与自然的统一。这些质疑的声音使我们对新课程改革所倡导的理论有了更为全面而辩证的认识，避免了一些实施中的盲从。

（三）系统的新课程改革适切性研究

在对新课程改革的适切性的研究中，有的学者讨论了教材和课程标准的适切性，有的学者讨论了理论基础的适切性，还有的学者从整体上对新课程改革的适切性进行了分析。邓璐在《关于新课改理念及其实践适切性的思考》② 一文中，分析了影响新课程改革在实践中推行的主要因素。一是社会背

① 葛玲霞：《反思建构主义教学理论及其在我国的适切性》，载《基础教育研究》，2007（7）。

② 邓璐：《关于新课改理念及其实践适切性的思考》，载《阿坝师范高等专科学校学报》，2007（1）。

景的因素。即新课程改革所带来的课程的转型，大多是从西方发达地区借鉴而来的，由于我国在社会经济发展中与西方国家有一定的差距，因此，新课程改革所预期的转型在我国现实的社会环境下不能很好地实现。二是教育传统因素。即新课程变革要考虑传统因素的影响，基于传统进行革新。作者在该论文中的核心观点为，要重视新课程改革的社会历史文化背景，因为背景因素同样影响着我们对新课程改革的预期能否实现。李泽宇在其东北师范大学博士学位论文《我国基础教育课程改革的适切性研究》（2010）中正视各种对新课程改革的质疑、争论和来自不同群体的声音，总结10年课程改革经验，以基础教育课程改革的适切性理论为指导，从课程改革的社会需求维度和学生发展维度对课程改革的适切性状况进行了探讨，以期能从理想和现实、理论和实践层面客观地描述这场改革的实际效果，为进一步全面推进并完善基础教育课程改革提供可资参考的建设性意见和建议。该论文的主要特色为提出了课程改革的适切性理论和可操作性维度，以发展为课程改革适切性理论的价值归属，以教育、人、社会为切入点。这些内容为后续的研究提供了借鉴，但是，该论文在对课程改革进行适切性判断中，探讨了社会维度和学生发展维度，忽视了课程自身的维度，而课程自身的发展正是新课程改革适切性判断中不可忽视的重要方面。

综上所述，可以了解到人们对新一轮基础教育课程改革的研究成果丰硕、内容广泛，既有深刻的理论分析，又有具体的实践案例。但是对于民族地区基础教育改革的研究并不是很多，存在以下三个方面的问题。

第一，缺乏对民族学校新课程改革的系统介绍。对于民族地区课程改革的研究，有这样一些热点，一是民族地区学校校本课程开发或者是课程资源开发；二是分析民族地区课程改革的现状，提出问题及解决问题的对策；三是民族地区课程改革的经验成果论文集；四是教师对课程改革的适应性。缺乏对少数民族地区改革系统的论述。就适应性而言，不仅仅涉及教师对课程改革的适应性，还包括学生对课程改革的适应性；反过来也可以分析新课程改革对民族地区的适应性，新教材、新课程标准的适应性等。

第二，实践成果多，实证研究和理论分析少。实践成果多表现在相关的民族地区课程改革的研究中，多数是对实践的分析与总结，对教师的实践经验的总结比较多。理论分析少表现在分析民族地区课程改革出现的问题及解决问题的策略时，往往就问题而谈问题，缺乏理论的分析，即使涉及一些理论分析，也不深入，不系统。

第三，文化关注少。民族地区基础教育课程改革的显著特点在于受民族地区多样性文化的影响。但是在对民族地区基础教育课程改革的研究中，往往忽视文化因素的作用，对于民族文化在整个课程体系当中的作用关注得比较少。

第三节　核心概念界定

一、适切性

有很多学者用“适切性”来阐释对新课程改革的理解，但是很少有学者对“适切性”概念进行界定。马其君在其撰写的硕士学位论文中首先对“适切性”的概念进行了梳理。

“适切性”一词，来源于对英文单词 relevance 的翻译。该词曾出现在联合国教科文组织 1995 年发表的报告书《关于高等教育的变革与发展的政策性文件》中，当时被译为“针对性”①，后来有学者将其译为“适切性”。

学者张铁道界定了适切性的含义。他认为“适切性（relevance）一词，从其一般含义上看，是指某事物与其所处环境中诸多因素的相关程度，通常表现为适当、恰当或适合需要等方面的特征。我们知道，世界系由无数事物所构成。事物之间要通过相应的关系联成一定的结构，具备某种功能，就需要相互之间恰当地相关切合。这里的相关切合有两个方面的含义，一是事物之间联系的方式，二是各事物自身的特征。这种特征除了事物内在的品质以外，还要有适应其他事物的共同要求。因此，适切性问题是用相互联系、整体的观点认识和研究事物的基点”②。

马其君认为，适切性主要指某事物与其他相关因素的协调统一程度，是否针对、适应、切合某方面的需要。某事物的适切性主要有两部分构成，一

① 申培轩：《论高等教育发展的适切性》，载《武汉大学学报》（哲学社会科学版），2005（4）。

② 张铁道：《亚洲发展中国家普及教育中的课程问题研究》，71 页，兰州，西北师范大学博士学位论文，1997。

是该事物与外部因素的适切性，二是事物自身内部的适切性。①

李泽宇对马其君梳理的“适切性”的概念进行了补充，区分了“适应性”与“适切性”的差异，提出适应性是指“生物体随外界环境条件的改变而改变自身的特性或生活方式的能力”。实际上是甲事物对于乙事物的适合程度。② 而适切性在教育语境中是指教育发展与社会及个体发展的协调及契合程度。这也是本书所采纳的适切性的概念。

二、课程改革的适切性

课程改革的适切性，是指在课程改革目标统摄下，课程改革与教育、社会、个人发展之间的协调与契合程度。③ 课程改革的适切性包括对目标（即发展的价值取向）的适切性和对对象（社会、教育、个人）的适切性。本书采纳这一概念，但是将这一概念具体化。这一概念是对全国各地的课程改革而言的，在本书中，将视野放在少数民族教育领域内，所以在社会、个人和教育的发展方面都具有一定的特殊性。这种特殊性体现在民族教育的双重性和少数民族学生发展的双重任务两个方面。民族教育的双重性是指，在民族教育的各个方面首先考虑和适应本民族文化环境、本民族的发展需要，体现本民族特色。这是少数民族教育的第一重属性。其次在民族教育的各个方面还要兼顾以主体民族为主的统一国家的发展和需要，在某种程度上受到以主体民族为主的各民族共同的大文化背景影响。这是少数民族教育双重性的第二重属性。换言之，少数民族学生在文化环境、教育目的、教育内容、教学用语等诸方面，都要“两面适应”“两面兼顾”“两手准备”。④ 对于少数民族学生而言，不仅要具有传承本民族文化的能力，而且要具有适应主流社会的能力，这就是其发展的双重任务。

---

① 参见马其君：《课堂管理行为策略在农村小学新课程实施中的适切性研究》，成都，四川师范大学硕士学位论文，2007。

② 参见李泽宇：《我国基础教育课程改革的适切性研究》，长春，东北师范大学博士学位论文，2010。

③ 参见李泽宇：《我国基础教育课程改革的适切性研究》，长春，东北师范大学博士学位论文，2010。

④ 参见王锡宏：《论少数民族教育双重性》，载《民族研究》，1999（3）。

三、民族学校

《中国教育百科全书》中民族学校的概念是，以招收少数民族学生为主，发展民族教育的学校。包括民族小学、民族中学、民族师范、民族学院以及其他各类专业民族学校，如民族医学院、民族农业学校、民族行政管理学校、民族卫生学校、民族商业学校等。显然，这是对民族学校概念在广义范围的界定。它涵盖了初等、中等、高等、职业教育。本书所述民族学校的概念是狭义的概念，仅包括民族小学和民族初中。由于我国有55个少数民族，民族间的教育传统和教育实际各不相同，因此，民族学校的概念在不同地区和不同民族指向的对象也不相同。本书以内蒙古地区为例，所以文中所述的民族学校是指以招收少数民族（主要是蒙古族）学生为主，以民族语言授课的小学和初中。

第四节　理论范式和具体方法

一、理论范式

相当长的一段历史时期内，教育研究范式总是以某一研究范式为主导，呈现一元化特点。当前，随着人们对教育中的主体——人的认识的转变，以及对一元化研究范式的弊端的批判，教育研究范式开始从一元主导转向多元共存。本书以人文—理解研究范式为基调，同时吸收社会批判研究范式合理主张，力图构建一个突出主体间性的、不回避研究者与被研究者主观态度与价值观的、以处于一定关系中的人为对象的、以理解为目的的、强调整体性和跨学科性的、由下而上的研究范式。

（一）人文—理解研究范式

人文—理解研究范式，是在对科学主义的批判的基础上逐渐形成的研究范式。瑞士教育学家胡森认为其思想源于狄尔泰的精神科学、胡塞尔的“现象哲学”以及法兰克福派的批判哲学。狄尔泰把人文学科理解为“试图理解”的学科，从而与以“试图解释”的自然科学区分开来，狄尔泰开了近代“解释学”作为人文科学研究的方法论的先河。① 胡塞尔认为，要把人理解为具有完整性的和在适当情境中的个体，应尽力避免由实证主义的和实验的方法所引起的肢解。以霍克海默、阿多诺、马尔库塞、哈贝马斯等人为代表的法兰克福学派对工具理性进行了激烈的批判，认为工具理性造成了整个人类社会的异化，反映到教育研究领域中，批判理论认为教育研究不应只注重教育事实的描述、解释、预测与检验，而忽略了对教育事实及其社会条件的批判。②

1. 人文—理解研究范式的内涵

由于人文—理解研究范式是在对科学主义的批判中成长起来的，其哲学基础与表现形式均纷繁多样，因此，很难用一个概念去完整表述其内涵，只能以若干关键命题来概括。

第一，与实证主义研究范式相比，人文—理解研究范式是在哲学指向上的转向。实证主义哲学是以实证原则为核心，规定一切科学（包括自然科学和社会科学）研究的对象只能是可观察、可检验的经验事实，而科学研究的任务就是客观、精确地描述和系统逻辑地分析经验世界的实际运行，通过探寻不同现象之间的稳定关系达到发现支配事物运动变化的规律从而做出合理预测的目的。该原则体现了这样的信念：科学是一切知识的基础；科学基于观察而不是臆测；科学研究应保持“价值中立”，避免主观偏见；科学理论必须逻辑严密并得到经验证据的支持。③ 人文—理解研究范式的哲学基础虽然多样，但是都具有非理性主义甚至是反理性主义的倾向。非理性主义具有这样的特点：“一是在本体论上，反对传统理性主义的主客分立的二元论，反对以感性的实体或精神的实体作为世界存在的基础理论，主张把非理性因素，诸如本能、欲望、情感、意志、信念等，设定为人的乃至世界的本质。二是主张从认识论的角度来取消理性的统治地位。非理性主义哲学实际上都是一种关于生命体验的哲学。他们认为逻辑的、规范的理性认识形式是不能把握那

---

① 参见叶澜：《教育研究方法论初探》，280 页，上海，上海教育出版社，1999。

② 参见毛亚庆：《从两极到中介——科学主义教育和人本主义教育方法论研究》，67 页，北京，北京师范大学出版社，1999。

③ 参见张小山：《孔德实证主义原则论略》，载《江汉论坛》，1996（6）。

些独特的、内在的生命体验。”① 因此，反对概念、判断和推理的逻辑思维方法，宣扬只可意会不可言传的神秘的体验、自觉，认为靠这种神秘方法和信仰才能把握世界的真谛。三是在人性问题上，反对理性主义把人理性化、简单化，而主张无意识、非理性才是人的本质。

第二，与实证主义研究范式相比，人文—理解研究范式是在思维方式上的转变。从实证主义的主体与客体对立的、以实证科学为楷模的认识模式，转向以主体间性和互动建构为主的认识模式。

第三，与实证主义研究范式相比，人文—理解研究范式是在方法手段上的更新。陈向明将人文—理解研究范式的内涵概括为：“以研究者本人作为研究工具，在自然情境下采用多种资料收集方法，对社会现象进行整体性探究，使用归纳法分析资料和形成理论，通过与研究对象互动对其行为和意义建构获得解释性理解的一种活动。”② 在这一概述中，突出了人文—理解研究范式在研究方法方面的特征，与实证主义研究范式强调客观性、实证性、描述性和数量化的研究方法相比，凸显了其在研究中的价值性、主体性、情境性、整体性、解释性和理解性等特征。

一般认为，人文主义研究范式是强调人文社会现象中的价值问题研究，主张在自然情境中以收集定性资料为主，通过转换主体地位的途径，来揭示和理解教育及其内部意义的研究范式。教育研究的人文主义研究范式是主张将教育看做人文现象，由此出发，探讨教育研究的基本原则或根本方法体系的理论体系。它是建立在否定“主客二分”和“理性独断”思维方式基础上的一套研究方式方法，是具有新的内涵的教育本体论和教育认识论。

2. 人文—理解研究范式的方法论原则

第一，人本主义取向。认为人的现象和物的现象存在本质的差异，人的行为并非全是可量化、能被客观测量的，教育充满了意义和价值，教育研究应该对人类的日常教育活动及意义进行理解和诠释。

第二，系统论和情境主义取向。对真实自然情境中的研究对象及与之相联系的全部背景因素进行整体研究，注重对研究对象的社会的、文化的、历史的理解，因为任何形式的教育和学习都必须也只能在某一情境和文化中

① 文兵等：《理性主义、非理性主义与反理性主义》，载《暨南学报》（哲学社会科学版），2001（1）。

② 陈向阳：《质的研究方法与社会科学研究》，12 页，北京，教育科学出版社，2000。

进行。

第三，现象学取向。力图理解教育行为背后的动机，寻求教育对象的意义。主张根据深入访谈、日常交流、参与观察、案例记录、日记信件和其他个人文献来描述教师和学生的生活世界，理解学校生活的完整性。

第四，互动主义取向。重视人际互动，研究的目的之一就是说明那些“互动”背后的“有意义”的内容，形成共识性的理解。“主体间性”成为这一研究范式中不可忽视的焦点。①

3. 人文—理解研究范式的研究场景和步骤

研究主要在日常真实自然场景中进行，依赖的是研究者本人的洞察力、直觉；研究者的态度重在参与而非旁观。研究的步骤是自下而上：事先没有假设，而是在搜集大量第一手资料后，经过归纳分析之后做出抽象概括，然后得出某种结论。②

4. 人文—理解研究范式的主要研究方法和核心思维方式

主要采用民族志、人种学、口述史、会话分析、历史文献研究、情境观察、田野调查、开放式访谈、参与式访谈、焦点小组访谈、课堂跟踪研究、个案研究等方法。其核心思维方式是理解。重视感受体验和整体把握，通过人文关怀的交往、对话和理解，达成共同的视阈。

5. 人文—理解研究范式的缺陷

第一，人文—理解研究范式有混淆人文现象与社会现象的倾向。在对“人事”的研究上实际否定了社会科学的存在。

第二，由于强调研究情景的自然性，导致了人文—理解研究范式往往缺乏精确性，研究结果容易带有片面性和偶然性。

第三，由于强调研究方法的描述性和思维方法的归纳性，往往导致研究缺乏严密的逻辑性。

第四，由于强调价值的相对性，强调研究主体地位的转换和视角转换的意义，人文—理解研究范式具有明显的相对主义色彩。

第五，人文—理解研究范式往往只适合对小样本进行研究，不适宜大样

---

① 参见陈杰：《从“思辩”经“实证”到“理解”——试比较三种类型的教育研究范式》，载《当代教育论坛》，2007（9）。

② 参见陈杰：《从“思辩”经“实证”到“理解”——试比较三种类型的教育研究范式》，载《当代教育论坛》，2007（9）。

本的研究。

（二）社会批判研究范式

社会批判研究范式，就一般方法论而言，属于人文—理解研究范式的一个极端类型，它站在实证主义研究范式的对立面，对实证主义的批判更为尖刻。社会批判理论认为，只有彻底否定以唯科学主义与肯定主义为核心的实证主义，才能建立以人本主义和否定主义为核心的批判的社会理论，颠覆传统理论的长期统治。它批判实证主义的经验主义、现象主义、科学主义、肯定主义、反人道主义的倾向，主张把社会总体作为研究对象，使经验服从于理论思辨，把研究的任务定位于对社会、文化、世界观等方面展开批判，强调研究的综合性。

教育研究的社会批判研究范式是社会批判理论在教育研究中的运用，它具有以下几个特点：

第一，对教育的研究，除了要把握教育过程自身的整体性外，同时更要注意它与社会关系的整体性。

第二，教育研究的主题，不是表面的教育事实，而是这些事实背后的意义。同时，也要承认教育活动中冲突、矛盾和对立的事实，要以社会冲突为基本线索来考察教育现象。

第三，教育研究的任务不只是描述和阐释动态的教育过程，而且要促进教育者与学习者的解放意识。就理论与实践的关系而言，它倡导的是一种批判理性观，在这种理性观下，实践不是一种技术性行动，而是批判的思想加上自觉的行动。

第四，在研究方法方面，它以辩证法统合“解释”（explanation）与“理解”（understanding）、量化与质性的研究。依照社会批判研究范式建立的具体研究方法，目前使用较多的是行动研究（action research）。此类研究着眼于变革教育实践，积极征得被研究者的参与，提出双方都认可的改革意见和对策。[①]

社会批判研究范式将倡导全面整体地研究社会，并把人文社会科学研究的任务确定为，通过研究者与被研究者之间的对话互动，来超越被研究者对

① 参见冯建军：《西方教育研究范式的变革与发展趋向》，载《教育研究》，1998（1）。

现实的无知、误解，唤醒他们对不合理社会状况的意识，祛除已经形成的偏见，提出新的问题和新的看问题的角度。

（三）研究范式中几对关系的辨析

不可回避地说，任何一个研究范式都存在着这样或者那样的缺陷和不足，因此，在教育研究中，研究者不仅要重视所选研究范式与所研究问题的切合性，还要正视所选研究范式的缺陷和不足，在开展研究的过程中，尽量弥补由于研究范式自身存在的不足带来的影响。

本书所选的人文—理解研究范式与社会批判研究范式同其他范式一样，也存在着自身的不足，如人们批判人文—理解研究范式缺乏逻辑性、精确性和客观性，主观主义色彩浓厚；缺乏普遍性，相对主义色彩浓厚等，质疑社会批判研究范式存在本体论上的客观主义与认识论上的主观主义的矛盾，也就是说，一方面它承认“真实”是客观存在，另一方面又认为所谓的“真实”只能被历史地认识。那么，这些存在于历史之中的人们又如何可能“真实地”认识“客观真实”呢？我们不能否认这些问题的存在，如何避免这些问题对本研究的影响呢？笔者认为，可以通过对以下几对关系的辨析，来明确所研究问题的理论范式指向。

1. 情境性、价值性——客观性

对人文—理解研究范式和社会批判研究范式批判的焦点，总是首先聚集在对其客观性的质疑上。这两种研究范式都强调研究者已有的价值观和对教育现象、教育事实的情境性描述和理解，因此，受到实证主义者对其缺乏客观性的质疑。

然而，人文—理解研究范式和社会批判研究范式虽然强调研究的情境性和价值性，但是不能否认，在人文—理解研究范式指导下的观察不是客观的。实证主义研究范式虽然以客观性标榜自身，但是在它指导下的观察，也不能说完全排除了情境的干扰和研究者主观意识的影响。实证主义者只是理想地忽略了这种影响的干扰，这种忽略可能在自然科学研究的大部分领域不会造成研究成果与预期目标的偏向，但是对于人文学科和社会学科而言，研究者与被研究者已有的价值观、教育观等，是其行为内在的引导，特别是对于人文学科而言，已有观念对研究的影响更加突出。

我们不能以自然科学所标榜的客观性去要求一切人文学科和社会学科的

研究，不同学科的研究对象不同、研究任务各异，任何研究都应该根据不同的研究目标、研究对象的特性以及研究者自身的条件去选择适当的研究范式和研究方法。

教育研究，作为一门典型的人文学科研究，既不能用自然科学所标榜的客观性去要求自己，也不能回避研究中对教育现象和教育事实真实性的描述与理解。本书所涉及的真实性的描述与理解，就是建立在情境性和价值性基础上的。也就是说，在某一教育情境当中，不同主体在已有价值观的影响下，对所处环境的真实感受、体验和理解。这种在真实的教育情境中的观察并不是研究者的臆测，而是对在此情境中所有人的真实体验的理解。也要否认研究者的主体价值观与主观偏见的等同，研究者对被研究者或教育现象的认识并不一定带有偏见，且研究者与被研究者在认识上的差异也不能全部被理解为偏见，不同的主体由于立场的不同，对同一事物会有不同的理解，因此，人们对同一事物的认识才会越来越全面、越来越深刻。

2. 描述性、自然性——精确性、逻辑性

对人文—理解研究范式的另一个批判是由于其对情境自然性的强调，并以描述和解释作为主要研究方式，因此在可控性相对较差、主观性较强、研究对象的随机性不够的情况下，容易导致许多流于表面的无内在联系的现象的描述，而解释时加上了个人的主观体验和感受，这就大大降低了理论的概括性。

首先，要澄清描述性认识与逻辑性认识并不是矛盾的。认识的逻辑起始于对经验的描述，这种描述只有在自然情景中，才能更好地反映事物本来的面貌。但是认识并不止于此，它还需要对描述性的经验事实加以整理和概括，并与相关的认识产生联系，这个过程就是建立认识的逻辑性的过程。描述性与逻辑性本不是对立的，而是认识过程的不同阶段，逻辑性的认识以描述性的认识为根基，同时又是描述性认识的升华。

其次，不同的研究对自然性与精确性的要求不同。如上文中提到的，自然科学寻求的是具有普遍性、客观性、精确性的知识；人文学科更多得出的是具有相对性、自然性、价值性、理解性的知识，这是由人及其认识的复杂性决定的。教育研究追求的是对在自然情境中不同主体不同认识的理解，而不是对教育情境和教育对象的控制。

3. 主客二分——主体间互动

实证主义在认识论上的主要特征为主客二分的认识模式。主客二分的认识模式包含这样一个假设，人们所看到的“客观的教育现象”是一致的，也就是说不同的研究者对同一教育现象的研究会得出相同的结论。而事实往往与此相悖，不仅教育研究者对同一教育现象或问题的看法不同，甚至是相反的，而且教育中的不同主体（学生、教师、家长、校长等）对同一教育问题的看法也不尽相同。每个主体对教育现象或问题的认识，都是以其价值观、人生观和教育观为基础的。此外，主客二分的研究方式容易导致对研究者的权威性和主导性的强调，忽视被研究者的主观能动性。

主体间互动的认识与研究模式强调研究者的参与意识与立场意识，强调被研究者的主观能动性。研究者通过与被研究者的互动，从研究者的立场出发，来理解被研究者所认识的教育，在此基础上完善自己所认识的教育。被研究者通过与研究者的互动，唤起对研究问题的意识，并在教育过程中关注这一问题，在参与研究的过程中，寻求解决这一问题的途径。

与社会批判研究范式强调通过研究者与被研究者的互动来改变被研究者现实状况不同的是，本书采用的也是主体间性的思想，不回避研究者与被研究者的主观意识，也就是说通过研究者与被研究者的互动，不仅要帮助被研究者走出现实的困境，还要超越研究者对现状和所研究课题的本质的认识，促进与加深研究者与被研究者之间，以及研究者和被研究者对于所研究课题的认识和理解。

4. 教育事实——教育价值

实证主义研究范式强调描述性事实，钟情于获得经验材料的手段和技术，有轻视教育基本理论的倾向。人文—理解研究范式强调教育研究要关注“价值问题”，并在此前提和关照下，再去研究“事实问题”。这样的认识和主张，对于克服教育研究中的庸俗唯物主义具有重要意义，同时扩大了教育研究的问题域。

对教育事实的描述，以解释教育中存在的问题为目标，解决的是“教育是什么”“教育中存在的问题是什么”等问题。对教育价值的追求，以理解教育现象、教育事实和教育中不同主体的体验为目的，解决的是“教育中的问题为什么会产生”和“如何进行教育”等问题。教育事实属于经验层面，教育价值属于观念层面，经验来源于实践，观念升华为理论，教育事实与教育价值的问题可以抽象为教育实践与教育理论的问题。在任何的教育研究中，教育实践与教育理论都是不可忽视的，都应该是在一定的教育理论的指导下对教育实践进行调查研究，并将所得的调查研究成果升华为某一教育理论。

5. 理解—发展

人文—理解研究范式在研究目的上追求的是主体和客体的相互理解，达到“视域融合”式的理解。但是对于教育本身而言，理解不是最终目标。教育的最终目标是促进人的全面发展。理解只是达到这一终极目标的手段。理解帮助我们探寻“为什么会产生某一现象或问题”“如何教育”“如何更好地教育”等问题的答案，通过这种探寻，我们可以对教育有一个更为深刻的把握，这属于教育过程的范畴，而教育的终极目标是通过这一教育过程达到促进人的全面发展的目的。

综上所述，本书在理论范式上，以人文—理解研究范式和社会批判研究范式为基础，突出其价值性、情境性、自然性、整体性、主体间性、互动性、建构性、解释性、理解性的特征。

二、具体研究方法

本书具体采用以下研究方法。

文献法：收集和分析已有的关于本研究相关文献资料，特别是关于民族基础教育课程改革的论文和书籍，对其进行归类、分析，撰写出本研究文献综述。

问卷法：通过教师问卷、学生问卷来了解教师和学生对新课程改革的了解程度以及对课程改革的态度。

访谈法：通过校长访谈、教师访谈、学生访谈、家长访谈了解新课程改革在该学校开展的具体情况以及深入了解教师和学生对新课程改革的认识和态度。

参与式观察：深入课堂，了解个案学校教学实际。观察的主要内容包括教师教学方式和学生学习方式，以反映新课程改革在多大程度上落实在课堂教学中。

文本分析法：本书采取的是一种综合的政策文本分析方法，包括文本属性计量分析和文本话语分析，也就是说既包括定性的研究也包括定量的研究，既重视政策文本的内容分析，也参照政策话语分析。

第二章 民族基础教育新课程改革政策文本分析

纵览我国历次基础教育课程改革，可以明确看出，每一次的课程改革都是在某个或某些重要的教育政策的引领下深入开展的。这些政策反映了基础教育课程改革的方向、目标、精神实质、实施计划、保障措施等，它们既是基础教育课程改革的依据，也是其重要保障。因此，在基础教育课程改革的研究主题下，基础教育课程改革的政策是不可或缺的重要内容。本书对民族基础教育新课程改革政策的文本分析包括两个部分：一是在现象层面分类基础上的量化分析；二是在内容分类基础上的质性分析。

第一节 民族基础教育新课程改革政策文本分析方法

一、分析的意义

基础教育课程政策的分析方法有许多种，如从政策文本的维度、从政策制定的维度或从政策实施的维度等，本书主要采取文本分析法。有学者批判文本分析法是“封闭”的、“主观”的，因为它是研究者与特定文本的互动，研究的结果仅仅是研究者看到的符合研究者认识的某一部分内容。但是任何人文学科研究都逃脱不了“主观性”的“定势”，客观的实证性研究也不能解决真实的教育问题。本书之所以选择对民族基础教育新课程改革政策进行文本分析，原因在于：首先，我国幅员辽阔、民族众多，每一个民族都有自己不同的传统与文化，并且每一个地区课程政策实施环境和条件都是独特的，而简单、标准的文本是复杂条件下实施课程改革的依据，因此要对政策文本进行透析以指导不同地区的课程改革；其次，课程改革在一线教师的认识中是片段的、缺乏连续性的，在对民族基础教育新课程改革的整体性、适切性的研究中，需要文本的协助来把课程改革的实施过程串联起来；最后，新一轮基础教育课程改革的过程本身就是一项国家级的教育政策的推行过程，对这一项国家教育政策的分析，包括这样五个相互连贯、不可或缺、相互影响的部分：教育政策内容分析、教育政策过程分析、教育政策产出分析、教育政策环境分析、教育政策价值分析，[①] 教育政策内容分析是后续分析的基础和前提，因此，本书将以对民族基础教育新课程改革政策的文本分析作为探讨民族基础教育新课程改革适切性的开端，以为后续的过程、结果、价值的分析奠定基础。

二、分析的方法

政策文本分析方法可分为三大类：一是政策文本定量分析，其典型做法是文件的年度分布统计、发文单位统计以及主题词词频统计等，属于内容分析范畴；二是对政策文本中语言的定性分析，多以某个角度对政策文本进行阐述、解释，属于话语分析范畴；三是综合分析，就是将定性的与定量的方法相结合，内容分析和话语分析并重。[②]

本书采取的是第三种综合的政策文本分析方法，即文件属性计量分析和文件话语分析，也就是说既包括定性的研究也包括定量的研究，既重视政策文本的内容分析，也参照政策话语分析。

本书对民族基础教育新课程改革政策的文本分析涉及以下三个方面：首先确定民族基础教育新课程改革政策文本分析的方法，之后对已搜集的民族基础教育新课程改革政策进行整理和分类，最后以一定的价值理念、属性特点为基础对这些政策进行文本分析。

---

① 参见孙绵涛：《教育政策学》，239 页，北京，中国人民大学出版社，2010。

② 参见王迎、魏顺平：《教育政策文本分析研究》，载《现代远距离教育》，2012（2）。

第二节 民族基础教育新课程改革政策文本属性分析

对民族基础教育政策文本的属性分析是建立在上述现象层面分类的基础上的量化分析，分析的目的在于，一是将这些政策的时间分布、级别和发布单位等外在的属性直观立体地呈现出来，以对其纵向时间维度的发展和横向的归属关系有一个整体的认识；二是将其统计结果作为后续政策内容分析的佐证。

一、政策分类

（一）分类维度

根据研究目标，本研究对搜集到的研究样本从以下维度进行分类：一是从政策的级别来划分，可以分为全国性（由全国人大、中共中央、国务院、教育部等发布）的法律、行政法规、部门规章及其他规范性文件和地方性（本书选取内蒙古自治区通辽市为个案地区，因此涉及内蒙古自治区和通辽市）的法规、规章；二是从政策的内容来划分，可以分为零散分布于基础教育政策中的课程改革内容、专门的基础教育课程改革政策和基础教育课程改革的支持性、配套性政策；三是从叙述的脉络划分，可以分为各级教育政策中的基础教育课程改革内容、民族基础教育内容和民族基础教育新课程改革内容。（详见表2－1）

表2－1 民族基础教育新课程改革政策分类表

分类标准	分类内容
政策的级别	全国性的法律、行政法规、部门规章及其他规范性文件
	地方性的法规、规章

续表

分类标准	分类内容
政策的内容	零散分布于基础教育政策中的课程改革内容
	专门的基础教育课程改革政策
	基础教育课程改革的支持性、配套性政策
政策叙述的脉络	有关教育政策中的基础教育课程改革内容
	有关教育政策中的民族基础教育内容
	有关教育政策中的民族基础教育新课程改革内容

本书收集来源于国务院、教育部、国家民委等国家和地方的政府、教育行政部门等官方网站和北大法律信息网公布的相关政策，国家与地方编辑出版的政策汇编，并辅以个案地区的实地搜集。共收集相关政策 33 项，具体信息详见下表 2－2 至 2－4。

表 2－2　国家、地方重大教育政策

	发布部门	发布时间	政策标题
国家政策	教育部 国务院	1999.01	面向 21 世纪教育振兴行动计划
	国务院	1999.06	中共中央国务院关于深化教育改革全面推进素质教育的决定
	国务院	2001.05	国务院关于基础教育改革与发展的决定
	国务院	2002.07	国务院关于深化改革加快发展民族教育的决定
	国务院	2003.09	国务院关于进一步加强农村教育工作的决定
	教育部	2004.08	教育部关于印发《基础教育工作分类推进与评估指导意见》的通知
	教育部	2005.05	教育部关于进一步推进义务教育均衡发展的若干意见
	教育部	2010.07	国家中长期教育改革和发展规划纲要（2010—2020 年）

续表

	发布部门	发布时间	政策标题
地方政策	内蒙古自治区人民政府	1998.04	内蒙古自治区人民政府关于切实推进中小学实施素质教育的通知
	内蒙古自治区人民政府	2002.03	内蒙古自治区人民政府贯彻国务院关于基础教育改革与发展决定的实施意见
	内蒙古自治区人民政府	2007.05	内蒙古自治区人民政府办公厅关于印发自治区民族教育发展工程实施方案的通知
	内蒙古自治区人民政府	2007.10	内蒙古自治区人民政府关于进一步加强民族教育工作的意见
	通辽市人民政府	2010.03	通辽市人民政府关于进一步加快民族教育发展的实施意见

表 2－3　具体的课程改革方案

发布部门	发布时间	政策标题
教育部	2001.06	基础教育课程改革纲要（试行）
教育部	2001.10	教育部关于印发《开展基础教育新课程实验推广工作的意见》的通知
教育部	2001.11	教育部关于印发《义务教育课程设置实验方案》的通知
教育部	2010.04	教育部关于深化基础教育课程改革进一步推进素质教育的意见

表 2－4　新课程改革的配套性政策

	发布部门	发布时间	政策标题
教师政策	教育部	2001.02	教育部关于积极配合和推动基础教育课程改革进一步加强和改进教师培养培训工作的几点意见
	教育部	2001.10	教育部关于印发《关于开展基础教育新课程师资培训工作的意见》的通知

续表

	发布部门	发布时间	政策标题
教师政策	教育部	2004. 02	教育部关于进一步加强基础教育新课程师资培训工作指导意见
	教育部 财政部	2010. 06	教育部财政部关于实施“中小学教师国家级培训计划”的通知
	教育部	2011. 09	教育部办公厅关于做好少数民族双语教师培训工作的意见
	教育部	2011. 10	教育部关于大力推进教师教育课程改革的意见
	内蒙古自治区 人民政府	2003. 10	内蒙古自治区中小学教师继续教育规定
	内蒙古自治区 人民政府	2009. 03	内蒙古自治区基础教育新课程师资培训工作实施意见
	内蒙古教育厅 人事处	2009. 04	关于印发《内蒙古自治区 2011 年农村牧区义务教育阶段学校教师特设岗位计划实施方案》的通知
	通辽市 人民政府	2006. 12	通辽市人民政府关于实行中小学教师继续教育经费政府学校教师个人共同分担机制的通知
教材编写审定政策	教育部	2001. 06	中小学教材编写审定管理暂行办法
	内蒙古自治区 教育厅	2012. 02	中小学地方性教材审定
考试评价政策	教育部	2002. 12	教育部关于积极推进中小学评价与考试制度改革的通知
	教育部	2005. 01	教育部关于基础教育课程改革实验区初中毕业考试与普通高中招生制度改革的指导意见
其他政策	教育部	2006. 04	教育部关于大力加强中小学校园文化建设的通知
	教育部	2010. 04	教育部办公厅关于征集基础教育课程改革教学研究成果的通知

（二）政策级别分布

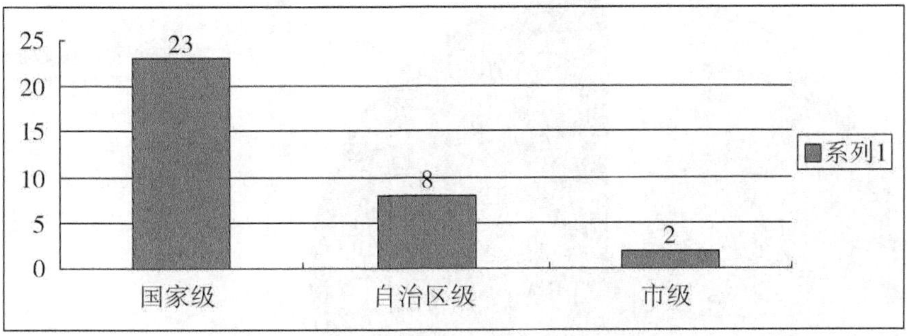

图 2－1　民族基础教育政策级别分布图

图 2－1 反映的是表 2－2、2－3、2－4 中统计的所有政策的级别，从图 2－1中我们可以看出，在所涉及的政策中，国家级政策，也就是由国务院、教育部等国家行政单位颁布的政策数量最多，共 23 项，占总数的 69.70%；自治区级政策次之，共 8 项，占总数的 24.24%；市级政策较少，共 2 项仅占总数的 6.06%。这些数字反映了随着政策级别的降低，政策的数量也在下降，也就是说政策级别与政策数量成正比。

（三）政策发布单位统计

图 2－2 反映的是所搜集的政策发布单位的分布图（见图 2－2），从图中我们可以看出，由教育部所颁布的政策最多，共 17 项，占总数的 51.52%；其次是由内蒙古人民政府颁布的政策，共 6 项，占总数的 18.18%；再次是由国务院颁布的政策，共 4 项，占总数的 12.12%。这说明教育部是颁布民族基础教育政策的最主要的部门。

从对图 2－1 和图 2－2 的分析中，可以透射出政策的权利、权限在不同级别参与主体间的分配。从中可以反思以下几个问题：为什么国家颁布的有关民族基础教育新课程改革的政策多，自治区级和市级颁布的政策少？为什么教育部颁布的政策多，而地方人民政府、教育厅颁布的政策少？是国家教育行政部门占有更多的课程资源、课程管理权力，能在更大的空间内应用课程政策，还是地方没有利用好自己的课程资源和课程管理权力，没有认识到自身在课程管理中的作用？这些问题会在后续的论述中深入探讨。

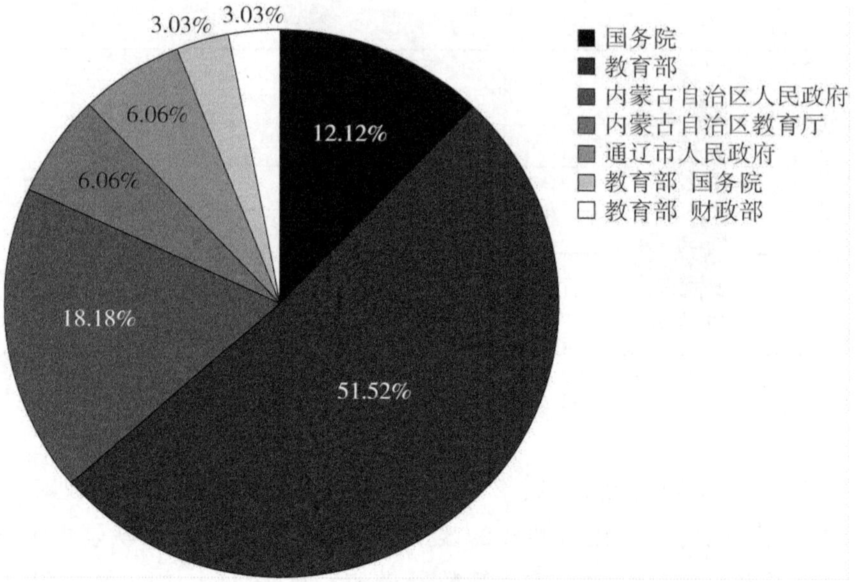

图 2－2　民族基础教育政策发布单位分布图

二、政策时间分布

（一）政策的时间跨度

在政策的时间跨度方面，本书以 1999 年 1 月颁布的《面向 21 世纪教育振兴行动计划》和 1999 年 6 月召开的第三次全国教育工作会议作为起点，以党的十八大的召开作为终点。“政策是行政的产物，有着鲜明的自上而下贯彻执行的特点”①，《面向 21 世纪教育振兴行动计划》和第三次全国教育工作会议都提出了改革现行基础教育课程体系，研制和构建面向新世纪的基础教育课程教材体系的任务，标志着新一轮课程改革的启动；党的十八大作为一个新的历史时期的开始，也意味着过去一段改革时间的终结，因此以十八大为

① 王迎、魏顺平：《教育政策文本分析研究》，载《现代远距离教育》，2012（2）。

结点，来回顾民族基础教育课程的成就。

（二）政策的时间分布

图 2－3 反映的是所搜集的政策发布时间的分布情况，从图中我们可以看出，在时间分布上，民族基础教育新课程改革政策有两个高峰，分别是 2001 年的 6 项和 2010 年的 5 项，2008 年最低，没有相关的政策。需要说明的是，图 2－3 中显示的 2008 年的政策为“0”，并不是意味着 2008 年无论是中央还是地方都没颁布任何政策，这里的“0”是针对本研究而言的，也就是说，2008 年没有颁布与民族基础教育新课程改革直接相关的课程政策。从发布时间的高峰值来看，2001 年和 2010 年，国家分别出台了对基础教育课程改革具有重大意义的政策，分别是 2001 年颁布的《基础教育课程改革纲要》和 2010 年颁布的《教育部关于深化基础教育课程改革进一步推进素质教育的意见》，这两项政策都对基础教育课程的发展起到了指导、引导、促进等纲领性作用，无论是中央还是地方都还需要围绕这两项政策出台更为具体的支持性、配套性的政策，因此在 2001 年和 2010 年出现了民族基础教育课程政策的高峰值。

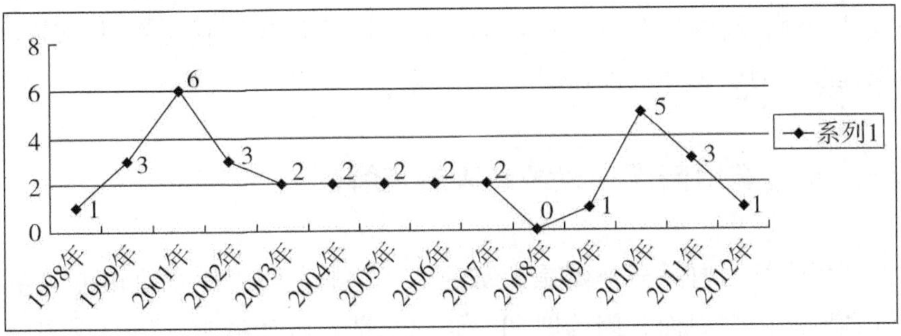

图 2－3　民族基础教育政策发布时间分布图

对现象的分析不仅是为了让民族基础教育新课程改革政策更为直观地呈现在我们面前，更是要透过现象来映射本质，“谁”颁布的政策“多”，“谁”颁布的政策“少”，哪一年颁布的政策“多”，哪一年颁布的政策“少”，“多”和“少”反映的不仅仅是数量关系，更反映了“权力”“教育利益”“空间”“资源”“重要性”“重视程度”等与课程相关的本质性问题。

第三节　民族基础教育新课程改革政策文本内容分析

在对搜集到的民族基础教育政策文本全面、系统的整理后，需要对政策文本中的政策规范进行全面、准确和清晰的概括。根据实际，对民族基础教育新课程改革政策规范的概括，需沿着三条脉络进行：一是提炼所搜集的政策中有关新课程改革的内容，因为民族地区基础教育的课程改革不是孤立的、隔绝的，而是在全国课程改革的背景下开展的，所以要研究民族基础教育新课程改革的进展，就要先梳理全国基础教育课程改革的整体情况；二是提取所搜集的政策中有关民族基础教育的内容，因为民族地区基础教育新课程改革是民族基础教育中的核心内容，但却不是民族基础教育的全部内容，民族基础教育的发展有其独特的路径，所以要以民族基础教育发展为背景来认识民族基础教育新课程改革；三是精炼所搜集的政策中与民族基础教育新课程改革直接相关的内容，之所以将其独立出来，主要是为了考查政策制定者针对民族基础教育新课程改革所规定的内容，以反映政策制定者对民族基础教育新课程改革的认识和重视程度。

一、基础教育新课程改革政策规范解读

新课程改革的内涵和外延是丰富的、复杂的，因此课程改革的政策包罗了课程领域的方方面面，因为时间、研究水平、研究经验、篇幅等限制，本书不可能对所有有关新课程改革的政策内容一一罗列详析，只能将其类化、概括化，从整体上把握政策的来龙去脉。本书以《纲要》为新课程改革政策内容类化、概括化的依据，文本分析的样本包括两个方面：一是专门的课程改革政策，二是教育政策中的课程改革内容。在分析的方法上，以时间为线索，凡是在内容上有相同的政策，以最早出现的政策为准，后续政策文本对这些相同内容有所发展和修正的，就将发展和修正的内容加以补充。

以《纲要》为框架，新课程改革在内容上包括以下几个方面：一是以素质教育为核心的指导思想；二是以人为本的课程目标；三是多样化、综合化

的课程结构；四是现代化、生活化的课程内容；五是主动的、建构的、信息化的课程实施；六是发展性的课程评价；七是民主的课程管理；八是新课程改革师资政策。

（一）指导思想——以素质教育为核心

指导思想是课程政策的政治方向和根本方针，也是课程改革的思想指引和理论基础。指导思想具有鲜明的时代性，反映了不同时期课程政策的历史特点和发展方向。

第一，邓小平理论和邓小平同志关于“教育要面向现代化，面向世界，面向未来”的战略指导方针的提出。1999 年颁布的《面向 21 世纪教育振兴行动计划》提出的“我们要高举伟大旗帜，认真遵循，抓住机遇，深化改革，锐意进取，把充满生机活力的中国教育推向 21 世纪”指导思想，奠定了“三个面向”战略方针在教育改革和发展中的根本地位。

第二，推进素质教育和实施科教兴国战略的提出。1999 年颁布的《中共中央国务院关于深化教育改革全面推进素质教育的决定》提出“全面贯彻落实党的十五大精神，深化教育改革，全面推进素质教育，构建一个充满生机的有中国特色社会主义教育体系，为实施科教兴国战略奠定坚实的人才和知识基础”。在这一政策中，把素质教育和实施科教兴国战略作为新世纪教育转向的重要指导。

第三，“三个代表”重要思想、“坚持教育必须为社会主义现代化建设服务，为人民服务，必须与生产劳动和社会实践相结合，培养德智体美等全面发展的社会主义事业建设者和接班人”的提出。2001 年颁布的《国务院关于基础教育改革与发展的决定》中，把江泽民同志的“三个代表”重要思想纳入我国教育改革的指导思想行列，反映了教育政策指导思想的时代性和政治性。同时提出“坚持教育必须为社会主义现代化建设服务，为人民服务，必须与生产劳动和社会实践相结合，培养德智体美等全面发展的社会主义事业建设者和接班人”。这一表述是在党的十六大报告中提出的，而作为教育政策的指导思想是在《国务院关于基础教育改革与发展的决定》中首次提出，与《中华人民共和国教育法》规定的“教育必须为社会主义现代化建设服务，必须与生产劳动相结合，培养德、智、体等方面全面发展的社会主义事业的建设者和接班人”相比，增加了“为人民服务”和“与社会实践相结合”两项内容。教育为人民服务，反映了以人为本的教育理念，使教育为经济社会发展服务与为人的发展服务统一起来，把以人为本作为了教育的根本出发点。教育与社会实践相结合，显示了社会实践的重要意义，它不仅是人类认识的基础和智慧的源泉，也孕育和滋润了教育的发生、发展，因此，把教育与社会实践相结合作为教育方针和教育指导思想的重要内容，是新时期实施素质教育的必经之路和必然选择。

上述“三个面向”、素质教育、科教兴国战略、“三个代表”等思想，涵盖了21世纪的头十年我国教育和课程改革指导思想的全部内容，如《纲要》提出：“基础教育课程改革要以邓小平同志关于‘教育要面向现代化，面向世界，面向未来’和江泽民同志‘三个代表’重要思想为指导，全面贯彻党的教育方针，全面推进素质教育。”这些思想还反映在《开展基础教育新课程实验推广工作的意见》《基础教育工作分类推进与评估指导意见》《教育部关于进一步推进义务教育均衡发展的若干意见》《教育部关于深化基础教育课程改革进一步推进素质教育的意见》等政策中，凸显了教育指导思想的时代性和稳定性。

第四，科学发展观的提出。科学发展观是党的十七大提出的指导我国各项事业发展的重要思想，在教育领域作为指导思想首见于2010年颁布的《国家中长期教育改革和发展规划纲要（2010—2020年）》，表述内容为要“深入贯彻落实科学发展观，实施科教兴国战略和人才强国战略，优先发展教育，完善中国特色社会主义现代教育体系，办好人民满意的教育，建设人力资源强国”。科学发展观在教育领域以实事求是、以人为本为基本点，以优先、协调、可持续发展为基本方针，它深深地嵌入教育体制、机制和教育改革的发展中，贯穿于我国教育改革、教育实践与创新的全过程。

（二）课程目标——以人为本

课程目标是义务教育阶段学校课程所要达到的预期效果，简言之，就是通过课程要培养什么样的人。新课程改革的课程目标就是对培养什么样的学生的总体构想。

新课程改革的目标包括两个层次：一是宏观的总体目标；二是具体的课程改革目标。总体目标方面，在本书所搜集到的政策中，涉及新课程改革总体目标的政策包括《中共中央国务院关于深化教育改革全面推进素质教育的决定》《纲要》《国家中长期教育改革和发展规划纲要（2010—2020 年）》等，其表述内容为：

实施素质教育，就是全面贯彻党的教育方针，以提高国民素质为根本宗旨，以培养学生的创新精神和实践能力为重点，造就“有理想、有道德、有文化、有纪律”的、德智体美等全面发展的社会主义事业建设者和接班人。

——《中共中央国务院关于深化教育改革全面推进素质教育的决定》

新课程的培养目标应体现时代要求。要使学生具有爱国主义、集体主义精神，热爱社会主义，继承和发扬中华民族的优秀传统和革命传统；具有社会主义民主法制意识，遵守国家法律和社会公德；逐步形成正确的世界观、人生观、价值观；具有社会责任感，努力为人民服务；具有初步的创新精神、实践能力、科学和人文素养以及环境意识；具有适应终身学习的基础知识、基本技能和方法；具有健壮的体魄和良好的心理素质，养成健康的审美情趣和生活方式，成为有理想、有道德、有文化、有纪律的一代新人。

——《纲要》

坚持以人为本、德育为先、能力为重、全面发展。

——《国家中长期教育改革与发展规划纲要（2010—2020 年）》

从上述内容中可以看出，《中共中央国务院关于深化教育改革全面推进素质教育的决定》提出的素质教育目标可以概括为：创新精神、实践能力、“四有新人”、德智体美等全面发展四点。《纲要》中所倡导的课程目标在整体上也包括上述四点，但略有发展。一是将“德智体美等全面发展”指标具体化，如将德育具体为爱国主义、集体主义、热爱社会主义、传承民族传统和革命传统、民主法制意识、正确的世界观、人生观、价值观等；将智育具体为终身学习的基础知识、基本技能和方法等；将美育具体为健康的审美情趣等；将体育具体为健壮的体魄和良好的心理素质等；二是在创新精神和实践能力的基础上增加了科学、人文素养和环境意识。《国家中长期教育改革与发展规划纲要（2010—2020年）》虽然没有直接提出素质教育的总体目标，但是在战略方针部分所论述的，就是有关培养什么样的学生的目标问题，共包括四点，即坚持以人为本、德育为先、能力为重、全面发展。这四点内容也包含在上述目标框架之内，只是将一些对学生发展至关重要的内容突出强调，使人们对这些内容的认识深刻化。

新课程改革的具体目标，反映在《纲要》中，其表述内容为：

> 改变课程过于注重知识传授的倾向，强调形成积极主动的学习态度，使获得知识与技能的过程成为学会学习和形成正确价值观的过程。
>
> 改变课程结构过于强调学科本位、科目过多和缺乏整合的现状，九年一贯整体设计课程门类和课时比例，适应不同地区和学生发展的需求，体现课程结构的均衡性、综合性和选择性。
>
> 改变课程内容繁、难、偏、旧和过于注重书本知识的现状，加强课程内容与学生生活以及现代社会科技发展的联系，关注学生学习兴趣和经验，精选终身学习必备的基础知识和技能。
>
> 改变过于强调接受学习、死记硬背、机械训练的现状，倡导学生主动参与、乐于探究、勤于动手，培养学生搜集和处理信息、获取新知识、分析和解决问题、交流与合作的能力。
>
> 改变过分强调评价的甄别与选拔的功能，发挥评价促进学生发展、教师提高和改进教学实践的功能。
>
> 改变课程管理过于集中的状况，实行国家、地方、学校三级课程管理，增强课程对地方、学校及学生的适应性。

上述具体目标涉及课程功能、课程结构、课程内容、课程实施、课程评价、课程管理六项内容的转变，本书对新课程改革政策规范的概括，以《纲要》为框架，因此对具体目标的演变发展会在后续的内容中加以陈述。

无论是新课程改革的总体目标还是具体目标，都把“人”作为教育的根本，体现的是以人为本的思想价值观念，把学生素质的全面发展和能力的全面提高看做是教育中最为重要和最为根本的追求和课程领域中各项工作的出发点和归宿。

（三）课程结构——多样化、综合化

“根据《纲要》解读中的界定，课程结构是指在学校课程的设计与开发过程中将所有课程类型或具体科目组织在一起所形成的课程体系的结构形态。这种形态的形成以既定的课程目标和各类课程固有的价值为依据，因此所确立的课程结构明确了各种课程类型以及具体科目在课程体系中的地位差异和比例关系。”① 可以把课程结构的研究简要地概括为课程设置及其比例问题。

课程类型单一、科目比重失衡、课程内容繁重和陈旧一直是困扰基础教育课程发展的难题，也是课程专家和学者对课程实践质疑、批判、研究的焦点。新一轮基础教育课程改革，力图解决上述课程结构中的难题，以实现学校课程类型的多样化、具体科目比重的均衡化和内容的精细化。在课程政策中，课程结构的变化表现在：

第一，设置九年一贯制课程。2001 年颁布的《纲要》，明确提出整体设置九年一贯的义务教育课程。同年颁布的《义务教育课程设置实验方案》进一步提出要“依据学生身心发展的规律和学科知识的内在逻辑，义务教育阶段九年一贯整体设置课程”。

第二，开足音、体、美等课程，促进学生全面发展。1998 年颁布的《内蒙古自治区人民政府关于切实推进中小学实施素质教育的通知》提出实施素质教育，要“配齐音乐、体育、美术等学科教师，开足开好规定课程”。

《中共中央国务院关于深化教育改革全面推进素质教育的决定》提出“实施素质教育，必须把德育、智育、体育、美育等有机地统一在教育活动的各个环节中”，肯定了各育在课程中不可或缺、不可替代的地位。并要求“学校教育不仅要抓好智育，更要重视德育，还要加强体育、美育、劳动技术教育和社会实践，使诸方面教育相互渗透、协调发展，促进学生的全面发展和健康成长”。

《国务院关于基础教育改革与发展的决定》对加强体育、美育等教育做了更为明确和具体的规定，如“增加体育课时并保证学生每天参加一小时体育活动。开展经常性小型多样的学生体育比赛，培养学生团队精神和顽强意志”“中小学要按照国家规定开设艺术课程，提高艺术教育教学质量”“中小学都

① 杨明全：《课程概论》，197 页，北京，北京师范大学出版社，2010。

要积极开展科学技术普及活动。加强劳动教育，积极组织中小学生参加力所能及的社会公益劳动，培养学生热爱劳动、热爱劳动人民的情感，掌握一定的劳动技能”等。

《内蒙古自治区人民政府贯彻国务院关于基础教育改革与发展决定的实施意见》中不仅强调要开设、开足音、体、美等课程，还强调“要把学校体育、卫生、艺术教育纳入本地区教育事业发展的整体规划，予以重视和加强”，更要求通过设立专项经费，加强体育、卫生、艺术教育师资的培养、培训力度，加强体育、卫生、艺术教育基础设施的建设等措施保障音体美等课程的开设，特别是在农村牧区。

第三，加强课程的综合性和实践性，合理设置分科课程与综合课程的比例。《中共中央国务院关于深化教育改革全面推进素质教育的决定》提出要“改变课程过分强调学科体系、脱离时代和社会发展以及学生实际的状况。抓紧建立更新教学内容的机制，加强课程的综合性和实践性，重视实验课教学，培养学生实际操作能力”。强调要建立综合性的课程体系。《国务院关于基础教育改革与发展的决定》具体规定了中小学的课程类型，提出：“小学加强综合课程，初中分科课程与综合课程相结合，高中以分科课程为主。从小学起逐步按地区统一开设外语课，中小学增设信息技术教育课和综合实践活动，中学设置选修课。”《纲要》在此基础上，具体规定了中小学开设的各门科目，如“小学低年级开设品德与生活、语文、数学、体育、艺术（或音乐、美术）等课程；小学中高年级开设品德与社会、语文、数学、科学、外语、综合实践活动、体育、艺术（或音乐、美术）等课程”。并进一步提出，“从小学至高中设置综合实践活动并作为必修课程，其内容主要包括：信息技术教育、研究性学习、社区服务与社会实践以及劳动与技术教育”。

《义务教育课程设置实验方案》将《纲要》中涉及的课程设置问题进一步具体化和明确化，提出了三个课程设置的原则，即均衡设置课程、加强课程的综合性和加强课程的选择性。均衡设置课程，包括“各门课程比例适当，并可按照地方、学校实际和学生的不同需求进行适度调整”“依据学生身心发展的规律和学科知识的内在逻辑，义务教育阶段九年一贯整体设置课程；根据不同年龄段儿童成长的需要和认知规律，根据时代发展和社会发展对人才的要求，课程门类由低年级到高年级逐渐增加”。加强课程的综合性，包括“注重学生经验，加强学科渗透”“设置综合课程”“增设综合实践活动”。加强课程的选择性，包括“国家通过制定课程标准，以保证义务教育的基本质量，并划定课时比例，提供地方、学校、学生对课程选择的可能性。鼓励各地发挥创造性，办出有特色的学校”。在此基础上，还规定了国家、地方、学校在课程选择中的权限和职责，如“综合实践活动是国家规定的必修课，其具体内容由地方和学校根据教育部的有关要求自主开发或选用。综合实践活动的课时可与地方、学校自主使用的课时结合在一起使用，可以分散安排，也可以集中安排”“初中阶段设综合或分科课程，供地方和学校自主选择。地方和学校可选择以综合为主的课程，也可选择以分科为主的课程，还可选择分科与综合相结合的课程，鼓励各地选择综合课程”等。

第四，农村中学试行“绿色证书”教育并与农业科技推广等结合。《国务院关于基础教育改革与发展的决定》提出：“农村中学的课程设置要根据现代农业发展和农村产业结构调整的需要，深化‘农科教相结合’和基础教育、职业教育、成人教育的‘三教统筹’等项改革，试行‘绿色证书’教育并与农业科技推广等结合。”《国务院关于进一步加强农村教育工作的决定》进一步提出“积极创造条件或利用职业学校的资源，开设以实用技术为主的课程，鼓励学生在获得毕业证书的同时获得职业资格证书”。《纲要》还在此基础上提出“城市普通中学也要逐步开设职业技术课程”。

（四）课程内容——现代化、生活化

“课程内容是根据课程目标有目的地选择的一系列直接经验和间接经验的总和，是从人类的经验体系中选择出来，并按照一定的逻辑序列编排而成的知识体系和经验体系。”① 课程内容不是单一的知识体系，而是以知识为基本性质，反映的是人们对知识的认识。新课程改革对课程内容的革新，不仅仅是对知识体系的完善，更是对课程内容所承载的知识观的更新。具体而言，就是要改变“知识本位主义”“知识授受主义”“知识功利主义”的知识观，建立回归生活世界的、突出主体性的、综合化的知识观。这些知识形态和观念形态的变革，在新课程政策中表现为：

第一，增强课程内容的适应性。这种适应性表现在两个方面：一是对社会和科技发展的适应性，二是对学生发展的适应性。《国务院关于基础教育改

① 钟启泉：《课程论》，141 页，北京，教育科学出版社，2007。

革与发展的决定》中首先提出，要“形成适应时代发展要求的新的基础教育课程体系及国家基本要求指导下的教材多样化格局”。强调了课程内容对时代的适应性和多样化的发展趋势。《纲要》进一步将课程内容变革的目标明确化，提出要“改变课程内容‘难、繁、偏、旧’和过于注重书本知识的现状，加强课程内容与学生生活以及现代社会和科技发展的联系，关注学生的学习兴趣和经验，精选终身学习必备的基础知识和技能”。这是对课程内容变革的完整表述和整体概括，既包括对课程内容体系更新的要求，又包括增强课程内容适应性的规范，还包括在课程内容选择标准中对学生兴趣和经验的增加，对课程内容适应性的规范更加的全面化和概括化。在教育部关于印发《开展基础教育新课程实验推广工作的意见》的通知中还提出要“探索课程发展的机制，开发多样的课程资源，增强课程对促进地方社会、经济发展和学生发展的作用”。将课程内容的适应性范围缩小，指向地区社会、经济发展和学生的发展。《教育部关于深化基础教育课程改革进一步推进素质教育的意见》将《纲要》中对课程内容变革的要求进一步具体化，提出：“修订各学科课程标准和教材，把社会主义核心价值体系有机融入课程教材中，进一步精选对学生终身发展有重要价值的课程内容，更加强化课程教材与社会发展、科技进步和学生经验的紧密联系，更加突出时代性，增强适宜性，提升课程教材的现代化水平，突出对学生社会责任感、创新精神和实践能力的培养。进一步加强中小学各学段、各学科课程内容的有机衔接。建立基础教育课程教材周期修订制度，既保持课程教材的相对稳定性，又随着社会科技发展而与时俱进。”强调要使课程内容更具时代性、适应性、基础性、整体性、稳定性等。

第二，课程内容对农村教育和社会发展的适应性。《中共中央国务院关于深化教育改革全面推进素质教育的决定》首先提出了“要增强农村特别是贫困地区义务教育的课程、教材与当地经济社会发展的适应性”。《国务院关于进一步加强农村教育的决定》将这一要求具体化，提出要“农村中小学教育内容的选择、教科书的编写和教学活动的开展，在实现国家规定基础教育基本要求时，要紧密联系农村实际，突出农村特色。在农村初、高中适当增加职业教育的内容，继续开展‘绿色证书’教育，并积极创造条件或利用职业学校的资源，开设以实用技术为主的课程，鼓励学生在获得毕业证书的同时获得职业资格证书”。根据农村实际，强调在中小学课程中合理渗透农村的生活和特色的内容，并在初中之后适当增加职业教育内容，体现课程内容变革对不同地区的适应性。

（五）课程实施——主动、建构、信息化

人们对课程实施有不同的理解，有的学者将“课程实施”归入“课程变革的研究范畴”，认为课程实施是将课程变革的措施付诸实践的过程，如加拿大教育改革专家富兰认为：“课程实施是把某项改革付诸实践的过程。它不同于采用某项改革（决定使用某种新东西），实施的焦点是实践中发生改革的程度和影响改革程度的那些因素。”① 有的学者认为课程实施就是实施课程计划和课程方案的过程，如钟启泉认为：“课程实施是指一套规定好的课程方案实际的运行过程。”② 作为对新课程改革的研究，本书采用第一种观点，即把课程实施理解为“将既定的课程推向学生、将课程内容转化为学生知识结构的内在组成部分的过程”③。

新课程改革政策在课程实施方面的规范包括：1999 年颁布的《中共中央国务院关于深化教育改革全面推进素质教育的决定》中倡导“积极推进教学改革，提高课堂教学的质量”，在《国务院关于基础教育改革与发展的决定》中，将这一倡导落到实处，提出：“积极开展教育教学改革和教育科学研究。继续重视基础知识、基本技能的教学并关注情感、态度的培养；充分利用各种课程资源，培养学生收集、处理和利用信息的能力；开展研究性学习，培养学生提出问题、研究问题、解决问题的能力；鼓励合作学习，促进学生之间相互交流、共同发展，促进师生教学相长。”要“继续减轻中小学生过重的课业负担，尊重学生人格遵循学生身心发展规律，保证中小学生身心健康成长。要加强教学管理，改进教学方法，提高教学质量。要丰富学生课余生活，组织好学生课外活动”。“各级人民政府和教育行政部门要重视常规实验教学，因地制宜地加强中小学实验室、图书馆（室）及体育、艺术、劳动技术等教育设施的建设，并充分向学生开放，提高教学仪器设备、图书的使用效益。”这些规范中涉及了学生学习方式变革的问题、师生互动方式及教学相长的问题、教学过程以学生身心发展为依据的问题、实验教学及教学设施的配套和

---

① T. 胡森等，江山野主编译：《简明国际教育百科全书·课程》，156 页，北京，教育科学出版社，1991。

② 钟启泉：《课程论》，141 页，北京，教育科学出版社，2007。

③ 杨明全：《课程概论》，268 页，北京，北京师范大学出版社，2010。

使用问题等。《教育部关于印发〈开展基础教育新课程实验推广工作的意见〉的通知》中还提出要“大力推进信息技术在教学中的应用，促进教学方式和学习方式的变革”，提倡课程实施的信息化。

《纲要》是新课程改革的核心政策，其中涉及课程实施变革的目标是“改变课程实施过于强调接受学习、死记硬背、机械训练的现状，倡导学生主动参与、乐于探究、勤于动手，培养学生搜集和处理信息的能力、获取新知识的能力、分析和解决问题的能力以及交流与合作的能力”。这里虽然也涉及学生学习方式变革的问题，但是突出强调了学生学习方式从“接受”到“建构”的转变。同时还提出：“教师在教学过程中应与学生积极互动、共同发展，要处理好传授知识与培养能力的关系，注重培养学生的独立性和自主性，引导学生质疑、调查、探究，在实践中学习，促进学生在教师指导下主动地、富有个性地学习。教师应尊重学生的人格，关注个体差异，满足不同学生的学习需要，创设能引导学生主动参与的教育环境，激发学生的学习积极性，培养学生掌握和运用知识的态度和能力，使每个学生都能得到充分的发展。”这些规范从教师的角度出发，强调了教师教学方式的变革，体现了教师教学的互动性、引导性、平等性、全面性等特点。除此之外，《纲要》还强调了信息技术对学生学习方式、教师教学方式和师生互动方式变革的重要意义，提出：“大力推进信息技术在教学过程中的普遍应用，促进信息技术与学科课程的整合，逐步实现教学内容的呈现方式、学生的学习方式、教师的教学方式和师生互动方式的变革，充分发挥信息技术的优势，为学生的学习和发展提供丰富多彩的教育环境和有力的学习工具。”

2010 年颁布的《教育部关于深化基础教育课程改革进一步推进素质教育的意见》是将新课程改革推向新的阶段的重要政策，在这项政策中，进一步肯定了教学改革在新课程改革中的重要作用和意义，提出“把教学改革作为深化课程改革的核心环节，使新课程的理念和要求落实到课堂教学中”。并提出教学要以各学科课程标准为依据组织教学，要遵循学生认知规律和教学规律，根据学生的个性差异因材施教。在学习方式方面，要“提高学生在信息技术环境中的学习能力”。在教学方面，要“创设有利于学生积极参与的教学环境，保护学生的好奇心和求知欲，鼓励学生独立思考、主动学习”，要“鼓励教师积极探索和实验，形成不同的教学风格和特色”。

（六）课程评价——发展性

“课程评价是系统地运用科学方法，对课程的过程和产物，收集资料信息并做出价值判断的过程。”[①] 课程评价是学校教育中重要的环节，其基本目的在于“对课程计划、活动及其结果等进行描述和价值判断，确定课程与教学是否实现教育目标，以提供改进的反馈意见，更好地促进学生的发展”[②]。课程评价一直是课程实践中的薄弱环节，一方面是因为缺乏适合我国课程实践的课程评价理论的指导，课程评价的研究往往局限于对国外课程评价理论的介绍，缺乏本土化的探索；另一方面是课程评价实践的局限，课程评价往往与学业评价等同，而学业评价又以考试为单一的考量标准，缺乏对课程设计、课程实施过程及课程管理等的综合评价。理论的缺乏和实践的局限造成了我国课程评价发展的滞后，新课程改革试图去突破课程评价发展的落后状态，提出了许多有建设性的改善意见和措施，这些改善的意见和措施在课程改革的政策中体现在：

第一，课程评价的发展性、多样化、开放化与系统化。《国务院关于基础教育改革与发展的决定》最早提出了要“建立并进一步完善适应素质教育要求的考试评价制度和招生选拔制度，有条件的地方要取得新的突破”。在评价内容上，关注学生的发展，提出要“发现和发展学生的潜能，帮助学生树立自信心，促进学生积极主动地发展”。反映了多样化、开放化的课程评价发展趋势。

在《教育部关于印发〈开展基础教育新课程实验推广工作的意见〉的通知》中明确提出要“逐步形成促进学生发展的评价体系”，并提出要“积极探索对中小学校和教师的评价改革，尝试建立以教师自评为主，校长、教师、学生、家长共同参与，促进教师不断提高的教师评价制度和促进学校课程不断发展的机制”。突出了课程评价对学生和教师发展的关注，体现了课程评价的发展性特征。

在《教育部关于印发〈基础教育工作分类推进与评估指导意见〉的通知》中提出要“基本构建起适应素质教育要求，促进学生全面发展的评价制

---

① 钟启泉：《课程论》，299 页，北京，教育科学出版社，2007。

② 杨明全：《课程概论》，268 页，北京，北京师范大学出版社，2010。

度”，在课程评价对学生发展方面进一步规范为“针对学生不同的发展目标，实现评价方法的多元化，采用开放式的评价方法对学生的发展过程和结果进行评价。形成学生学业质量定期抽样监测的制度，义务教育阶段学生学业成绩达到国家课程标准的要求”。体现了课程评价制度化、系统化的发展趋势。

《纲要》对课程评价改革的概括最为全面和系统，在改革目标上，提出“改变课程评价过分强调甄别与选拔的功能，发挥评价促进学生发展、教师提高和改进教学实践的功能”，并将这一目标具体化到三个方面：一是学生发展方面，提出要“建立促进学生全面发展的评价体系，评价不仅要关注学生的学业成绩，而且要发现和发展学生多方面的潜能，了解学生发展中的需求，帮助学生认识自我，建立自信。发挥评价的教育功能，促进学生在原有水平上的发展”。二是教师发展方面，提出要“建立促进教师不断提高的评价体系。强调教师对自己教学行为的分析与反思，建立以教师自评为主，校长、教师、学生、家长共同参与的评价制度，使教师从多种渠道获得信息，不断提高教学水平”。三是“建立促进课程不断发展的评价体系。周期性地对学校课程执行的情况、课程实施中的问题进行分析评估，调整课程内容、改进教学管理，形成课程不断革新的机制”。

第二，完善和改进考试制度。《国务院关于基础教育改革与发展的决定》在评价方法上，提出要“改革考试内容和方法，小学成绩评定应实行等级制；中学部分学科实行开卷考试，重视实验操作能力考查。学校和教师不得公布学生考试成绩和按考试结果公开排队”。既反映了考试制度的多样化和开放化发展趋势，又规范了实践中的不利于课程评价发展的行为。

《纲要》在考试制度方面提出“在已经普及九年义务教育的地区，实行小学毕业生免试就近升学的办法。鼓励各地中小学自行组织毕业考试。完善初中升高中的考试管理制度，考试内容应加强与社会实际和学生生活经验的联系，重视考查学生分析问题、解决问题的能力，部分学科可实行开卷考试”。“考试命题要依据课程标准，杜绝设置偏题、怪题的现象。教师应对每位学生的考试情况做出具体的分析指导，不得公布学生考试成绩并按考试成绩排列名次”。力图通过考试制度的完善，解决择校、升学等现实问题。

2002 年颁布的《教育部关于积极推进中小学评价与考试制度改革的通知》是有关中小学评价与考试制度改革的专项政策，其中涉及基础教育的内容包括中小学评价与考试制度改革的原则；学生评价、教师评价和学校教育质量评价体系的建立；中小学升学考试与招生制度的改革等。它是对《纲要》中有关课程评价内容的继承、发展和具体化。在中小学评价与考试制度改革的原则方面，体现了“全面性、发展性、内容多元化、方法多样化、过程性、主体多元化”的评价思想。在学生评价方面，提出建立“以促进学生发展为目标的评价体系”，其内容包括评价的内容、标准、评价方法和改进计划。评价的内容包括两个方面：一是基础性发展目标，涉及道德品质、公民素养、学习能力、交流与合作能力、运动与健康、审美与表现七项内容；二是学科学习目标。在评价措施和方法方面，提出“教师要在教育教学的全过程中采用多样的、开放式的评价方法（如行为观察、情景测验、学生成长记录等）了解每个学生的优点、潜能、不足以及发展的需要”。在教师评价方面，提出要“建立有利于实施素质教育，发挥教师创造性的多元的、新型的中小学教师评价体系”。其内容涉及职业道德、了解和尊重学生、教学方案的设计和实施、交流与反思等。在学校教育质量评价方面，评价内容涉及学校领导班子、校长的专业发展、制度与管理、教学研究制度、体育与文化等方面，并“建立以学校自评为主，教育行政部门、学生、家长和社区共同参与的评价制度”。课程评价中存在的单一性、竞争性和片面性等问题一直是制约素质教育进一步发展的障碍，《教育部关于积极推进中小学评价与考试制度改革的通知》以扫除这些障碍为目的，力图建立与素质教育相适应的评价体系。

《教育部关于基础教育课程改革实验区初中毕业考试与普通高中招生制度改革的指导意见》是在新课程实验阶段推动课程改革纵深发展的专项政策，其中与基础教育课程改革相关的内容主要是初中阶段的毕业考试。该项政策中体现的初中毕业改革考试的主要内容包括：一是要减少考试科目；二是要对学生进行综合素质评价；三是加强试题与社会实际和学生生活的联系；四是学业考试的方式要多样化；五是学业考试的成绩应根据各学科课程标准的基本要求确定合格标准，提供普通高中录取用的学业成绩应以等级的形式呈现。这些内容与传统的评价内容相比具有很大的突破，把过程性、多元性、开放性、系统性的评价思想引入课程领域。

（七）课程管理——民主化

“课程管理是指有关部门（或机构）、人员对课程的各个运行环节所采取的规划、指导、决策、监督、协调等措施。它包括对课程生成系统的管理、课程实施系统的管理及课程评价系统的管理等。课程管理涉及课程管理机构、管理制度、管理权限、课程标准、教科书制度等"①。课程管理是提高课程改革各个环节效益的直接手段，对于课程改革的可持续发展具有重大意义。但是，我国课程管理的发展却同课程评价的发展一样，都在理论研究和实践操作中存在一定的问题。理论研究方面，对于课程管理的研究起步晚，涉及面窄，专门介绍课程管理的研究相对较少，更多的课程管理内容散见于教育管理和学校管理研究之中。在课程管理实践中，存在着课程管理规范不健全、不具体；课程管理手段行政化、单一化；忽视课程文化建设；课程管理人员素质有待提高等问题。新课程改革在课程管理方面，力图扭转以"控制"为中心的课程管理局面，建立国家、地方、学校三级课程管理模式，实现课程权力共享。课程管理的这一变革，在课程政策中表现在：

第一，课程权力的共享。早在《中共中央国务院关于深化教育改革全面推进素质教育的决定》中就提出要"进一步简政放权，加大省级人民政府发展和管理本地区教育的权力以及统筹力度，促进教育与当地经济社会发展紧密结合"。倡导放宽中央对课程管理的控制，给予地方课程管理的空间。《国务院关于基础教育改革与发展的决定》在此基础上，明确提出"实行国家、地方、学校三级课程管理"，具体规定了国家、地方、学校课程管理的权限，"国家制定中小学课程发展总体规划，确定国家课程门类和课时，制定国家课程标准，宏观指导中小学课程实施。在保证实施国家课程的基础上，鼓励地方开发适应本地区的地方课程，学校可开发或选用适合本校特点的课程。探索课程持续发展的机制，组织专家、学者和经验丰富的中小学教师参与基础教育课程改革"。《纲要》对国家、地方、学校课程管理的权限做了更为明确、系统的规定，提出："教育部总体规划基础教育课程，制订基础教育课程管理政策，确定国家课程门类和课时。制订国家课程标准，积极试行新的课程评价制度。省级教育行政部门依据国家课程管理政策和本地实际情况，制订本省（自治区、直辖市）实施国家课程的计划，规划地方课程，报教育部备案并组织实施。经教育部批准，省级教育行政部门可单独制订本省（自治区、直辖市）范围内使用的课程计划和课程标准。学校在执行国家课程和地方课程的同时，应视当地社会、经济发展的具体情况，结合本校的传统和优势、

① 钟启泉：《课程论》，240 页，北京，教育科学出版社，2007。

学生的兴趣和需要，开发或选用适合本校的课程。各级教育行政部门要对课程的实施和开发进行指导和监督，学校有权力和责任反映在实施国家课程和地方课程中所遇到的问题。”这些政策，不仅明确了国家、地方、学校三级课程管理的趋势，而且提出了各级管理主体的权责范围，使课程管理变革更加清晰、明确，具有可操作性。

第二，课程管理体制的完善。《中共中央国务院关于深化教育改革全面推进素质教育的决定》中提出要“继续完善基础教育主要由地方负责、分级管理的体制。”《教育部关于深化基础教育课程改革进一步推进素质教育的意见》进一步提出：“加强地方各级教育行政部门课程管理的能力建设，把推进课程改革、提高教育质量作为‘以县为主’管理体制的重要内容，建立科学的管理制度，既要充分尊重学校的办学自主权，激发学校的活力，又要按照教育规律规范学校办学行为。对各地基础教育课程改革进行督导评估，把课程改革成效作为评价地方各级教育行政部门和学校工作的重要指标。”从这些规范中可以看出，课程管理体制的完善，是要建立以地方为主的分级管理体制，要增强地方在课程管理中的作用。内蒙古自治区在这一思想的指导下，颁布了《内蒙古自治区人民政府贯彻国务院关于基础教育改革与发展决定的实施意见》，提出：“实行在自治区人民政府领导下，由各级政府负责、分级管理、以旗县为主的体制。自治区根据国家确定的义务教育法律、法规，实行宏观指导和管理，制定总体规划，加大对农村牧区义务教育的扶持力度，强化监督、检查和评估。根据国家确定的教学制度，课程设置和标准，制定自治区基本教学文件，规范教材建设和管理，审定地方统编教材。在安排对下级转移支付资金时，要保证农村牧区义务教育发展的需要。盟市要加强统筹协调，加大投入，保证旗县义务教育按计划实施。旗县人民政府对本地农村牧区义务教育负有主要责任，要切实加强统筹领导，做到统筹规划、统筹经费、统筹管理，统一发放教职工工资，并负责中小学校长、教师的管理，指导学校教育教学工作。苏木乡镇政府对组织实施义务教育负有直接责任，要按规定筹集教育经费，改善办学条件，提高教师待遇，继续发挥村嘎查在实施义务教育中的作用。乡、村都要制定乡规民约，维护学校的治安和安全，保证适龄儿童全部入学，制止辍学现象。”这些规范，细化了不同主体在课程管理中的权限和职责，将分级管理的改革思路引入地方课程管理之中。

第三，教材管理制度的改进。教材管理是课程管理的重要组成部分，涉及教材的编写、审查和选用等内容。《国务院关于基础教育改革与发展的决定》中提出了“教材编写核准、教材审查实行国务院教育行政部门和省级教育行政部门两级管理，实行国家基本要求指导下的教材多样化”。并规定了国务院教育行政部门和省级教育行政部分教材管理的权责，“国务院教育行政部门负责核准国家课程的教材编写，审定国家课程的教材及跨省（自治区、直辖市）使用的地方课程的教材；省级教育行政部门负责地方课程教材编写的核准和教材的审定。经国务院教育行政部门授权，省级教育行政部门可审定部分国家课程的教材”。在此基础上，还进一步提出了“改革中小学教材指定出版的方式和单一渠道发行的体制，试行出版发行公开竞标的办法，做到‘课前到书，人手一册’。制定中小学教材版式的国家标准，保证教材质量，降低教材成本和价格”。在教材选用方面，提出“进一步加强对滥发学生用书、学具及其他学生用品的治理。任何部门和单位不得向学校搭售或强迫学校订购教辅材料，中小学校不得组织学生统一购买各种形式的教辅材料”。规范了教材选用中的不恰当行为。

在教材选用制度方面，《教育部关于印发〈开展基础教育新课程实验推广工作的意见〉的通知》和《教育部关于印发〈基础教育工作分类推进与评估指导意见〉的通知》中分别提出了“建立由教育行政人员、教研人员及校长、教师等参与的教材选用制度”和“在实行新课程地区实行以县（市、区、旗）为单位的教材选用制度”，形成了教材选用多主体参与、以县为主的制度。

《纲要》对教材的审核做出了明确的规定，提出：“建立教材编写的核准制度，教材编写者应根据教育部《关于中小学教材编写审定管理暂行办法》，向教育部申报，经资格核准通过后，方可编写。完善教材审查制度，除经教育部授权省级教材审查委员会外，按照国家课程标准编写的教材及跨省使用的地方课程的教材须经全国中小学教材审查委员会审查；地方教材须经省级教材审查委员会审查。教材审查实行编审分离。”同时在教材使用管理方面，提出：“教育行政部门定期向学校和社会公布经审查通过的中小学教材目录，并逐步建立教材评价制度和在教育行政部门及专家指导下的教材选用制度。改革用行政手段指定使用教材的做法，严禁以不正当竞争手段推销教材。”规范了教材的编写、审定、选用等，为教材的多样化发展提供了根本保障。

《中小学教材编写审定管理暂行办法》是有关中小学教材编写审定的专项

政策，共 7 章 35 条内容，规定了教材编写的资格和条件、教材编写的立项和核准、教材的初审与试验、教材的审定等内容。内蒙古自治区依据该办法，结合本地实际，提出了中小学地方性教材审定的操作流程，见图 2－4。

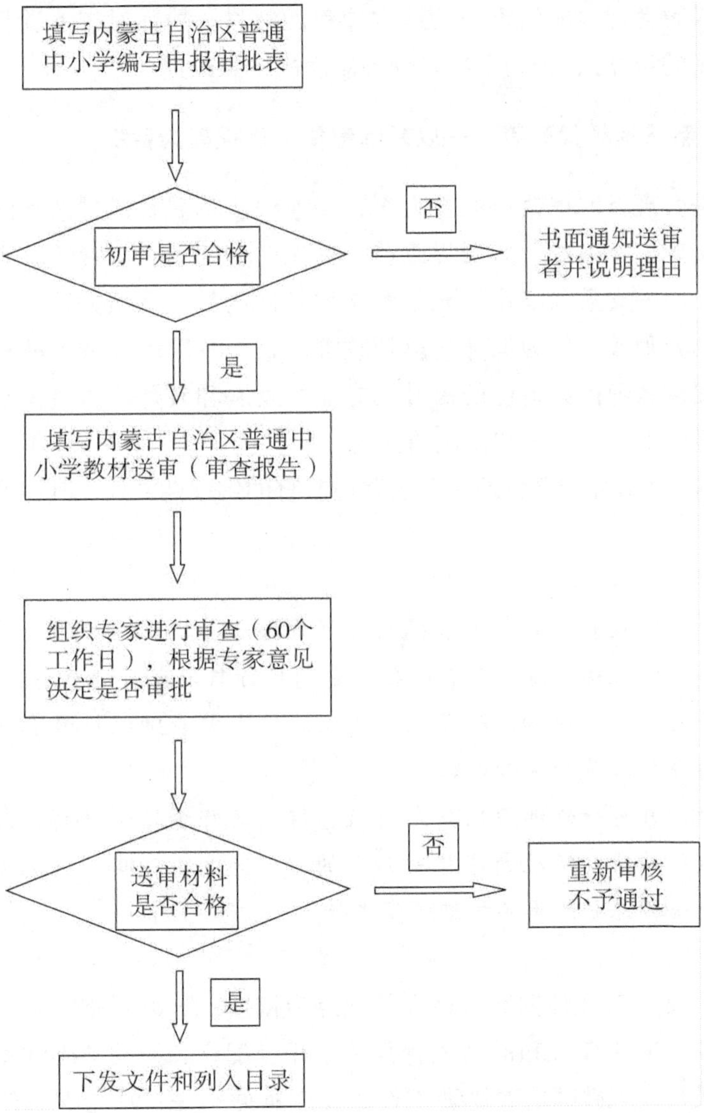

图 2－4　中小学地方性教材审定流程图

《教育部关于深化基础教育课程改革进一步推进素质教育的意见》在总结多年课程改革实践基础上，针对教材选用管理中的问题，提出了“探索建立教材选用评估制度，定期对教材选用情况进行评估。制定教材更换的管理办法，保证教材使用的相对稳定性。坚决清理未经国家审查的国家课程的教材和未经省级教育行政部门审查的地方课程的教材。加强对校本课程教学材料开发与使用的指导”，推动了教材管理制度的不断改进。

（八）新课程教师政策——以教师整体素质提高为目标

教师是实现新课程改革的主力军，新课程改革需要通过教师的教育实践才能得以实现，所以推行新课程改革，首先就是要建立与素质教育相适应的教师队伍，而一支数量稳定、充足和素质较高的教师队伍的建立，需要有科学、系统的教师政策作为保障。教师政策一直是我国教育政策的重要组成部分，它对促进教师社会地位的提升、专业的发展和教师队伍整体水平的提高起到了积极的引导、规范和促进的作用。

《纲要》是引导全国各地区开展素质教育的纲领性文件，其中有关教师的内容包括：

> 师范院校和其他承担基础教育师资培养和培训任务的高等学校和培训机构应根据基础教育课程改革的目标与内容，调整培养目标、专业设置、课程结构，改革教学方法。中小学教师继续教育应以基础教育课程改革为核心内容。
>
> 地方教育行政部门应制定有效、持续的师资培训计划，教师进修培训机构要以实施新课程所必需的培训为主要任务，确保培训工作与新一轮课程改革的推进同步进行。

以《纲要》对教师发展与培训的规定为依据，国家颁布实施了一系列专项教师政策。2001 年颁布的《教育部关于积极配合和推动基础教育课程改革进一步加强和改进教师培养培训工作的几点意见》是首项与课程改革相配套的专项教师政策，其主要内容是构建与新课程改革相适应的师范教育的体系。对各类师范教育的要求包括：一是要“增强师范教育为基础教育服务的责任感和紧迫感，积极主动地配合和推动基础教育改革”。二是要加强和改进师范教育中的德育工作，“提高师德教育的针对性和实效性。要对师范生和广大中小学教师强化遵纪守法、崇尚科学、抵制邪教的教育，使师范生和中小学教师树立正确的世界观、人生观和价值观”。三是“各级师范院校要认真研究制订新世纪中小学教师培养目标，在课程设置、课程结构、教学内容、教学方法等方面做出调整，积极探索培养模式的改革，特别要加强对培养本、专科学历小学教师，初中综合课程和中小学综合实践活动课程师资进行积极研究和实践”。四是加强师范院校计算机科学、信息技术和教育技术等专业建设；现代信息技术公共课程教育；采取多种形式对中小学教师进行不同层次的信息技术培训，并加强中小学教师培养、培训网络资源的开发和建设。五是“各级各类师范院校要在当地教育行政部门的规划和指导下对小学英语骨干教师和辅导教师进行培训，可采取举办业余讲座和暑期强化培训班等不同形式，边培训边上岗，使两类教师基本掌握小学英语课程的教学要求”。

教育部2001年和2004年分别颁发了《关于开展基础教育新课程师资培训工作的意见》和《教育部关于进一步加强基础教育新课程师资培训工作的指导意见》两项与新课程改革相配套的专项教师政策。

《关于开展基础教育新课程师资培训工作的意见》是有关新课程改革教师培训内容最为全面的教师政策。其中提出了对新课程改革师资培训完整的部署，包括新课程教师培训的重要意义、培训的任务、培训的组织实施和培训的注意事项等内容。在培训的任务方面，提出组织教师学习《纲要》、学习新的课程标准和新教材，“使广大教师进一步更新教育观念，改进教学方法和教学手段，扩大知识面，完善知识结构，提高实施素质教育的能力和水平”。在培训的组织实施方面，提出了各省要成立“基础教育课程改革实验工作领导小组”、制定的开展新课程实验推广的规划、坚持“先培训，后上岗；不培训，不上岗”、“边实验、边培训、边总结、边提高”等原则。在培训注意事项方面提出了培训的经费问题；实践取向的培训理念；坚持培训、教研、教改相结合，坚持集中培训和分散培训相结合，坚持短期面授与长期跟踪指导相结合，注重发挥校本培训作用的培训模式；传统师资培训与卫星电视和计算机网络等现代远程教育手段相结合的培训方式；培训的重点对象问题；培训的资源、科研等问题。

内蒙古自治区结合本地实际，为了贯彻《关于开展基础教育新课程师资培训工作的意见》，于2001年颁布了《内蒙古自治区基础教育新课程师资培训工作实施意见》，部署了不同类别教师的培训方式和培训机构，如实验区教育管理者、培训者及骨干教师等参加教育部一级培训；中小学、幼儿园教师全员培训，由旗县培训机构会同旗县教研室负责培训等。安排了不同年份的培训任务和培训进度，如2001年下半年举办部分学科培训者培训班、2003年秋季开学前，在总结实验区经验的基础上，完成对全区三分之一旗县（市、区）的实验推广培训工作等。并根据内蒙古地区实际，提出了“边远少数民族地区和贫困地区培训基地条件差，经费短缺，交通不便，集中培训难度大。这些地区的培训，可采取以教师自培、自学、自练为基础，培训机构教师指导为主，短期集中培训为辅，任职学校（乡、苏木中心校、培训点）组织动作的‘自修—反思’模式，并不断探索有效的新的培训模式与方法”。

《教育部关于进一步加强基础教育新课程师资培训工作的指导意见》是在经历了几年的实践探索基础上对《关于开展基础教育新课程师资培训工作的意见》的完善。在新课程改革教师培训的内容、形式、管理等方面提出了更为具体的要求。该政策首先提出要在“2005年秋季开学之前，各地应基本完成对义务教育阶段起始年级教师新课程岗前培训任务”。“对拟进入新课程的教师，采取多种行之有效的途径和方式，进行不低于40学时的新课程岗前培训，未经新课程岗前培训的教师不能实施新课程。”其次，提出了要“明确培训内容，突出培训重点，增强新课程培训的针对性，坚持通识培训与具体学科培训相结合”。再次，提出了要“更新培训观念，变革培训模式，提高新课程培训的实效性”。最后，提出了建立健全新课程师资培训工作的保障体系。

2011年颁布的《教育部关于大力推进教师教育课程改革的意见》是为贯彻落实教育规划纲要，深化教师教育改革，全面提高教师培养质量，建设高素质专业化教师队伍而提出的专项教师政策，其内容包括十个方面：一是创新教师教育课程理念，坚持育人为本、实践取向、终身学习的理念。二是优化教师教育课程结构，“科学设置师范教育类专业公共基础课程、学科专业课程和教师教育课程，学科理论与教育实践紧密结合，教育实践课程不少于一个学期”。三是改革课程教学内容，把社会主义核心价值体系，学科前沿知识，教育改革和教育研究最新成果，儿童研究、学习科学、心理科学、信息技术的新成果，优秀中小学教学案例作为教师教育课程的重要内容。四是开发优质课程资源，实施“教师教育国家精品课程建设计划”。五是改进教学方法和手段，“要注重培养师范生对学科知识的理解和学科思想的感悟”，“增强师范生学习兴趣，提高教学效率，着力提高师范生的学习能力、实践能力和创新能力”，“加强以信息技术为基础的现代教育技术开发和应用”等。六是强化教育实践环节，“加强师范生职业基本技能训练，加强教育见习，提供更多观摩名师讲课的机会”。七是加强教师养成教育，“注重未来教师气质的培养，营造良好教育文化氛围，激发师范生的教育实践兴趣，树立长期从教、终身从教信念”。八是建设高水平师资队伍。九是建立课程管理和质量评估制度，开展师范教育类专业评估。十是加强组织领导和条件保障，各地教育行政部门要统筹规划、协调指导、积极支持教师教育课程改革工作。这十项内容是对教师教育改革的系统概括，反映了教师教育改革的指导思想、内容标准、方式方法、管理措施等，推动了新的、适应素质教育的教师队伍的建设。

“国培计划”（中小学教师国家级培训计划）是国家在教师培训方面的一项重大举措，也是教师政策中的一项重要内容。“国培计划”从2010年开始实施，2010年颁发的《教育部　财政部关于实施“中小学教师国家级培训计划”的通知》是引导“国培计划”实施的专项政策。其中提出实施“国培计划”的目的在于“通过实施‘国培计划’，培训一批‘种子’教师，使他们在推进素质教育和教师培训方面发挥骨干示范作用；开发教师培训优质资源，创新教师培训模式和方法，推动全国大规模中小学教师培训的开展；重点支持中西部农村教师培训，引导和鼓励地方完善教师培训体系，加大农村教师培训力度，显著提高农村教师队伍素质；促进教师教育改革，推动高等师范院校面向基础教育，服务基础教育”。“国培计划”包括两项内容，一是“中小学教师示范性培训项目”，二是“中西部农村骨干教师培训项目”。前者包括中小学骨干教师培训、中小学教师远程培训、班主任教师培训和中小学紧缺薄弱学科教师培训等子项目；后者包括农村中小学教师置换脱产研修、农村中小学教师短期集中培训和农村中小学教师远程培训等子项目。这些项目，解决了一些教师培训中的重点问题，特别是中西部农村教师的培训问题，奠定了全国各省市教师培训的坚实基础。

本书以内蒙古自治区通辽市为个案地区，因此内蒙古自治区颁布的师资政策也是本书研究分析的重点。2003年颁布的《内蒙古自治区中小学教师继续教育规定》是内蒙古自治区在新课程改革背景下指导中小学教师继续教育实践的重要政策。其内容涉及中小学教师继续教育的目的、原则、管理权限与职责，继续教育的类型、周期与学时，培训基地的选择、建设与管理，继续教育经费的来源与保障，继续教育研究、督导和评估，继续教育的证书制度等内容，统筹部署了中小学教师继续教育的各项工作，体现了新课程改革对教师专业发展的要求，引领中小学教师在专业领域不断前进。通辽市在贯彻《内蒙古自治区中小学教师继续教育规定》的同时，根据当地教师培训的实际，制定了《通辽市人民政府关于实行中小学教师继续教育经费政府学校教师个人共同分担机制的通知》。该通知旨在解决当地教师承担过多继续教育相关费用问题，提出建立教师培训经费由政府、学校和教师个人共同分担的机制，以减轻教师的经济负担，保证教师继续教育工作的正常进行。

在师资建设方面，根据《教育部　财政部　人力资源与社会保障部　中央编办关于继续组织实施“农村义务教育阶段学校特设岗位计划”的通知》（教师〔2009〕1号）精神，内蒙古自治区从2009年起开始实施“特岗教师”计划，即内蒙古自治区农村牧区义务教育阶段学校教师特设岗位计划，并制定了《内蒙古自治区农村牧区义务教育阶段学校特设岗位计划实施方案》。实施这一方案主要目的，是“通过公开招聘高校毕业生到农村牧区学校任教，引导和鼓励高校毕业生从事农村牧区义务教育工作，创新农村牧区学校教师补充机制，逐步解决农村牧区学校师资结构不合理的问题，提高农村牧区教师队伍的整体素质”。“特岗教师”计划由国家统筹，地方实施；招聘对象是取得教师资格证的内蒙古普通高校毕业生及区外普通高校毕业的内蒙古生源；服务对象以初中为主，兼顾小学；所需资金由中央和地方财政共同承担，以中央财政为主；招聘方式与当地教师招聘相同，包括初试、面试、体检等环节。“特岗教师”政策的实施，部分地解决了内蒙古农村牧区学校师资总量不足和结构不合理等问题，提高了农村牧区教师队伍的整体素质，促进了城乡教育均衡发展。

根据民族地区开展民族教育的实际，教育部于2011年颁布了《教育部办公厅关于做好少数民族双语教师培训工作的意见》，提出“当前，少数民族双语教师普遍存在数量不足、国家通用语言水平低、教学能力欠缺的问题，直接影响双语教育教学质量，成为制约双语教育发展的瓶颈。加强双语教师培训，提高双语教师教育教学能力，建设一支合格的双语教师队伍，是贯彻落实教育规划纲要、提高双语教师整体素质的重要举措，对提高双语教育教学质量具有重要的意义”。加强双语教师的培训，以双语教师培训的规划编制和机制建设为重点，由于“双语教育地域性较强，双语教师培训计划的实施以地方为主”。培训的主要内容是语言教学和学科教学能力。这是首项针对民族双语教师培训的政策，对于促进民族双语教师的专业发展具有重大的意义。

新一轮基础教育课程改革是一项系统工程，除了上述八项内容之外，有关新课程改革的政策还包括《教育部关于大力加强中小学校园文化建设的通知》和《教育部办公厅关于征集基础教育课程改革教学研究成果的通知》等，这些政策都是进一步推进新课程改革实施的配套性、支持性政策，都使课程改革在实践中不断完善。

二、民族基础教育政策规范解读

民族基础教育是民族教育的奠基阶段，在少数民族学生的发展中起到基础性、全面性的奠基作用。民族基础教育关系着民族教育和民族地区经济社会的长远发展。民族基础教育政策是党和政府为了解决民族基础教育中存在的问题，调节民族基础教育内外部关系所制定和执行的行为准则。它引导着民族基础教育的发展方向，协调着民族基础教育内外的关系，约束和规范着民族基础教育参与主体的行为。本书对民族基础教育政策的文本解读包括两个部分：一是普适性基础教育政策法律规定中涉及少数民教育的内容；二是基础教育阶段针对少数民族教育特殊性制定、实施的法律政策。这些文件内容主要集中在以下几个方面。

（一）“两基”政策——整个民族教育的“重中之重”

“两基”是指基本普及九年义务教育、基本扫除青壮年文盲。在 2002 年颁布的《国务院关于深化改革加快发展民族教育的决定》中提出“确立基本普及九年义务教育、基本扫除青壮年文盲在整个民族教育中‘重中之重’的地位”。并提出了“两基”建设具体的目标任务是“‘十五’期间，民族自治地方要在巩固‘两基’基础上，把实现‘两基’的县级行政区划单位从 2001 年的 51% 提高到 70% 以上，在 95% 的地区基本普及小学阶段义务教育；确保少数民族散杂居地区民族教育优先或与当地教育同步发展……到 2010 年，民族地区全面实现‘两基’，办学条件进一步改善，形成具有中国特色、适应 21 世纪信息化和现代化建设需要、充满生机活力。较为完善的民族教育体系”。

在2005年颁布的《教育部关于贯彻落实〈国务院实施《中华人民共和国民族区域自治法》若干规定〉的通知》中对民族地区“两基”工作做了更为全面的部署，提出政府要采取多种措施，如“国家西部地区‘两基’攻坚计划”“农村寄宿制学校建设工程”、农村中小学现代远程教育工程等专项工程；“两免一补”“对口支援”“中央财政支持”等政策措施，来帮助少数民族地区实现“两基”目标。

内蒙古根据本地区实际，在《内蒙古自治区人民政府关于进一步加强民族教育工作的意见》中提出通过布局结构调整、民族学校建设和教育教学质量的提高来保证少数民族适龄人口的义务教育水平；通过“广泛开展以蒙古语授课为主的农牧民科技文化培训活动，加大‘三教统筹’和农科教结合工作力度，以多种形式为农村牧区新增及富余劳动力提供各类优质教育服务”，以巩固提高“两基”工作。

（二）民族基础教育优惠政策——民族基础教育均衡发展的保障

在2001年颁布的《国务院关于基础教育改革与发展的决定》中提出的针对民族教育发展的政策主要是加大对少数民族义务教育的扶持和投入力度。如“中央和省级人民政府要通过转移支付，加大对贫困地区和少数民族地区义务教育的扶持力度”。“加大对少数民族地区实施义务教育的支持力度，提高适龄儿童入学率。重视加强边境地区义务教育”。

在2002年颁布的《国务院关于深化改革加快发展民族教育的决定》中对少数民族基础教育扶持、投入方面的规定更为全面和具体，把“以民族地区自力更生为主，与国家扶持及发达地区、有关高等学校开展教育对口支援相结合，共同推进民族地区教育事业的发展”，列为指导民族教育发展的基础方针和原则之一，可见，加大对民族教育的投入、支援是国家推动民族教育发展的重要政策措施，在民族基础教育领域亦是如此。该决定还提出，中央财政扶持教育的重点、“国家贫困地区义务教育工程”、“国家扶贫教育工程”、“教育信息化工程”、“全国中小学危房改造工程”、中小学贫困学生助学金专款、青少年校外活动场所建设项目等要向少数民族和西部地区倾斜；向农牧区中小学生免费提供教科书，减免杂费、书本费、寄宿费、生活费，设立寄宿制中小学校学生生活补助专项资金等经费方面的政策措施。

在对民族基础教育支援方面，提出：“认真组织实施‘东部地区学校对口支援西部贫困地区学校工程’和‘西部地区大中城市学校对口支援本省（自治区、直辖市）贫困地区学校工程’，使少数民族和西部贫困地区在资金、设备、师资、教学经验等方面得到帮助。教育对口支援实行目标责任制，确保目标如期实现，提高对口支援的效益。教育对口支援工作要帮助西藏、新疆加强双语师资特别是汉语教师的培养和支教工作。”

2007 年颁布的《内蒙古自治区人民政府关于进一步加强民族教育工作的意见》中专设“加大经费投入，改善民族学校办学条件”一项内容，在民族基础教育方面，内容包括内蒙古各级教育行政机构要设立改善蒙古语授课学校条件的专项经费；制定新的民族中小学助学金标准和经费筹措管理办法，建立自治区、盟市、旗县三级财政按比例分担机制，确保助学金按时足额拨付；国家实施的各项教育工程及海内外捐赠款项、自治区安排的教育基本建设项目和用于教育事业发展的各项经费，优先安排蒙古语授课学校，重点向少数民族人口集中和民族教育工作成效显著的地区倾斜等。

民族基础教育由于历史、社会、自然条件，特别是经济发展水平等多种原因，面临着一些特殊的困难和问题，需要中央和地方各级各类行政机构给予经费、师资等各个方面的支持和倾斜，从上述规范中我们也可以看出，无论中央还是地方，在各级民族教育政策中，始终坚持各种资源向民族教育倾斜的传统，这既有利于各地基础教育的均衡发展，也有利于民族教育质量的提升。

（三）扩大地方的课程管理自主权——基础教育新课程改革地方适应性的表现

1999 年颁布的《中共中央国务院关于深化教育改革全面推进素质教育的决定》中提出，实施素质教育应当贯彻于各级各类教育，“在不同阶段和不同方面应当有不同的内容和重点，相互配合，全面推进。在不同地区还应体现地区特点，尤其是少数民族地区的特点”。原则性地提出民族地区的素质教育改革要具有民族特点。

2001 年颁布的《教育部关于印发〈义务教育课程设置实验方案〉的通知》中在课程设置方面提出了省级教育行政部门在课程设置方面的权责，如可根据本省不同地区社会、经济、文化、发展的实际情况，制订不同的课程计划；学年课时总数和周课时数应控制在国家所规定的范围内；根据教育部关于地方课程、学校课程管理与开发的指导意见，提出本省地方课程、学校课程管理与开发的具体要求等。还针对民族地区教育特点提出了民族学校的课程设置，由省级教育行政部门自主决定。

国务院于2002年颁布的《国务院关于深化改革加快发展民族教育的决定》是教育改革新时期有关民族教育改革与发展的专项民族教育政策，在其基本方针和原则中提到，“民族教育的改革与发展要坚持实事求是、从实际出发，在发展规划、改革步骤、目标要求、办学形式、教学用语、课程设置、学制安排等方面因民族、因地区制宜；要坚持观念创新、体制创新和机制创新，不断扩大民族间和地区间的开放和交流，大胆吸收和借鉴不同民族、不同地区和人类社会的优秀文明成果，使我国民族教育既保持自身特色，又具有鲜明的时代特点”。反映了民族教育的改革要体现客观性、计划性、民族性、创新性、开放性、时代性等特点。

教育部于2005年颁布的《教育部关于落实〈中共中央国务院关于进一步加强民族工作加快少数民族和民族地区经济社会发展的决定〉做好民族教育工作的通知》中还强调：“要加强对边境民族地区义务教育特殊性问题的研究，切实解决边境民族教育的实际困难。要进一步保护和重视少数民族女童受教育的权利，提高民族地区女童教育质量，改善女童生存状况。”

由于语言、文化、社会历史发展的不同境遇，少数民族教育与普通教育相比，有其自身的文化性、多样性、复杂性等特点，任何教育改革都不能忽视这些特点而一味追求整齐划一。从上述规范中可以看出，不同的政策规范都反映了相同的内容，即在实施素质教育的新时期，民族教育的改革要符合民族地区的实际，反映少数民族教育的特点，民族基础教育也是如此。

（四）民族师资队伍建设——民族基础教育发展的根本保障

在1999年颁布的《中共中央国务院关于深化教育改革全面推进素质教育的决定》中提出了要合理配置教师资源，针对我国教育发展不均衡的实际，提出：“采取优惠政策，吸引和鼓励教师到经济不发达地区、边远地区和少数民族地区任教。经济发达地区和城市也要采取多种形式，帮助少数民族地区和农村提高教师队伍水平。”引导优质教师资源向民族地区倾斜。

国务院于2002年颁布的《国务院关于深化改革加快发展民族教育的决定》中，把教师队伍建设作为民族教育发展的重点，又把培养“双语”教师作为重中之重，提出要建设一支合格的“双语型”教师队伍。在教师教育制度改革方面，提出要“提高师范院校教师队伍的教学和科研水平，加强县级教师培训基地的建设。同时，采用远程教育等现代化手段，提高继续教育的质量和效益。加强校长培训，提高民族地区学校的管理水平。拓宽教师来源渠道，鼓励非师范院校毕业生和东、中部地区高校毕业生到少数民族和西部地区任教。采取定向招生等特殊措施，加强培养在农牧区、高寒地区、山区和边疆地区能‘下得去、留得住’的各级各类学校教师。加强教师培训，鼓励教师参加各类业务学习，提高教师学历学位层次。要在全社会营造尊师重教的良好风尚，切实保证和不断提高教师的待遇”。在民族地区教师队伍建设方面提出了具有建设性意义的政策规范。

2005 年颁布的《教育部关于贯彻落实〈中共中央　国务院关于进一步加强民族工作加快少数民族和民族地区经济社会发展的决定〉做好民族教育工作的通知》中在民族师资队伍建设方面提出通过“民族贫困地区中小学综合素质培训项目”“农村中学教育硕士师资培养计划”“中英西南基础教育项目”“联合国儿基会师资培训项目”等项目，积极培养“下得去、留得住、用得上”的少数民族师资，尤其是“双语”师资。

2007 年颁布的《内蒙古自治区人民政府关于进一步加强民族教育工作的意见》针对内蒙古地区实际，提出要“加强蒙古语授课师资培养和科研基地建设”。支持内蒙古师范大学、内蒙古民族大学等高等学校办好蒙古语授课师范类各学科专业，优先实行蒙古语授课师范类专业免费教育。支持内蒙古民族高等专科学校提高办学层次，为自治区及蒙古语文协作省区培养合格的蒙古语授课中小学师资。充分发挥内蒙古大学蒙古语文教学重点学科和优势专业的带动作用，大力提升自治区民族经济文化和教育科学等领域的研究水平。通辽市依据上述民族教育政策的规定，在 2010 年颁布的《通辽市人民政府关于进一步加快民族教育发展的实施意见》中提出了该市民族中小学师资队伍建设的具体目标，如民族小学、初中专任教师学历合格率分别达到 100%、99%；推进民族中小学“名校长、名教师培养培训工程”，继续提高各级骨干教师及名师的比重；积极补充汉语文、英语、计算机、音、体、美等专业教师，建立一支政治素质过硬、业务能力强的双语型、新型民族教师队伍等。

师资队伍数量不足、质量不高一直是制约民族基础教育深入发展的瓶颈，也是民族教育政策一直致力改善的重要环节，加强师资队伍建设一直都是各级民族教育政策强调的重点。从上述规范中可以看出，无论是国家还是地方，都在致力于开拓各种渠道以提高民族师资队伍的数量和质量，可以肯定地说，伴随着这些政策的落实，民族地区师资队伍建设在教育改革的新时期一定会取得量的和质的突破。

（五）民族中小学双语教学——民族基础教育的办学特色

国务院于2002年颁布的《国务院关于深化改革加快发展民族教育的决定》中在民族地区双语教学方面提出，要“正确处理使用少数民族语授课和汉语教学的关系，部署民族中小学‘双语’教学工作。在民族中小学逐步形成少数民族语和汉语教学的课程体系，有条件的地区应开设一门外语课。要把‘双语’教学教材建设列入当地教育发展规划，予以重点保障”。在双语教材建设方面，提出“编写少数民族学生适用的汉语教材……在使用民族语授课的民族中小学逐步从小学一年级开设汉语课程。国家对‘双语’教学的研究、教材开发和出版给予重点扶持”。“要尊重和保障少数民族使用本民族语文接受教育的权利，加强民族文字教材建设；编译具有当地特色的民族文字教材，不断提高教材的编译质量。要把民族文字教材建设所需经费列入教育经费预算，资助民族文字教材的编译、审定和出版，确保民族文字教材的足额供应。”

2005年颁布的《教育部关于贯彻落实〈中共中央国务院关于进一步加强民族工作加快少数民族和民族地区经济社会发展的决定〉做好民族教育工作的通知》中，提出“要大力宣传、广泛推广全国通用的普通话，建立健全省级少数民族汉语水平考试（MHK）机构，配合搞好少数民族汉语水平考试的各项工作”。在推进双语教学同时，强调要做好通用语言的教学和推广。同年颁布的《教育部关于贯彻落实〈国务院实施《中华人民共和国民族区域自治法》若干规定〉的通知》中在此基础上进一步提出，要根据《国家通用语言文字法》的要求，“出台相应的语言文字法规、规章，在坚持各民族语言文字平等的原则、保障各民族使用和发展本民族语言文字自由的同时，为少数民族群众学习、使用普通话和规范汉字的语言权利以及国家通用语言文字在民族地区的推广与普及提供法律保障”。在改进双语教学方面还提出，要“扶持少数民族语文和汉语文教材的研究、开发、编译和出版，支持建立和健全少数民族教材的编译和审查机构”；要“拟订并实施‘少数民族汉语教师国家通用语言培训计划'，帮助培养通晓少数民族语文和汉语文的教师"；"各级教育行政部门要加强对'双语'教学及科研工作的指导"等措施。

内蒙古根据本地区双语教学的实际，在2007年颁布的《内蒙古自治区人民政府关于进一步加强民族教育工作的意见》中提出，在"以蒙古语授课为主的义务教育阶段学生要重点学习掌握蒙古语言文字，兼学汉语和外语"；"以汉语授课或汉语授课为主的蒙古族中小学要开设蒙古语言文字课程，使毕业生达到蒙汉兼通"；积极推行"中国少数民族汉语水平等级考试"和"自治区蒙古语文应用水平等级考试"工作。

（六）民族团结教育——民族基础教育的必要组成部分

《国务院关于深化改革加快发展民族教育的决定》中提出要在各级各类学校教育中，有重点、分层次、有针对性地加强民族团结教育。并提出了学校民族团结教育的重要内容，如"要把维护发展平等、团结、互助的新型社会主义民族关系的教育作为爱国主义教育、公民道德教育和素质教育的重要内容，加强马克思主义民族宗教观和党的民族宗教政策的教育，加强我国各族人民为中华民族统一多民族国家的形成浴血奋斗历史的教育，加强各族人民在中国共产党领导下建立和建设社会主义伟大祖国历史的教育，进一步增强各族师生'三个离不开'（汉族离不开少数民族；少数民族离不开汉族；各少数民族之间也相互离不开）的观念，牢固树立自觉维护国家统一、反对民族分裂的思想意识，增强学生的社会主义法制观念、道德观念，提高科学、文化素质，为确保我国各民族的团结进步和国家的长治久安做出贡献"。

2005年《教育部关于贯彻落实〈中共中央　国务院关于进一步加强民族工作加快少数民族和民族地区经济社会发展的决定〉做好民族教育工作的通知》中提出要进一步加强青少年民族团结教育及思想道德建设，加大对民族教育的宣传力度。要做到有关内容进学校、进教材、进课堂。"要进一步加大对民族教育的宣传力度，要充分利用舆论阵地向国内外宣传我国民族教育取得的辉煌成就，广泛深入地加强马克思主义民族观、宗教观和党的民族、宗教政策的宣传教育，巩固和发展平等、团结、互助、和谐的社会主义民族关系"。强调了舆论宣传在民族团结教育中的重要作用。

2008年，国家民委印发了《学校民族团结教育指导纲要（试行）》，它是为了在新时期进一步加强和规范各级各类学校的民族团结教育工作，在认真总结经验的基础上提出的有关学校民族团结教育的专项政策，对各级各类学校民族团结教育起着引导、规范、调节的作用。包括民族团结教育的指导思想、课程性质和基本原则、民族团结教育的目标与任务、民族团结教育的主要内容、民族团结教育的实施途径和方法、民族团结教育的师资培养与培训工作、民族团结教育的组织实施七项内容。首先对于民族团结教育在学校教育体系中的地位给予了肯定，提出“民族团结教育课程是根据国家统一要求列入地方课程实施的重要专项教育”，并提出了民族团结教育以育人为基本原则，必须从不同地区的实际和各族学生不同年龄阶段身心发展的特点出发，分阶段、分层次、有重点、有针对性地设置具体教育内容。在民族团结教育的实施途径和方法方面，提出中小学要设置专门的民族团结教育课程，除课堂教学主渠道外，不同学校应根据自身的实际情况，因时因地制宜，灵活选择、使用多种形式、途径和方法开展学校民族团结教育，同时还要取得家长和社会的支持和共同参与，并加强民族团结教育基地建设。在民族团结教育的师资培养培训方面，提出要对承担民族团结教育的教师组织专门培训、各地区要制订本地区民族团结教育教师队伍建设的具体计划并采取切实可行的具体措施。在民族团结教育的组织实施方面，提出要加强工作指导、制定相应管理办法；要取得相关部门的积极支持与配合；要加强民族团结教育教学资源建设；要开展民族团结教育的教研活动和课题研究；重视对学校民族团结教育活动的评价和督导工作等。作为规范和促进学校民族团结教育的专项政策，《学校民族团结教育指导纲要（试行）》全面概括了学校开展民族团结教育的各项内容，对于学校民族团结教育的深入开展具有重大的指导意义。

（七）民族中小学寄宿制管理——民族基础教育发展的现实需要

2005 年，教育部、国家民委颁布了《教育部国家民委关于进一步做好民族地区寄宿制中小学管理工作若干问题的意见》，该政策是针对民族地区寄宿制中小学管理而提出的专项政策。该政策以建立健全合理、规范、科学的民族地区寄宿制中小学管理制度为目标，提出了寄宿制中小学由地方政府负责，并规范了省级、民族地区地市级、县级教育行政机构的主要职责。在此基础上，提出要规范民族地区寄宿制中小学的布局结构，要根据本地实际情况合理设置全寄宿和半寄宿学校，要本着规模和效益协调发展的原则合理设置寄宿制中小学教学班，并鼓励和支持社会力量在民族地区兴办寄宿制中小学或投资参与寄宿制中小学建设与管理。民族地区寄宿制中小学的教学管理、生活管理和经费管理也是该政策关注的焦点。教学管理方面的内容包括民族寄宿制中小学的学制、生源、招生办法、课程设置、课程内容、现代化教育、综合实践活动等。在民族地区寄宿制中小学日常生活管理方面，实行校长负责制，主要内容包括安全、卫生管理责任制的建立健全、附加编制的增加、教职员工的职业道德和行为规范教育、校长教师校际轮换制等。在民族地区寄宿制中小学经费管理方面，对助学金、补助或减免费用、经费的预算管理、评估督导制度、工作年报制度、奖惩细则等方面做了具体的规定。做好民族地区寄宿制中小学管理工作是关系寄宿制中小学生存和发展及提高教育质量的大事，是为民族地区培养合格劳动者和各类人才，促进民族地区经济社会发展的必然要求。

除了上述七项内容之外，有关民族基础教育的政策规定还包括扩大内地班、加强民族教育法制化建设、促进民族教育手段现代化、民族学校校园文化建设等。教育是一项系统工程，民族基础教育也是包罗万象的，因此民族基础教育政策的外延也十分广阔，由于时间和经验的限制，在此不能将所有的民族基础教育政策一一罗列，只能选择其中重要的、多项政策反复强调的内容加以分析，以使读者了解我国民族基础教育政策的重点及其发展脉络。

第三章 民族基础教育新课程改革田野调查点概述

第一节 田野调查点概况

本书选取两所民族学校——通辽市蒙古族学校和库伦旗实验小学为个案点，在描述两所个案学校的新课程改革现状之前，先展示通辽市社会经济文化教育发展的历史沿革与当代风貌，以便呈现通辽市民族基础教育新课程改革赖以依存的社会背景和文化土壤。

一、生态—文化概貌

（一）通辽市自然社会概况

通辽市位于内蒙古自治区东部、松辽平原西端、科尔沁草原腹地。东连吉林省，南邻辽宁省，全市辖5旗1县1市1区和1个经济技术开发区，总土地面积6万平方公里。到2011年，全市常住人口约313.92万人，有汉族、蒙古族、满族、回族、朝鲜族等40个民族，其中，汉族人口为159.23万人，占50.72％；蒙古族人口为144.13万人，占45.91％；其他少数民族人口为10.56万人，占3.36％。通辽市蒙古族人口约占内蒙古自治区蒙古族人口的三分之一，占全国蒙古族人口的四分之一，是全国蒙古族人口最集中的地区。

通辽市原为哲里木盟，始建于清崇德元年（1636年），1999年经国务院批准，撤销哲里木盟设立地级通辽市。通辽是红山文化、富河文化的发祥地之一，至今市内仍保留着燕国北长城和辽、金、元、清等时期的历史文化古迹。被誉为“中国安代艺术之乡”“中国民族曲艺之乡”“中国版画艺术之乡”。

通辽在经济区域上，地处东北经济区和环渤海经济区，与东北和京津唐的经济联系比较紧密，是全国重要的交通枢纽，有6条铁路交汇，4条国道公路贯穿境内，通辽站是全国40个铁路重点枢纽站和14个编组大站之一。通辽土地肥沃，资源丰富，素有“内蒙古粮仓”和“中国黄牛之乡”的美誉，是国家重要的商品粮基地和畜牧业生产基地。境内已探明煤炭、石油、硅砂等矿产41种，矿床和矿点260多处，总潜在价值1.3万亿元。

改革开放以来，特别是“十五”以来，通辽市经济进入了快速发展的时期。经济发展由农牧业主导向工业化引领转型，城镇化、农牧业产业化进程不断推进，交通物流业和特色旅游业蓬勃兴起，农村牧区税费改革、乡镇机构改革、农村牧区义务教育改革、国有企业改革等行政管理体制和经济体制改革不断深化，招商引资成为项目建设和产业发展的主力，经济社会的发展活力不断增强。

通辽市是科尔沁文化的起源和生生不息发展之地，科尔沁文化中，不仅有悠远的叙事民歌，如《诺恩吉雅》《达古拉》《嘎达梅林》等，还有“胡仁乌力格尔”说书文化，更有别具韵味的科尔沁蒙古语方言。科尔沁文化颂扬着蒙古帝国建国功臣哈布图·哈撒尔的功绩，讲述着清朝政治家孝庄文皇后的故事，歌颂着嘎达梅林的勇敢。为了继承和发扬科尔沁文化，通辽市开展了创建科尔沁文化大市活动，集中力量收集、整理、翻译和出版了一批民族历史文化书籍，民族的名胜古迹、珍贵文物和其他重要历史文化遗产得到了有效保护。

通辽市还是“中国马王之乡”，1995年8月18日原哲里木盟盟委、盟行署在珠日河赛马会的基础上成功举办了第一届“8·18哲里木赛马节”，并确定在每年8月18日举办哲里木赛马节，迄今连续举办了19届。以“8·18哲里木赛马节”为载体，民族传统体育竞技项目蓬勃发展，赛马节不仅仅是传统体育竞技节日，更是集商业贸易交流、招商项目洽谈和观光旅游为一体的大型草原盛会。

（二）库伦旗自然社会概况

库伦旗位于通辽市西南部约140公里处，南与辽宁省的阜新、彰武两县接壤，东、西至北与本市的科左后旗、奈曼旗为邻。面积 4744 平方公里，人口 177 416 人，其中蒙古族 104 988 人，占总人口的 59.18%；汉族 66 567 人，占总人口的 37.52%；其他少数民族 5861 人，占总人口的 3.30%。旗人民政府驻库伦镇。清初设旗，因曼珠希礼喇嘛从西藏来此传经布法，故名曼珠希礼库伦旗。1933 年改库伦旗。

库伦旗经济以牧为主，农、林、牧相结合。牲畜以牛、马、羊、猪为主。粮食作物有谷子、荞麦、玉米、高粱、大豆、水稻、小麦、马铃薯等，尤以盛产优质荞麦而闻名，独享“荞麦之乡”美称。库伦旗民间药用植物种类繁多，促进了蒙药的生产、经营和研究的发展。库伦旗交通以公路为主，2012 年 10 月始通火车，交通相对闭塞。

库伦旗是科尔沁草原文化中心带和辐射带之一，较好地保留着蒙古族古老的萨满文化，其中又以“安代文化”闻名于世，被誉为“安代舞之乡”。科尔沁安代舞不仅渊源于古老的蒙古舞形式，同时也是蒙古族古老萨满文化的产物。现在，安代文化已成为科尔沁艺术文化的一大亮点。①

清初自顺治到乾隆一百多年间，清王朝在库伦镇修建了多处藏传佛教寺庙，现存兴源寺、象教寺、福源寺、吉祥天女神庙、格尔林寿因寺五座寺庙。其中，兴源寺、象教寺、福源寺统称库伦旗“三大寺”，2006 年 6 月“三大寺”被确定为国家级重点文物保护单位。

二、民族教育概况

（一）通辽市民族教育概况

目前，通辽市已逐步建立起学前教育、基础教育、职业教育和高等教育协调发展、结构合理的民族教育体系。2011 年全市有各类学校 943 所，教职工 38 997 名，在校生 458 673 名。共有民族中小学校 154 所，其中小学 116 所、初中 29 所、高中 9 所。全市中小学少数民族在校学生 213 161 人，学习使用少数民族语言文字的中小学在校生有 66 337 人。全市有少数民族幼儿园 35 所，学习使用少数民族语言文字的在园幼儿有 14 584 人。

---

① 参见巴·苏和：《关于科尔沁文化的几点思考》，载《通辽日报》，2008－01－06。

全市各级各类学校的教师中有少数民族教职工22 246人，其中蒙古语授课专任教师9065人，分别占全市教师总数的67.90%、26.67%。2011年，全市中小学蒙古语授课专任教师学历合格率：普通高中、普通初中、小学、职业高中分别为96.08%、99.39%、100%和78.99%。

表3－1　通辽市蒙古语授课专任教师学历合格率（%）

指标名称	2011年	2010年	增减值
小学	100	99.94	0.06
其中：专科毕业及以上教师比例	71.17	61.88	9.29
普通初中	99.39	98.85	0.54
其中：本科毕业及以上教师比例	52.62	51.16	1.46
普通高中	96.08	97.09	－1.01
其中：研究生毕业教师比例	－	－	－

通辽市切实把民族教育置于“优先”“重点”发展的位置，近年来，通辽市教育经费投入年平均增长15%以上，全市各学校办学条件得到明显改善。中小学建筑面积由“两基”达标前的55万平方米增长到现在的77.8万平方米。实施“校安工程”前后学校校园面貌发生了巨大变化。教育经费投入的增加，办学条件的改善，进一步夯实了教育发展的基础。

截至2010年底，通辽市民族幼儿园只有7所，在园幼儿1000人左右，学前三年毛入园率仅为12.33%，特别是农村牧区幼儿园建设基本处于空白状态。2010年，通辽市启动实施了《通辽民族学前教育三年行动计划》，规划建设标准公办民族幼儿园83所，总建筑面积7万平方米。2011年开工建设32所苏木镇幼儿园，2012年开工建设38所嘎查村幼儿园，2013年计划再建设13所幼儿园。计划完成后，将形成民族人口聚居的苏木镇、重点嘎查村公办幼儿园全覆盖的民族学前教育格局。在义务教育阶段，通辽市全面贯彻党的教育方针和民族政策，认真落实民族教育有关法律法规和政策规定，积极推进“两主一公”办学模式，致力于“双高”“普九”，办学特色鲜明，发展趋于均衡。同时，通辽市还在内蒙古自治区率先开展了“双语”教学改革试点工作，使学生在学习、传承母语和民族传统文化的同时又能熟练地掌握汉语，为学习现代科学文化知识打下良好基础。目前全市民族小学全部从二年级起开设汉语文课，三年级起开设英语课；民族初中、高中全部实行“双语”教学。在高中阶段，通辽市民族高中区域交流、研讨工作率先实现制度化、常态化。近几年，以“教育研究年会”为载体，每年定期组织全市民族中小学的校长、教师进行研讨交流，有力地推进了民族教育的改革与发展。

（二）库伦旗民族教育概况

库伦教育始于清崇德元年（1636 年）。早期主要是高层喇嘛、王公贵族、地主乡绅办教育，其弟子子孙受教育。清末民初出现平民教育。中华人民共和国成立时，经整顿全旗蒙授完小 3 所、蒙授初小 43 所，蒙、汉教员 262 人，蒙汉学生 8958 人。[①] 经过几十年的蓬勃发展，在学校布局调整政策的引导下，自落实以旗县为主的管理体制后，库伦旗通过撤点并校，先后将 66 所民族村小、教学点合并，创办寄宿制学校，现有民族学校 13 所，在校生 9507 名。库伦旗民族中小学现有教职工 1633 名，其中专任教师 1062 人，占全体教职工的 65.03%，蒙古语授课专任教师学历合格率小学、初中和高中分别为 100%、100% 和 98%。

目前，全旗有区级义务教育示范校 9 所、市级义务教育示范校 25 所，45 所学校能够接收中国教育平台节目，拥有计算机千余台。民族教育实行“双语”和“三语”并进。近年来，民族初中升学率逐年提高，2008—2010 年民族初中升学率分别为 90.6%、91.2% 和 92.6%；库伦一中是该旗唯一一所纯蒙古语授课的高级中学，学校管理水平和教育教学质量逐年提升，2010 年高考实现一本升学率 59% 以上，比前一年增加 3 个百分点。

在民族教师队伍建设方面，近几年通过考录等形式招聘了 230 名年轻教师，充实到民族学校一线教学岗位。为了民族教育的均衡发展，缩小城乡教育差距，从旗直属学校选派 40 名骨干教师到苏木镇民族学校支教，2010 年分配了 82 名特岗教师到民族学校任教，优化了民族学校师资结构。同时，加大了教研活动方面的投入，经常派学科带头人和骨干教师到北京、吉林等地学习，积极参加各级各类培训班或网络培训，校际间开展经常性的联谊活动，

---

① 参见通辽市民族教育发展概况编委会：《通辽市民族教育发展概况（1636—2007）》，319 页，通辽，内蒙古少年儿童出版社，2009。

提高了教师的教研能力和教学水平。

第二节 个案学校概况

一、通辽市蒙古族学校概况①

通辽市蒙古族学校始建于1984年，是通辽市教育局直属唯一一所九年一贯制义务教育民族学校。学校位于通辽市新城区，东至保康路，南至凤凰山大街，西至绿化带，北至青龙山大街，地理位置优越，环境优雅。学校占地面积8万平方米，建筑面积4.3万平方米。学校现有60个教学班、147名教职员工和3200余名学生。学校有中学高级教师44人，中级教师68人，国家级教学能手2人，自治区学科带头人6人，自治区级教学能手26人，市级教学能手50人，自治区骨干教师16人，市级骨干教师40人，教师学历合格率达到100%。

学校以师资力量雄厚、教学质量和效果突出而享誉区内外，现已成为内蒙古自治区、通辽市两级义务教育示范校，内蒙古自治区民族教育科研实验示范学校，通辽市“文明单位”“民族团结先进集体”“师德师风先进集体”“百年树人”项目学校和全国千所电教学校之一。

历经三十余载的风雨，学校硬件设施、师资力量、教育教学质量得到发展，使学校逐步形成了“蒙汉兼通、三语并进、素质全面、和谐发展”的办学特色，培养的学生在区内外各行业发挥着蒙汉兼通、又懂一门外语的优势，因而获得了良好的社会声誉和办学效益，已逐步树立起民族教育的品牌。

（一）常规管理

学校自建校以来，结合办学实际，以“三个面向”为指针，牢固树立德育为首、教学为中心、质量为核心的三个意识，明确提出了把学校建成“规模适度、结构合理、质量优异、特色鲜明的培养蒙古族人才摇篮”的办学目

① 以下材料由通辽市蒙古族学校教务处提供。

标。在这一总体目标的指导下，提出了“优化育人环境，优化教师素质，优化课堂教学，优化办学条件”的具体工作思路，在教学中，以信息技术教育为突破口，以“三语”改革试验为依托，提出了“蒙汉兼通，学好英语”的具体教学目标。在教师中形成了内练素质、外塑形象，加强团结、保持稳定，在竞争中求生存、在改革中求发展、在发展中求效益的工作风气。学校下设教务处、政教处、团委和总务处等部门协助校长进行日常教育教学管理。为使学校的管理向规范化、制度化、科学化迈进，学校坚持依法治校，建立健全校长职责、中层干部职责、任课教师职责、教辅人员职责、工勤人员职责等50余种职责，以严谨治校、严密制度、严格管理的原则建立了《教师考核制度》《班主任工作考核细则》《学生一日常规实施细则》等30余种教育教学管理考核制度。

（二）师资队伍建设和教学研究

教育教学质量是学校之本，是学校的生命线。而师资队伍建设是提高教育教学质量的关键所在。为此学校非常重视教师队伍和班子队伍建设，依法治校，从严治教，规范管理，为提高学校管理质量奠定了坚实的基础。与此同时，按照新课程改革的要求，有效地整合新课程培训、继续教育和中小学远程教育资源，推进教育理念和知识结构的更新，提高实施新课程的能力和水平，加大骨干教师和学科带头人的培养力度，通过实施“师徒结对子”“青年教师基本功过关比赛”“老教师观摩课”“集体备课”等活动，有效提高了师资队伍的整体水平。

教学研究是学校教育教学发展的动力。学校教育教学质量的每一步提高，都以新的教科研成果为先导。因此，该校根据自身特点，开展了“走出去，请进来”、“教学随笔”和校本教研、论文交流等教学研究活动，使教师的自身专业水平和教育教学水平得到了显著提高。1995年学校开始实施了“优化三语教学整体改革实验研究”课题的研究工作，并于1999年顺利通过通辽市科学技术局的成果验收鉴定。该课题2002年又获得通辽市科学技术进步二等奖，学校也被命名为通辽市首批科研基地学校。2002年学校又承担了全国教育科学“九五”规划国家教委重点课题“大面积提高中学外语教学质量的实验研究”的子课题“探索适合少数民族地区外语教学法”的实验研究，于2004年3月通过课题组验收，顺利结题。在此基础上，学校也承担了多项国家级、自治区级实验课题的研究工作。与此同时，学校根据学校和学生的特点，加大了校本教材的编写和使用力度。到目前为止，学校有了两部校本教材——《蒙语文五线书法》和《蒙古简史》。这两部教材的出版不仅对学生了解和传承民族优秀文化起到了积极作用，而且还对学校教育教学质量提高、校本管理及校园文化建设起到了推动作用。

图 3-1 “优化三语教学整体改革实验研究”课题结题鉴定会

（三）教育教学

学校为了提高教育教学质量，减轻学生课业负担，明确提出“向课堂 45 分钟要质量”的教学口号。为此组织各学科教师利用业务学习时间和业余时间进行广泛讨论，实行集体备课制度的同时，选派教师到国内名校进行拜师取经。在全方位的比较与讨论下，2006 年学校决定在全校推广和使用江苏省洋思中学“先学后教、当堂训练”的课堂教学模式。经过一段时间的推广，学校的课堂教学效率与教育教学质量都有了明显提高，有效地减轻了学生过重的课业负担，得到了广大师生和家长的认可。二十多年来，学生在各级各类竞赛中，多次获得市级以上的奖励，如近几年学生在全国八省区“八骏杯”蒙古语作文竞赛，全国英语奥林匹克竞赛中屡获殊荣；在 2012 年首届全市蒙古语授课初中生"三语"演讲比赛中，该校学生获得第一名、第二名的好成绩。2007年以来，学校中考升学率（市直重点高中统招）一直名列全市蒙古语授课学校第一名，学生各科及格率均名列全市同类学校前茅，接连创造了学校中考升学新纪录，充分体现了通辽市蒙古族学校素质教育取得的骄人成绩。

（四）民族传统教育

民族教育学校肩负着传承和发扬民族传统文化与精神的重任，因此学校也十分注重民族传统文化与学校教育教学的结合。在利用校园广播、板报等形式对学生进行传统教育的同时，该校在教学楼走廊悬挂蒙古族历史名人、名著和文化科学成就等方面的挂图；组织学生拉马头琴，跳安代舞，画版画，学习蒙古语文书法；定期举办"校园艺术节"和"蓝色火焰演讲比赛"等活动（见图3－2至图3－9），对学生进行蒙古族历史和文化方面的教育，为学生的民族自豪感和爱国主义思想的提升起到了促进作用。学校的民族传统教育不仅丰富了校园文化生活，而且还更深层次地对学生进行了思想道德教育与民族传统教育，为学生和谐发展、健康发展打下了良好的基础。

（五）校园安全管理

学校安全工作是开展教育教学工作的重要保障，是关系到千家万户的重要工作。因此根据上级精神和学校实际情况，加强管理、完善各项安全制度，加大对外住生的管理力度，积极落实"谁主管、谁负责"的原则，逐级管理，各部门、班级签订安全责任状，实行分工负责制度，并将责任书同责任人的工作业绩、晋级以及年度考核等挂钩，采取了定期的安全隐患排查、学生分时段放学等措施，经常进行交通安全知识、常见病预防知识、消防安全知识、法律知识等讲座，把安全工作真正落到实处，使学生学习和生活得到了可靠保障。因为安全措施得当，学校二十多年来从未出现重大安全事故。

图 3－2　第二课堂之版画学习

图 3－3　安代舞比赛

图 3－4　蓝色火焰演讲比赛

图 3－5　第二课堂之蒙古语文书法练习

图 3－6 第二课堂之马头琴课

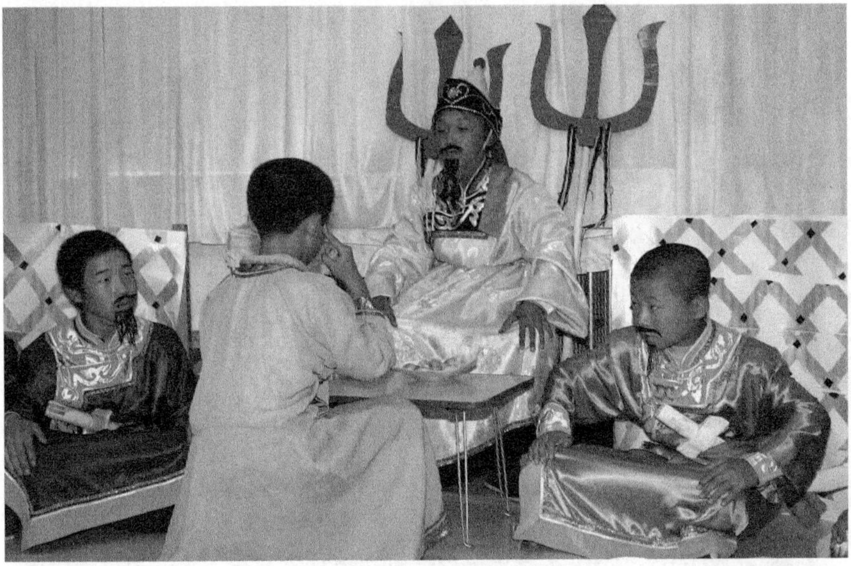

图 3－7 学生历史剧表演

图 3－8　舞蹈课

图 3－9　第二课堂之蒙古象棋课

二、库伦旗实验小学概况

库伦旗实验小学始建于1902年9月19日，名为兴源寺蒙文学堂。兴源寺蒙文学堂聘请教书先生巴拉根扎布，他兼通蒙满两种文字，擅长珠算，是一位学识渊博的教师。校址在兴源寺大院西门外的一栋学舍。招收上层、富家和平民子弟，开设蒙古文和珠算两门课程。蒙古文教材《阿巴哈（蒙古文字母）》，译文《三字经》、《千字文》以及选择性学“四书”。招收一个班级学生，有30人，第一期学生毕业于1906年。先后更名为喇嘛印务处蒙汉学堂（1908年11月11日）、旗立养正学校（1909年10月1日）、旗立皂户沁民国民优级小学（1937年9月1日）、皂户沁小学（1946年6月3日）、旗立第二完全小学（1948年4月5日）、旗实验小学（1951年7月12日）（在“文化大革命”期间曾一度改名为立新学校）。①

库伦旗实验小学是一所具有百年历史的民族小学，坐落在库伦旗中心街东端，是旗直属学校。现有教职工100名，其中在编教师88名、借调教师12名，有23个教学班、2个学前班，在校学生887名。

学校教育教学整体面貌通过《2012—2013学年上学期教学工作、学校性的教学研究以及培训计划》予以呈现。

图3－10　库伦旗实验小学教学楼

① 参见通辽市民族教育发展概况编委会：《通辽市民族教育发展概况（1636—2007）》，319页，通辽，内蒙古少年儿童出版社，2009。

图 3－11　库伦旗实验小学的学生们

图 3－12　放学回家的学生们

2012—2013学年上学期教学工作、学校性的教学研究以及培训计划[①]

一、总目标

（一）有效教学

“先学后教、互相学习、评价问题、解决问题、提炼问题”切实提高教学质量，继续探索有效方法，从有效的教学模式中探索教师自己特色的教学，以“文化和涵养、教养和素质；个性、质量”为学校的特色、标签。

（二）目标管理

目标、过程、有效管理结合在一起，用心培养学生素质，提高的重点放在处于两个极端的学生群体上，中等生的数量要增加，使学生整体成绩平稳、有质量。

目标管理：学校的教学管理、教学活动、教学研究，要有意识地进行调整，提高教学的效率，以先学后教为中心，指导学生探索自我学习的方式和方法。

1. 以年级组为教学研究单位，探索教学研究方法。

2. 鼓励个人探索教学的方法，即符合新课程要求的、高效的教学方法。

过程管理：以科学的方法管理日常教学活动、班级管理、教学研究，积极开展校本研究，进行有质量技能训练，提高教师的综合能力。

（1）提高教师的专业素养。

（2）技能练习。技能包括：三笔（毛笔、钢笔、粉笔）、简单的图画、教案、实验、阅读、反思。每周写一次读书笔记，每个月反思一次，每个月写一次关于教学的论文，写教案的时候50岁以上的老师看情况。让教师熟练掌握上述技能，并通过开展一系列活动，训练和提高教师的教学技能。

有效管理：追求一切学校教学工作的成效，形成“有效的老师产出有知识的学生，有效的教学产出名师、名校”，在教学中，教材要有来源地用，研究教材、学教材、扩展教材，在教学中，教师是传递者、指导者、引领者、组织者、服务者，学生是学习的主体、相互合作的主体，是学习的主人。一切教学活动都要考虑其有效性。

① 本材料由库伦旗实验小学提供。

（三）使教学质量在旗里争第一，在每个年级中，缩小班级之间的成绩差异。

二、具体安排

（一）师资建设

三个坚持：

1. 每周一次读书笔记，教师开展专业学习，坚持每周一次的读书笔记的学习，每周四当成学习日，学习的内容、要读的书、写的内容自己找、自己决定（除了学校特定的内容）。

2. 每周做一次技能的练习，教导处每周安排一次活动，科学安排。

3. 每周写一次反思，一周写一次论文，要有质量地来做反思，认真考虑得失的原因，对今后的工作应该注意什么，补充什么，怎么准备才更有效，在技能培训中缺少什么，加强什么，扩展什么，到什么程度，要围绕这些内容去反思。在自己的教学中，坚持对每一节内容的反思，对每天的教学活动都要反思，每节课上完也要做反思。背完课要做反思，教完课要反思，听完课要做反思，通过反思发现问题，解决问题，在不断反思中更新自己的教学研究，通过学习、更新、改革来提高教师的素质。

（二）提高备课的效果，要完整地、有质量地备课

1. 从四个方面提高备课的效果

（1）构建知识树。教师拿到教材就开始了解课程，为教学计划做准备，制定总研究计划、趋势、研究目标，编写教学计划，研究教学方法，为教学的成效制定目标，仔细研究学生，根据学生的实际情况探索教学方法，把知识点串联起来。

（2）按单元。把教材分成若干部分，每个单元以什么为中心，让学生掌握什么知识，以什么样的训练加强，怎样扩充内容，怎么样教，每个单元的知识点也要串联起来。

（3）按时间。这节课的教学目标，让学生怎么学，让学生了解什么知识，学到什么程度，用什么方法教学，哪部分学生自己解决，哪部分老师指导，把巩固练习—强化练习—扩充练习的内容，要由浅至深，内容和过程要清晰，时间安排要准确，教学步骤应该是科学的、有逻辑性的。要根据学生的情况，思考用以往经验怎样去教这节课，用新课程标准怎么样去教这节课，用有效教学的方法怎么样去教这节课，怎么去探索，怎么样去提炼，用经验、理论、

方法的有机结合来有效地准备这节课的教学内容，把前沿、理论的知识变成自己的知识，根据学生的情况来进行教学活动。

(4) 按学生。通过研究学生的心理，来激发学生的学习兴趣，培养学生纯洁、真诚的心灵，不怕苦的坚韧性格，“了解每个学生就像了解自己的掌纹一样”（这是备课的基础），学习别人好的方法，结合自己的教学方法，使自己在备课的过程中得到锻炼。

2. 一起备课

每个年级为一组，一起备课，探索研究方法，以共同的力量、共同的智慧、共同的教法，共同研究、进步，同时也让学生进步、提高。

共同备课要注意以下原则：合作、时效性、研究性、创新性。

还要解决四个问题：

第一，教师在共同备课之前必须预先做好准备，备课的过程应该遵循“个人—集体—个人”的顺序。

第二，全面准备。备课标、备内容、备学生、备目标、备教学方法、备作业、备评价。

第三，在集体备课的基础上要发挥个人的特点。

第四，备课的时候除了强调时效，更要强调反馈，然后寻找改进的方法。

（三）主要学科教学目标

1. 蒙古语课

(1) 提高记忆能力，增加学生词汇量。低年级的时候，俚语、名人名言、儿童读物、语言练习、好的词汇，从这里选择合适的内容让学生去背。

(2) 写作。提高学生的写作编辑能力，以求思维新颖，词汇新颖，语言流利。要用标准化蒙古语去造句，造复合句，并组成段落。还要写记叙文、读书笔记、书信等简单的描述性的内容。

(3) 选题要新颖，避免选择过于简单、口语化和陈旧的内容，避免教师因可怜学生普遍给高分的不严谨现象，所以老师的思维应该是开阔的，语言是丰富的、标准的。引导学生把心里想的表达清楚，尽量用一些深奥的、感兴趣的话语。教师要给学生多介绍书籍、著作，“现在只剩下通过读书才能学习的路了”。

2. 数学

(1) 突破心算、快算障碍。

（2）培养准确的判断能力，对于新学的概念、公式，学会做多样的判断，以辨别正误。

（3）培养联想能力，联系分析、总结、归纳新旧内容，使内容完整。

3. 品德与社会

（1）让学生阅读课文，让他们了解事情、规则。

（2）必须让学生认识并记住生活中的常识。

（3）使品德与生活紧密联系在一起，培养学生适应环境的思维、想法、品德、规则等。

（4）品德与社会课要在固定的时间上，重点是要铭记在心，老师要解决选题、找题的工作。

（四）改善上课的技巧，提高时效

1. 教和启发的方式、引导方式、指导方式、合作方式，在这种教学环境中创造以学生为主的学习场所，学习的场所应该是“民主的、科学的，改革性的，有特殊性的，积极参与、积极思考的，积极揭示、积极处理的，以评价为结果的”，在一定时间内取得成效。如果按照上述要求教学的话，你的课就会：

（1）从以教师为中心变为以学生为中心。

（2）形成“先学后教”的课程。

（3）形成发现问题、解决问题、评价问题的课程。

2. 组织学习小组，培养相互学习的兴趣、方法、职责、互相帮助、互相监督、好的带坏的，每个人都学、讲、画、写、算，在学习小组中，学生之间的监督和教师的监督结合，按时了解小组的互相学习的情况，为下次的学习奠定基础，这是有效教学很关键的一部分，要提高学生与人互相学习、积极学习、互相帮助的能力。

3. 指导过程有系统、有目标，成为课程效果的补充。

4. 提高表达能力、编写能力。写反思、论文、讲稿要有理论、有根据、有论证，讲课时要坚持“讲六个”，即讲课标、讲教材、讲学习方法、讲教学方法、讲教学过程、讲反思，通过这些练习把整个课程思维、编排和结果说出来，教师的语言应是标准的，有吸引力，有启发，“该说的话必须说，不该说的话别说”。在评价学生的时候要从多方面，从激发的角度，从缩小差距的角度，从减轻负担的角度考虑。

（五）以教学研究训练来提高教学的效果

1. 本学期从第三、四周开始举行观摩课，领导组的老师和普通老师分别讲一次课。

2. 共同备课、共同研究、共同认识、共同操作、共同摸索，集中力量和智慧，选择“大家的方法，我来进步”的教学研究，1～3 年级和 4～6 年级分成两个组，分科、分内容，共同备课。

以年级为单位，一起听课、备课、研究课。每节课都一起备，根据每个班级的情况安排教学，不仅要有共同备课的艺术，而且要有个人的特点，要提高课程的质量和效果。教师们共同备课，把需要的知识储备共同安排，使学习内容和教的内容步骤清晰、方法得当、重点突出、难点分散，通过练习去巩固，通过扩展去摸索，共同合作、共同交流着去备课，共同摸索着准备，形成准备、听、讲、研究的研究方法，以“思考—实践—反思—实践—过程”加强校本研究，但在评价课程时，坚持四个原则评价教师的教学活动、学生的评价活动。以学生“我的感受、体会”的形式对课程进行评价，来征得学生的反馈。

3. 期中之前进行蒙古语和数学教师的课程准备和论文写作的比赛，期中以后是汉语、英语的。

4. 进行蒙古语的朗诵比赛。

5. 期中考试质量分析。

6. 教师技能比赛和教学模范、教学反思的比赛。

7. 1～6 年级要举行综合智力比赛。

8. 40 岁以下年轻老师举办口语大赛。

（六）研究有效教学方法，深入实验课题主题

课程的研究、探究是提高课程质量的紧迫任务，以上级的安排积极探索有效的教学方法，通过研究达到真实的效果。

1. 开展校本研究的相关课题以解决问题

（1）怎样备课效率高。

（2）怎样提高学生的兴趣。

以此为提高教学质量的推动力，具体做法为：第一，分科目讨论；第二，搜集研究材料并编辑。

2. 2010 年 9 月开始开展的国家级课题“用适当的问题去启发学生，培养

学生的创造力”（蒙汉语），要继续监督课题的进度，学生档案的管理、评价的质量也要提高。

3. 按原计划开展市里教务处安排的教学课题，完成相关数据的搜集、整理。

4. 听实验教师的课，进行共同研究。

（七）加强班级管理，提高教学质量

1. 重新安排班干，在培养学生组织能力的同时，更重要的是培养成为一个班级工作的助手，班里的事务由学生主管，在生活中尽量减少班主任的干涉，给学生权利，班干部实行轮换制。

2. 通过班会给学生普及道德、安全、法律、健康方面的知识，保障学生的身心健康，规范班风，培养有朝气、有活力的班集体。

3. 第一、二周板报要拿出来，把班级装饰好以准备迎接学校的检查。

4. 详细具体的安排班级的事务，在具体活动中，手段清晰、形式多样、内容丰富。

5. 举行少先队主题活动。

6. 教导处把工作具体分配给班长、学习委员、中队长，指导班干部怎么样帮助班主任做好班级管理工作。

7. 营造阅读的氛围，爱读书（3～6年级可以读《娜荷芽》《少年报》等报纸杂志）。

（八）重视音体美课，以第二课堂作为辅助

1. 音体美要按规定开课，保证课时，按要求完成课程的内容，以音乐课要求记住谱和歌词；美术课包括基础知识在内的剪纸、叠、画、裁；体育课抓安代舞和广播体操，要结合运动会保障学生的身心全面健康发展。

2. 保证课时，儿童学习音体美的权利教师不能剥夺。

3. 研究教学内容，透彻教材，熟练运用教具，优化教学方法。

4. 抓紧课间操的质量，体育老师和班主任共同监督。

5. 体育课的教师根据课程的内容安排，有时可以在班内进行。

6. 学生的作业必须全部都看，让课程内容丰富起来。

7. 9月末1～6年级学生举行唱歌比赛，以雷锋是我们的榜样为中心，让每个学生都学会。

8. 以“33211工程”[①] 来举办活动，庆祝节日。

（九）以电化教学使教学更生动有效

1. 合理利用电化教学工具，使教学生动、扩展、具体、有效。

2. 用电化教具准备课时要仔细、生动，通过反复修改、准备，由于使用方便，希望有条件的教师尽量使用。

3. 进一步提高使用多媒体教学的技能，从理论方面服务于教学质量的提高，基础薄弱的老师通过互相学习、互相帮助，掌握最基本的操作方法。

4. 以年级为单位，利用课余时间看优秀的观摩课光盘。

（十）毕业工作保障教学质量

1. 仔细制订工作计划。

2. 每个月做一次学生质量分析、学生情况和教学方法方面的研究探讨。

3. 与家长协作，交流学生学习生活情况，为学生提供好的学习环境。

4. 班主任、任课教师相互帮忙，努力使每个学生都不落下。

（十一）使学前班的教学变成好的、有兴趣的教学

1. 把爱与责任同时放在首位，以学生的身心健康为基础，保障学生的安全。

2. 根据教材与学校实际情况，结合教、记、讲、思考、算、写，把蒙古语音标的学习与会话联系起来。

3. 在人多的情况下，让孩子学会遵守纪律，维护课堂秩序，教给孩子道德和知识，形成爱画爱写的开朗性格。

4. 结合“念、写、说、动手”，培养学生的活力。

总结，就是要根据教学计划和具体工作，要有计划、有步骤、有总结地完成各项工作，以提高课程质量。

---

① “33211工程”是内蒙古自治区从2001年开始实施的一项旨在推动全区中小学体卫艺工作的工程，内容包括3课（体育与健康教育课、音乐课、美术课），3操（早操、课间操、眼保健操），2活动（体育锻炼活动、科技文体活动），1会（每年举办一届以田径为主的运动会），1节（每年举办一届艺术节）。

第三节　民族基础教育新课程改革调查对象基本情况

本书对个案民族学校新课程改革现状的呈现依托以下几个方面的材料，一是问卷调查所获得的数据及其分析结果；二是通过教师座谈或访谈、学生访谈所了解的内容；三是通过课堂观察所获取的信息；四是通过家长访谈、校园观察所获得的信息等。

问卷调查由教师问卷调查和学生问卷调查构成。笔者在两所个案学校共发放教师问卷100份，每校50份。其中，通辽市蒙古族学校回收37份，库伦旗实验小学回收40份，共回收教师问卷77份，回收率为77%。由于回收率较低，笔者又在库伦旗第四中学发放教师问卷50份，回收37份。所以，教师问卷回收总数为114份，总回收率为76%。在两所个案学校共发放学生问卷300份，每校150份，回收280份，回收率93.33%。

一、教师的基本情况

（一）基本信息

教师的基本信息包括性别、民族、婚姻状况等。从表3－2、表3－3和表3－4中可以获取以下信息：

第一，从性别角度来看，女教师多于男教师。表3－2反映的是参与问卷调查的教师的性别，从表中可以看出，除去缺失值，性别这一问题的有效值为111，也就是有111名教师回答了这一问题。在有效值范围内，女教师为88名，占总数的79.3%，男教师为23名，占总数的20.7%；女教师的人数约是男教师人数的4倍，女教师远多于男教师。

表 3－2　教师性别统计表

性　别					
		频数	百分比	有效百分比	累计百分比
有效值	男	23	20.2	20.7	20.7
	女	88	77.2	79.3	100.0
	总数	111	97.4	100.0	
缺失值	0	3	2.6		
总数		114	100.0		

第二，从教师的民族构成来看，蒙古族教师多于汉族教师。表 3－3 反映的是参与问卷调查的教师的民族构成，从该表中可以看出，在有效值范围内，蒙古族教师为 106 名，占总数的 95.5%；汉族教师为 5 名，占总数的 4.5%；蒙古族教师占绝大多数。

表 3－3　教师民族构成统计表

民　族					
		频数	百分比	有效百分比	累计百分比
有效值	蒙古族	106	93.0	95.5	95.5
	汉族	5	4.4	4.5	100.0
	总数	111	97.4	100.0	
缺失值	0	3	2.6		
总数		114	100.0		

第三，从教师的婚姻状况来看，已婚教师多于未婚教师。表 3－4 反映的是参与问卷调查的教师的婚姻状况，从该表中可以看出，在有效值范围内，已婚教师为 93 名，占总数的 85.3%；未婚教师为 16 名，占总数的 14.7%；已婚教师远多于未婚教师。

表 3－4 教师婚姻状况统计表

婚姻状况					
		频数	百分比	有效百分比	累计百分比
有效值	已婚	93	81.6	85.3	85.3
	未婚	16	14.0	14.7	100.0
	总数	109	95.6	100.0	
缺失值	0	5	4.4		
总数		114	100.0		

（二）职业信息

教师的职业信息是指与教师职业相关的外在信息的总和，是相对于教师的能力和素质而言的，反映的是教师在职前培养和职后发展中所累积的相关信息，如教师的类型、教师是否毕业于师范院校、教师的学历、教师的从教年限、教师的专业技术职称等。

表 3－5 反映的是参与问卷调查教师的基本类型。在教师问卷中，笔者将教师的类型划分为四类，即正式编制的教师、特岗教师、代课教师和其他类型。从表中的调查结果中可以看出，在有效值范围内，这四种类型的教师中，正式编制的教师人数最多，共 89 名，占总数的 89%；特岗教师 2 名，占总数的 2%；代课教师 6 名，占总数的 6%；其他类型教师 3 人，占总数的 3%。这说明个案学校的教师是以正式编制的教师为主体，以特岗教师、代课教师为补充。

表 3－6 反映的是参与问卷调查的教师的专业培养信息，也就是教师是否接受过专门的师范教育。从该表中可以看出，在 113 个有效值范围内，师范生为 103 名，占总数的 91.2%；非师范生为 10 名，占总数的 8.8%，师范专业毕业的教师占绝大多数。这在一定程度上说明个案学校的教师以师范专业毕业教师为主体。

表 3－5 教师类型统计表

教师类型					
		频数	百分比	有效百分比	累计百分比
有效值	正式编制的教师	89	78.1	89.0	89.0
	特岗教师	2	1.7	2.0	91.0
	代课教师	6	5.3	6.0	97.0
	其他	3	2.6	3.0	100.0
	总数	100	87.8	100.0	
缺失值	0	14	12.3		
总数		114	100.0		

表 3－6 教师师范性统计表

是否是师范生					
		频数	百分比	有效百分比	累计百分比
有效值	师范生	103	90.3	91.2	91.2
	非师范生	10	8.8	8.8	100.0
	总数	113	99.1	100.0	
缺失值	0	1	0.9		
总数		114	100.0		

表 3－7 反映的是参与问卷调查的教师的学历情况。从该表中可以看出，在有效值范围内，大专学历的教师为 29 名，占总数的 26.1%；本科学历的教师为 82 名，占总数的 73.9%，本科学历的教师占大多数。这在一定程度上反映了个案学校教师的学历合格率较高，以本科为主的教师学历结构，有利于教师队伍整体专业素养的提升。

表 3－7　教师学历结构表

学历					
		频数	百分比	有效百分比	累计百分比
有效值	大专	29	25.4	26.1	26.1
	本科	82	71.9	73.9	100.0
	总数	111	97.3	100.0	
缺失值	0	3	2.7		
总数		114	100.0		

表 3－8 反映的是参与问卷调查的教师的教龄。在教师问卷中，笔者以每 5 年为标准，将教师的从教年限划分为 7 个时间段。从上表中可以看出，每个时间段的教师的人数整体来说相差不大。在有效值范围内，从教年限在 6～10 年的教师的人数最多，为 24 名，占总数的 22.9%；21～25 年的次之，为 19 人，占总数的 18.1%；从教 30 年以上的教师人数最少，为 3 人，占总数的 2.9%。问卷调查中每个时间段教师人数的均衡化反映了笔者最初的抽样目的，即在每个时间段都抽取一定比例的教师，使问卷调查具有一定的代表性。

表 3－8　教师从教年份统计表

从教年份					
		频数	百分比	有效百分比	累计百分比
有效值	5 年以下	14	12.3	13.3	13.3
	6～10 年	24	21.0	22.9	36.2
	11～15 年	17	14.9	16.2	52.4
	16～20 年	14	12.3	13.3	65.7
	21～25 年	19	16.7	18.1	83.8
	26～30 年	14	12.3	13.3	97.1
	30 年以上	3	2.6	2.9	100.0
	总数	105	92.1	100.0	
缺失值	0	9	7.9		
总数		114	100.0		

表3－9反映的是参与问卷调查的教师的专业技术职称。根据中小学教师专业技术职称的实际评定等级，笔者在教师问卷中将教师的专业技术职称划分为小学1级、小学高级、中学1级、中学2级、中学高级、小学中学高级六个等级。从该表中可以看出，在有效值范围内，小学部分小学高级职称人数最多，为17人，占总数的21.8%；中学部分中学高级职称人数最多，为21人，占总数的26.9%。整体而言，各个职称级别的人数相差不大，呈均衡化特点。就缺失值而言，从表中数据可以看出，共有36个缺失，也就是说有36个教师没有回答该题。这里的缺失值不能简单地被认为是漏填，因为在问卷中，笔者将教师的专业技术职称设置为填空题，所以没有专业技术职称的教师就没有回答该题。从表3－8的统计结果来看，拥有专业技术职称的教师占大多数，且中、小学高级技术职称最多，小学中学高级职称也占有一定的比例。总体而言，拥有高级技术职称的人数相对较多。

表3－9　教师专业技术职称统计表

专业技术职称					
		频数	百分比	有效百分比	累计百分比
有效值	小学1级	8	7.0	10.2	10.3
	小学高级	17	14.9	21.8	32.1
	中学1级	13	11.4	16.7	48.7
	中学2级	8	7.0	10.3	59.0
	中学高级	21	18.4	26.9	85.9
	小学中学高级	11	9.6	14.1	100.0
	总数	78	68.4	100.0	
缺失值	0	36	31.6		
总数		114	100.0		

二、学生的基本情况

学生问卷的抽样标准是整班抽样，每校随机选取3个班级。小学以六年级为抽样对象，在六年级随机选取3个班级；中学每个年级随机选取1个班级。

表3－10反映的是参与问卷调查的学生的基本信息，包括学生的性别、民族和年级。从表中可以看出，性别方面，男女生比例相当，女生略多；民族方面，参与问卷的学生均为蒙古族。

表3－10　学生基本信息统计表

名称	类别	数量	百分比
性别	女	159	56.8
	男	121	43.2
	总数	280	100
民族	蒙古族	280	100
	其他民族	0	

表3－11　家长文化程度（父亲）

父亲文化程度					
		频数	百分比	有效百分比	累计百分比
有效值	小学及以下	49	17.5	17.7	17.7
	初中	135	48.2	48.7	66.4
	高中	74	26.4	26.7	93.1
	中专、技校	6	2.2	2.2	95.3
	大专	4	1.4	1.4	96.8
	大学	9	3.2	3.3	100.0
	总数	277	98.9	100.0	
缺失值	0	3	1.1		
总数		280	100.0		

表 3－12 家长文化程度（母亲）

母亲文化程度					
		频数	百分比	有效百分比	累计百分比
有效值	小学及以下	59	21.1	21.3	21.3
	初中	146	52.1	52.7	74.0
	高中	56	20.0	20.2	94.2
	中专、技校	5	1.8	1.8	96.0
	大专	2	0.7	0.7	96.8
	大学	8	2.8	2.9	99.6
	研究生	1	0.4	0.4	100.0
	总数	277	98.9	100.0	
缺失值	0	3	1.1		
总数		280	100.0		

表 3－11、表 3－12 反映了参与问卷调查学生家长的文化程度。表 3－11 反映的是学生父亲的文化程度，从中可以看出，学生父亲的文化程度整体偏低，在有效值范围内，初中文化程度的人数最多，为 135 人，占总数的 48.7%；高中文化程度的人数次之，为 74 人，占总数的 26.7%；小学文化程度的人数也占有相当一部分比例，共 49 人，占总数的 17.7%；中专以上学历人数仅为 19 人，占总数的 6.9%。

表 3－12 反映的是学生母亲的文化程度，从中可以看出，学生母亲的文化程度同样较低，在有效值范围内，初中文化程度的人数最多，为 146 人，占总数的 52.7%；小学文化程度的人数次之，为 59 人，占总数的 21.3%；高中文化程度的人数为 56 人，占总数的 20.2%；中专以上学历人数仅为 16 人，占总数的 5.8%。从表 3－11、3－12 的调查结果中可知，学生家长的文化程度普遍较低。

第四章　民族学校新课程改革适切性的调查及分析

新课程改革在课程管理方面提出了实行国家、地方、学校三级课程管理模式，扩大了地方和学校的课程自主权。对于学校而言，课程自主权的下放主要表现为：学校具有开发和选用校本课程的权利和责任。校本课程在民族学校的增设，对于民族学校自身而言，具有两个方面的意义：一是从形式上来讲，校本课程的增设改变了民族学校原有的课程设置模式，增强了课程内容与学生生活的联系性；二是从内容上来讲，民族学校校本课程的内容往往包含本民族的文化传统和习俗，这促进了民族学校对民族文化的传承。

第一节　民族学校新课程改革课程设置及教材变革

一、课程设置的变革

课程设置涉及的范围包括学校课程的类型和课程门类的设定，不同学龄段的安排顺序、课时分配与每门课程的学习目标，以及学习内容和学习要求纲要性的规定。新课程改革力图扭转中小学在课程设置中存在的一些问题，如课程类型单一，缺乏灵活性；课程比例失调，分科课程比例过大，综合课程比例过小；忽视课程的选择性设置，必修课占绝大多数，选修课寥寥无几等。

表 4–1 内蒙古自治区九年义务教育学校课程设置表

周课时 / 课时 / 年级	国家课程																		自治区课程	学校课程	周总课时
															综合实践活动						
	品德	历史	地理	科学	生物	物理	化学	语文	数学	第二语言	体育	第三语言	音乐	美术	信息技术教育	研究性学习	社区服务与社会实践	劳动与技术教育			
一	2							8	5		4		2	2					1	2	26
二	2							8	5		4		2	2					1	2	26
三	2			2				8	5	3	3	（3）	2	2		1	每学年一周	每学年一周	1	1	30（33）
四	2			2				7	5	3	3	（3）	2	2	1	1			1	1	30（33）
五	2			2				7	5	3	3	（3）	2	2	1	1			1	1	30（33）
六	2			2				7	5	3	3	（3）	2	2	1	1			1	1	30（33）
七	2	2	2		2			5	5	4	3	（4）	1	1	1	1			2	1	32（36）
八	2	2	2		2	2		5	5	4	2	（4）	1	1	1	1			1	1	32（36）
九	2	2				3	3	5	5	4	2	（4）	1	1	1	1			1	1	32（36）

注："语文"指汉语授课学校的中文、蒙古语授课学校的蒙古语文、朝鲜语授课学校的朝鲜语文；第二语言指汉语授课学校的第一外语或蒙古（朝鲜）语文，蒙古（朝鲜）语授课学校的汉语；第三语言指汉语授课学校的蒙古（朝鲜）语文或第二外语，蒙古（朝鲜）语授课学校的第一外语。

2009年颁布实施的《内蒙古自治区义务教育课程计划（试行）》，反映了新课程改革对课程设置要突出均衡性、综合性、选择性的基本要求，并规定了义务教育课程设置的科目及其比例（见表4-1）。其中，课程的均衡性表现为调整分科课程和综合课程的比例，加大综合课程的比重；课程的综合性表现为将部分学科整合，如对品德与生活、体育与健康、科学、艺术等课程的整合；课程的选择性表现为设置以地方课程和学校课程为主的选修课，让学生根据个人志向、兴趣和需要自主选修；教学点、简易小学的课程设置，由盟市教育行政部门负责制定。

在问卷调查部分，笔者在教师问卷中设置了“实施新课程改革对学校课程设置的影响”一题，其调查结果如图4-1所示。从图4-1的调查结果中可以看出，除了32.87%的教师认为实施新课程改革对学校课程设置没有影响外，其余67.32%的教师都认为实施新课程改革在一定程度上影响了学校的课程设置，其中31.51%的教师认为少数学科的起止时间有显著变化；20.55%的教师认为各科课时数有显著变化；还有15.07%的教师认为学校课程门类增加了。总体而言，新课程改革在一定程度上影响了学校课程门类、各科课时数及少数学科的起止时间。

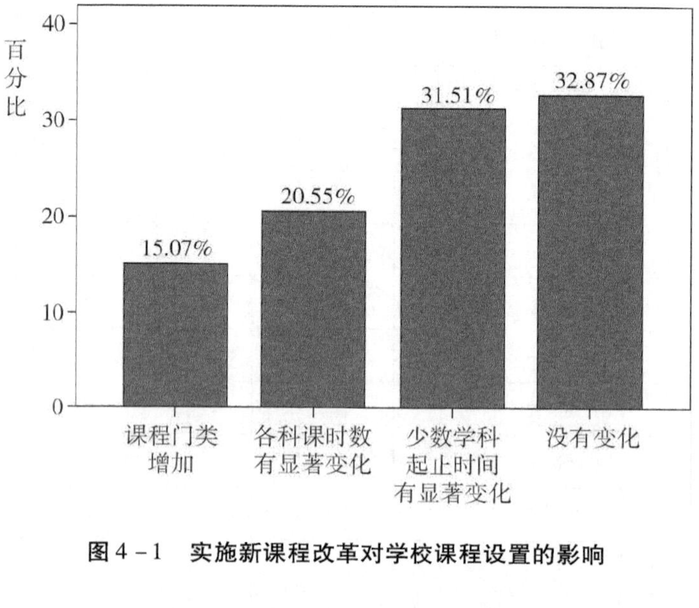

图4-1　实施新课程改革对学校课程设置的影响

为了进一步了解新课程改革对学校课程设置的影响，笔者就此问题对学校教师进行了专门的访谈。教师们普遍认为新课程改革以来学校课程设置确实发生了一些变化。例如，库伦旗实验小学教导主任谈道：

体育课比以前多了，校本课程也加进来了。校本课程方面，我们蒙古族学校主要就是在课程中加入蒙古族习俗的内容。我们学校出了两本校本教材，都是学校教师自己编的，从其他书籍里摘集的、适合小学生的内容。我们没有专职的老师教授校本课程，而是由蒙古语文老师兼顾。把这两本教材的内容分配到一至六年级，每周1到2节，一学期也就十几节，并不多，但不是班队活动而是一门单独的课。

在民族学校，三种语言的课时安排反映了民族学校课程设置的价值取向。在《内蒙古自治区义务教育课程计划（试行）》中规定，民族学校从小学一年级起开设蒙古语文，一至三年级每周8节，四至六年级每周7节，七至九年级每周5节；从小学三年级起开设汉语文和外语，三至六年级每周各3节，七至九年级每周各4节。详见表4－2。

表4－2　民族学校“三语”周课时数

课时 / 课程 / 年级	蒙古语文	汉语文	外语
一	8		
二	8		
三	8	3	(3)
四	7	3	(3)
五	7	3	(3)
六	7	3	(3)
七	5	4	(4)
八	5	4	(4)
九	5	4	(4)

从表4－2中可知，不同年级的蒙古语文课的课时数在递减，即从一年级

的8节减少到七年级的5节；汉语文课和外语课的课时数在递增，即从三年级的3节增加到七年级的4节。从不同类型的“三语”课时数的横向比较来看，一至九年级蒙古语文课的课时数都是最多，汉语文和外语课时数相同。从中可以看出，首先，民族学校把蒙古语文教学始终摆在“三语”教学的首位，这是民族学校教育合乎民族地区实际、适应民族学生语言和心理发展特点的体现；其次，随着年级的增长，蒙古语文的递减幅度较大，汉语和外语的课时数不断增加。

在笔者所调研的学校中，均在小学一年级开设蒙古语，二年级开设了汉语，三年级增设了英语，并且这些学校先于《内蒙古自治区义务教育课程计划（试行)》对汉语文开设的要求，提前1年开设了汉语。至于学生的“三语”成绩，教师们表示，总体来说学生汉语文学得好。低年级的蒙古语分数高，越到高年级蒙古语学得越深奥了，有些课程不适合他们，这样一来，蒙古语成绩就不如汉语了，汉语的成绩就高了。英语成绩和蒙古语、汉语成绩差不多，由于英语是新学的学科，所以学生愿意学，兴趣高。

二、教材的变革

教材是课程内容的集中体现，是教师“教”与学生“学”的主要媒介。新课程改革在内容方面强调要改变“难、繁、偏、旧”和过于注重书本知识的现状；要加强与学生生活以及现代社会和科技发展的联系；要关注学生的学习兴趣和经验，精选终身学习必备的基础知识和技能。体现在教材改革中，就要求教材体系、结构和内容的改革，要兼顾三大要素，即学科体系、学生发展、社会需要。既要重视本学科内容的系统性，又要考虑学科之间的交叉与综合；既要关注学生基本知识、基本技能的训练，又要提高学生的学习兴趣，丰富学生的学习体验；既要贴近学生的生活，又要体现社会和科技发展的最新成果。民族语言授课的中小学，在教材体系方面有其自身的特殊性，要凸显民族性、文化性；要注重继承和创新。民族语教材的改革是民族语授课中小学课程改革的核心环节之一，教材的适切性，影响着教师的教育方式方法和学生的学习兴趣及学业成就。

（一）教师对新教材的满意程度

在教材使用情况方面，通辽市蒙古族学校除了汉语文和英语使用的是人民教育出版社出版的教材外，其他学科使用的均是内蒙古教育出版社出版的教材；库伦旗实验小学除了英语使用的是人民教育出版社出版的教材外，其他学科使用的均是内蒙古教育出版社的教材。使用人民教育出版社的教材，也就是说使用的是和汉语授课学生同样的教材，使用内蒙古教育出版社的教材，也就是说使用的是内蒙古教育出版社根据学校蒙古语授课的特点编写的教材。

为了了解教师对新教材最直观的评价，笔者在教师问卷中设置了“您对现在使用教材的满意程度”一题，调查结果见图 4－2。

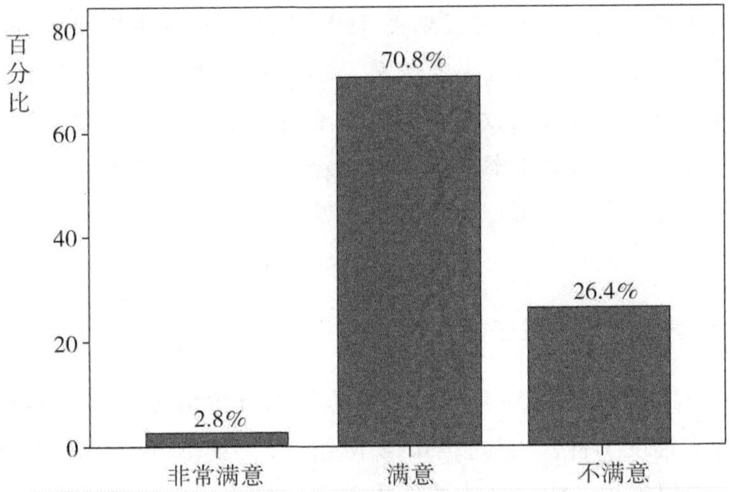

图 4－2　教师对新教材的满意程度

从图 4－2 中可以看出，有 70. 8% 的教师对新教材表示满意；有 2. 8% 的教师表示非常满意；26. 4% 的教师表示不满意。也就是说，超过三分之二的教师对新教材持肯定态度，但也有相当一部分教师认为新教材有待改进。

为了了解教师对新教材持不同态度的原因，笔者在调查中采访了几位教师。谈到对新教材的满意程度，教师们认为新教材在形式和内容上都有一定程度的更新，更能吸引学生。

通辽市蒙古族学校汉语文老师：“汉语文从 06 年开始制定新课程标准以后教材也都改革了，今年初一开始使用新教材了，新教材重视学生的阅读能力，语言词汇的积累，从这个角度来说新教材比以前的教材好多了。”

库伦旗实验小学汉语文老师：“新教材的内容跟着时代走，古今中外、各种文体、各个方面的内容都有，涉及面比较广，课文内容比较丰富，各个方面都有涉及，不像以前内容比较枯燥，但是以前一些经典的文章也有选进来，还有比较优美的诗歌。我认为比以前的课本要新颖，更能吸引学生。”

通辽市蒙古族学校蒙古语文老师：“旧教材中是有很多过时的、枯燥的内容，也有重复的内容。新教材挺好的，增加了很多反映本民族文化的内容，很新颖，都是蒙古（族）的一些原创（作品），以前的教材更多是翻译过来的课文。思想教育的、介绍科学方法的、科技方面的、现代文明方面的课文是翻译过来的。蒙古语文原创的课文以爱祖国、爱大自然为题材的挺多，也有一些热爱本民族的内容，还有一些民族文化、民族习俗的课文。”

（二）新教材的难易程度

图4－3反映的是教师对新教材难易程度的评价情况。“新教材难易程度恰当”在多大程度上符合教师教学的实际情况，关系到教学评价和教学效果。从图中我们可以看出，50.7%的教师认为“一般”；34.2%的教师认为“比较符合”；6.8%的教师认为“非常符合”；还有6.8%和1.4%的教师认为“不太符合”和“很不符合”。总体而言，对“新教材难易程度恰当”持肯定态度的教师比例为91.7%，说明教师对新教材的难易程度的恰当性认可程度较高。为了深入探究其原因，笔者就这一问题采访了部分教师，访谈内容如下：

通辽市蒙古族学校汉语文老师：“我们学校的学生水平参差不齐，初一刚来的学生里汉语文不行的还挺多的，读音不标准的也挺多。新教材对纯牧区、纯蒙古族地方的孩子来说难度还是挺大的。教辅的阅读题比教材还要难，这样以后我们的课时也难以掌握。教材的难易程度、难易标准也确实不好找。比如说，内蒙古东、西部，不管是任何一门课程，东西部的差异确实难找，然后城镇学校和牧

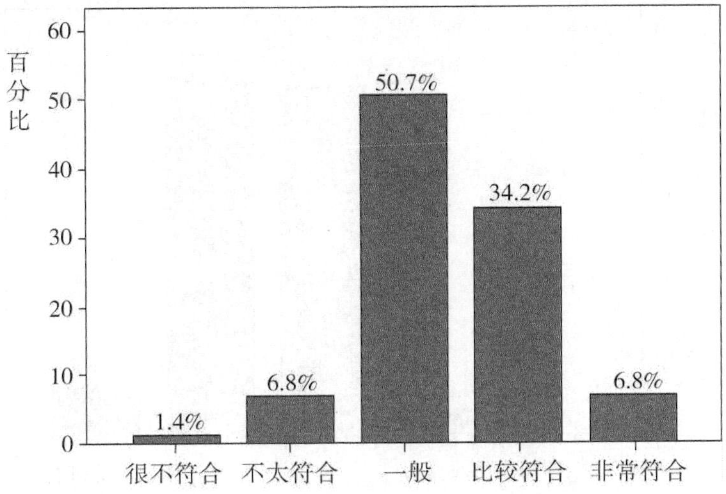

图4－3　教师对新教材难易程度的评价

> 区乡下学校的难易程度也难找，比如汉语文教材，从纯牧区乡下的角度出教材的话就浅了，城镇学生吃不饱，从城镇的角度出教材的话，牧区乡下的学生觉得难了，只能找一个相对的平衡点。"
>
> 库伦旗实验小学汉语文老师："教材的广度是挺广的，但是深度的话，有些篇目适合孩子，通俗易懂，孩子们读一遍就能明白；有些课老师都感觉到挺难的，老师有的时候也驾驭不了教材内容，需要通过查阅大量的材料，才能理解其中的意思，这样老师们教起来挺费时的，学生学起来也困难，这就影响教学进度，教材应当组织一线教师进行适当的修改。"

从访谈中可以了解到，教师认为教材内容与学生的生活和实际的紧密程度是影响教材难易程度的主要因素。

（三）新教材内容与学生生活的联系

在调查中，笔者分别从教师的角度和学生的角度了解了新教材与学生生活和实际的亲疏程度。图4－4反映的是对教师的调查结果，图4－5反映的是对学生的调查结果。

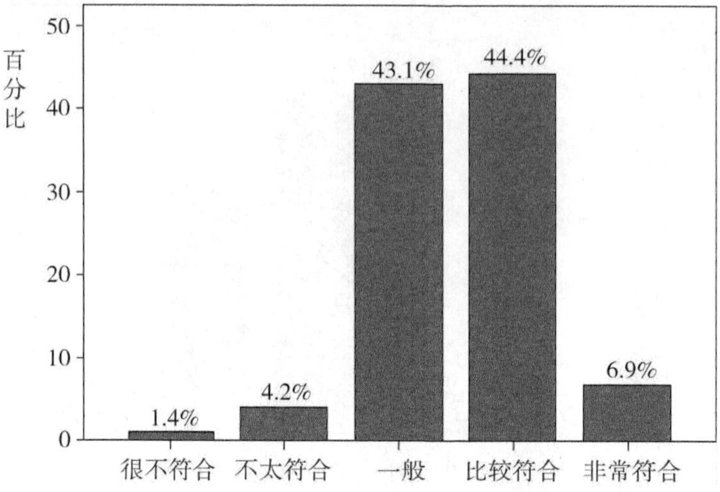

图 4－4　教师对新教材内容与学生生活的认识

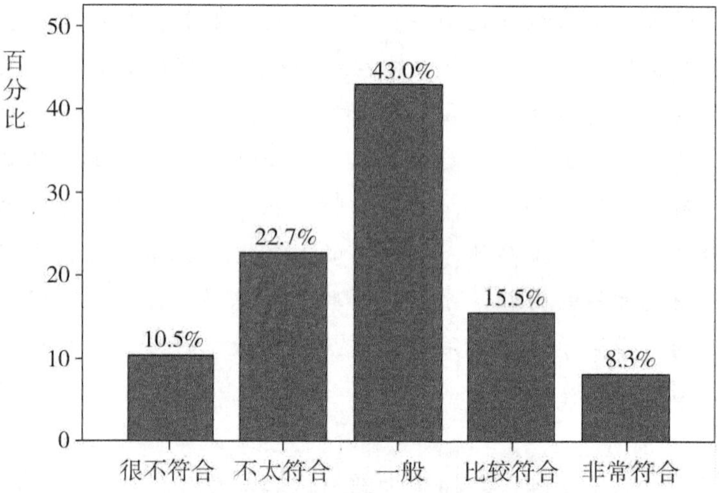

图 4－5　学生对新教材内容生活联系的认识

从图 4－4 中可以看出，对于“新教材内容贴近学生生活”这一问题上，44.4% 的教师认为“比较符合”；43.1% 的教师认为“一般”；6.9% 的教师认为“非常符合”；还有 4.2% 和 1.4% 的教师认为“不太符合”和“很不符合”。总体而言，对“新教材内容贴近学生生活”持肯定态度的教师比例为 94.4%，说明教师对“新教材内容贴近学生生活程度”的认可程度较高。

图4-5中可以看出，对于“新教材内容在生活中不是很常见”这一问题上，43.0%的学生认为“一般”；22.7%的学生认为“不太符合”；10.5%的学生认为“很不符合”；还有15.5%和8.3%的学生认为“比较符合”和“非常符合”。这是一项反向设置的问题，否定的选择代表了学生认为新教材上的内容在生活中是常见的。从整个调查结果来看，有66.8%的学生对“新教材的内容在生活中不是很常见”持肯定态度，说明大部分学生认为新教材的内容不够贴近生活。在学生访谈中，学生们也表示，很多课本上的内容在生活中是可以见到的，但是有的蒙古族习俗、蒙古语文课的内容离自己生活不是很近。

访谈中教师也表达了同样的观点：

通辽市蒙古族学校蒙古语文老师：“我们现在整体上说蒙古语、蒙古族文化，但是我们这里是半农半牧的地方，有的地区甚至是以农业为主，给学生教纯牧区的文化的时候，也是很困难的。因为这里的师生都没经历过那样的生活，我们很被动，很强制地去教和学这些内容，结果导致学习积极性不高。有些内容纯牧区的孩子不用教都知道，完全没有在课堂上教的必要。但是我们这里必须教，别说学生了，有的词汇老师们也都不懂，不了解，活了这么大岁数了在生活当中都没见过。比如说，有的马的装饰品、蒙古包的结构什么的老师们都不懂，没见过的也不少。有的东西没法给学生解释的时候想给学生一个直观的教学，从网上找资料，找图片也找不到，那也没办法，只是用口头说说。现在的课程内容有的不跟生活实际相联系，空洞，所以我们的教学也有不少的困难，但是我们的民族教育、我们的蒙古语文课也不得不这么做。”

库伦旗实验小学教导主任：“汉语的教材可以，蒙古语的教材不行，蒙古语的差距太大。我们这是以农区为主，课本上以牧区为主。课本上的民族地区的生活习俗特别浓，词语之类的我们这边的孩子学起来特别难，一是没接触过，二是我们这边把蒙古语术语都淡忘了，我们这边的学生下课了愿意说汉语的多，因为看的电视都是汉语电视（节目），蒙古语电视我们这边的孩子听不懂，因为我们说的不是标准蒙古语，蒙古语教材对我们东部的蒙古族学生有一定的难度，尤其是小学生，教材给我们的感觉是蒙古国的教材似的。牧区文化内容太多的话我们这边的孩子就接受不了。汉语文教材可以，现在平均分数低年级的蒙古语分数高，越到高年级汉语成绩就高，蒙古语成绩就不那么高。”

对民族学校新课程改革课程设置和教材的调查可以得出以下结论：第一，新课程改革在一定程度上影响了学校课程门类、各科课时数及少数学科的起止时间；第二，教师认为体育课的增多和以蒙古族习俗为主要内容的校本课程的增加是新课程改革课程设置变革的主要方面；第三，随着年级的增长，蒙古语文课的课时数在递减，汉语文和外语课的课时数在递增；第四，超过三分之二的教师对新教材持肯定态度，但也有相当一部分教师认为新教材有待改进；第五，教师对新教材的难易程度的恰当性认可程度较高，教师认为教材内容与学生的生活和实际的紧密程度是影响教材难易程度的主要因素；第六，教师对新教材贴近学生生活程度的认可程度较高，学生对新教材与自身生活的联系的认可程度较低。

第二节　民族学校新课程改革与民族文化传承

叶澜教授指出：“课程内容来自于社会文化，但又不是文化的简单复制，在学校亚文化中，还包含着社会中人际关系的基本模式、人的社会行为的基本规范，这主要通过学校中各类成员间，包括师生间的人际关系以及学校对学生在各种活动中有意识的行为要求体现的。”① 这段话表述了课程作为文化载体的功能。随着新课程改革的研究与实践的深入，人们对课程与文化的关系又有了进一步的认识，认为课程不仅是文化的载体和文化传承的工具，也是一种独立的文化形式，具有文化的特征。也就是说，课程具有文化工具价值和文化主体价值。课程的文化工具价值是指课程对文化的承载和传递；课程的文化主体价值是指课程对生活世界意义和价值的探索、解释与建构。

---

① 叶澜：《教育概论》，166 页，北京，人民教育出版社，1991。

我国是一个多民族的国家，每个民族都有其自身的文化背景，对于少数民族学校的课程而言，其文化工具价值和文化主体价值都具有一定的特殊性。课程文化工具价值的特殊性是指课程不仅要承载主流文化的内容，还要反映少数民族的文化传统和文化变迁。课程的文化主体价值的特殊性是指课程要立足少数民族的生活实际，不仅要将“物化”的文化引入课堂中，更要将少数民族文化价值和意蕴渗透到教学中。

一、教师对民族文化传承的认识和态度

少数民族学校在实施新课程改革中是否考虑到本民族的语言和文化的特殊性，在多大程度上继承和发扬着民族传统等问题，是本书田野调查的重点之一。其调查结果如下。

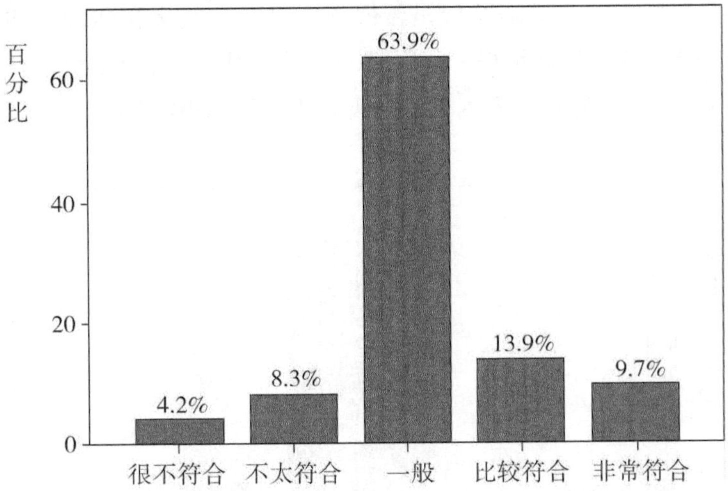

图4-6　学校实施新课程改革是否考虑少数民族学习、生活和文化背景

图4-6反映的是教师对“您所在学校在实施新课程改革时考虑到了少数民族学习、生活和文化背景”是否符合其实际的调查结果。其中，63.9%的教师认为“一般”符合自身实际，所占比例最大；13.9%和9.7%的教师认为“比较符合”和“非常符合”；8.3%和4.2%的教师认为“不太符合”和“很不符合”。

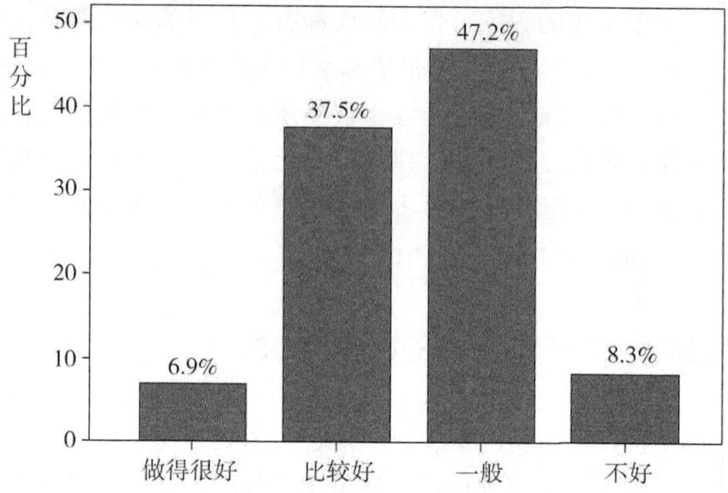

图 4－7　学校是否做到了对蒙古族文化的传承

图 4－7 反映的是教师对学校是否做到了对蒙古族文化的传承的认识。其中有 47. 2% 的教师认为传承得一般；37. 5% 的教师认为传承得比较好；6. 9% 的教师认为传承得很好；还有 8. 3% 的教师认为传承得不好。

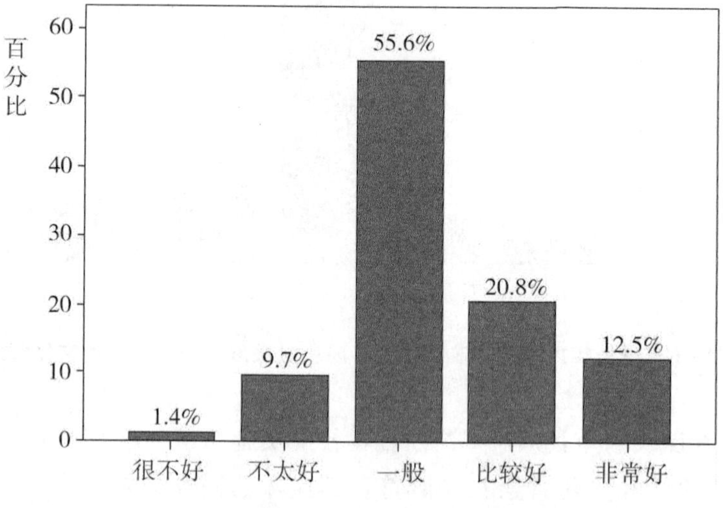

图 4－8　教师在工作中对民族传统的渗透情况

图 4－8 反映的是教师在工作中对“民族传统”这一要素的渗透情况。其

中，55.6%的教师认为渗透得一般，所占比例最大；渗透比较好的和非常好的教师各占20.8%和12.5%；选择渗透不太好和很不好的教师各占9.7%和1.4%。

从上述的调查结果中可以看出，教师认为，学校在实施新课程改革时考虑到了少数民族学习、生活和文化背景，教师的认可度较高，有87.5%的教师持肯定态度；对于学校是否很好地传承了蒙古族的文化，教师的认可程度要低于对实施新课程改革考虑民族特殊性的认可度，但是整体而言认可度并不高，只有44.4%的教师持肯定态度；教师对工作中渗透蒙古族文化传统的认可度较高，有88.9%的教师持肯定态度。在教师访谈中，教师们也谈到，讲课时会渗透一些蒙古族文化的内容，因为有的教材里就包含这些内容，教师在讲课时会结合当地实际稍加扩展，如汉语文教材里有那达慕、喜欢白色是蒙古族的特色之类的课程，教师会结合这些内容渗透一些民族教育。其他学科对民族传统和文化的内容就鲜有渗透。整体而言，教师对在实施新课程改革中对民族文化的传承的认可度较高，无论是学校还是教师自身对民族传统和文化都有所重视，但重视程度不高。

二、学生对民族文化传承的认知

考虑到学生的心理发展水平和认知的抽象能力，笔者在了解学生对民族学校民族文化传承的认识和态度时，设置了“学校是否经常举办民族特色活动”“学生是否知道蒙古族的节日和风俗习惯”“学生了解蒙古族节日和风俗习惯的渠道”三个问题，其调查结果如下。

图4-9反映的是学生对学校是否经常举办民族特色活动的认识，从中可以看出，有52.8%的学生认为不经常举办；有42.3%的学生认为经常举办；4.9%的学生认为从来不举办。大部分学生认为学校不经常举办民族特色活动。

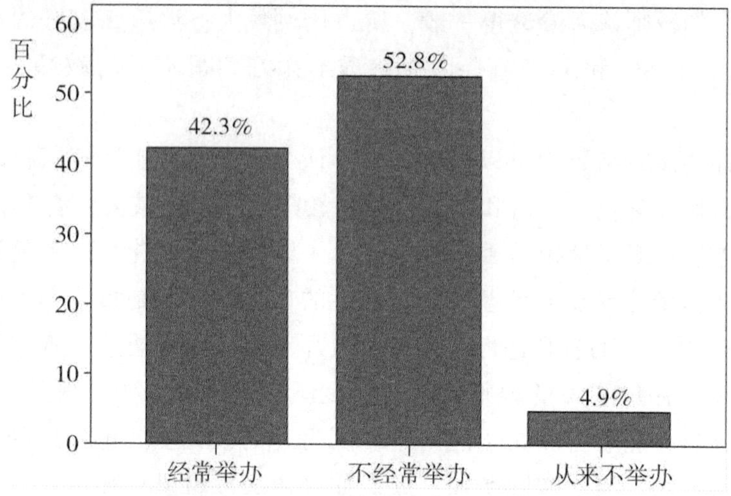

图4－9　学校是否经常举办民族特色活动

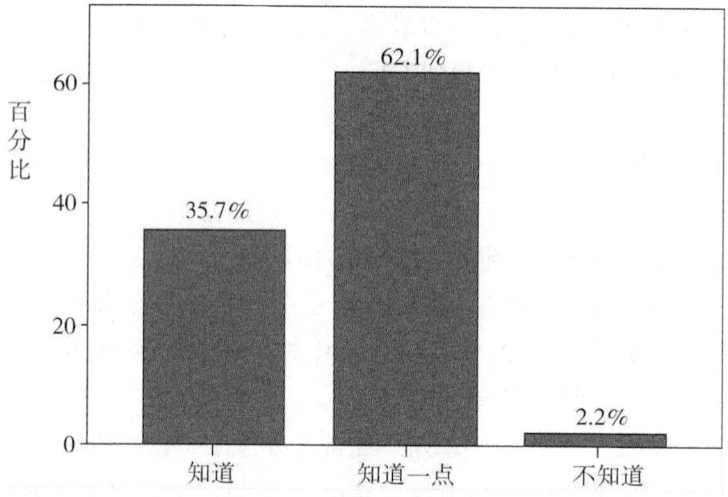

图4－10　学生是否知道蒙古族的节日和风俗习惯

表 4－3　学生了解蒙古族节日和风俗习惯的渠道

了解蒙古族节日和风俗习惯的渠道			
		反应值	
		个数	百分比（%）
了解民族文化的渠道[a]	老师讲的	100	26.2
	亲戚朋友告诉的	58	15.2
	听村里人说的	28	7.3
	从电视媒体上知道的	61	16.0
	从书本上了解到的	129	33.8
	其他渠道	6	1.5
总数		382	100.0%

a. 二分法群组表列于值 1。

图 4－10 和表 4－3 反映的是学生对本民族传统节日和风俗习惯的了解程度和认识渠道。从图 4－10 中可以看出，对于蒙古族节日和风俗习惯，62.1% 的学生表示知道一点；35.7% 的学生表示知道；2.2% 的学生表示不知道。这说明绝大多数同学都或多或少地了解蒙古族的传统和习俗。对于这些传统和习俗的了解渠道，33.8% 的同学选择“从书本上了解的”，所占人数最多；其次是“老师讲的”，占 26.2%；“从电视媒体上知道的”和“亲戚朋友告诉的”两个选项的人数相当，分别是 16.0% 和 15.2%；选择“听村里人说的”选项的人数占 7.3%；还有 1.6% 的学生选择了其他渠道。总体而言，学生对蒙古族传统和风俗习惯有一定的了解，但了解的程度不高，“知道一点”的占大多数。而且学校教育，即书本知识和教师的讲授是学生了解这些内容的主要渠道。

第五章 民族学校教师新课程改革适切性的调查与分析

美国当代教育家古德莱德提出的课程形态理论，把课程划分为五种不同的形态：一是理想的课程，即由一些教育研究机构、学术团体和课程专家提出的应该开设的课程；二是正式的课程，即由教育行政部门规定的课程计划、课程标准和教材；三是领悟或理解的课程，即任课教师所领悟的课程，这种领悟的课程可能与正式课程之间会产生一定的距离；四是运作的课程，即在课堂上实际实施的课程，在实施中，教师常常会根据学生的反应随时进行调整；五是经验的课程，是学生在课堂学习中实实在在体验到的东西，即课程经验。这一划分揭示了“课程”从理论到实践的运动形态，从中我们也可以看到教师所领悟、理解的课程和教师运作的课程在课程实践中承上启下的重要性。

五种形态的课程在课程实践中是普遍存在的，而课程实践的本质在于将理想的课程和正式的课程转化为学生的经验和体验，在这一过程中，教师所理解、领悟和实际运作的课程起到了承上启下的衔接作用。课程实施的关键不仅在于为学生设计完整的、可操作的课程计划，更在于教师如何理解预设的课程，并将这一理解付诸实践，转化为学生的认识和体验。在新课程改革中，教师的作用同样如此。新课程改革的成败不仅取决于制定系统的、整体的、可操作的课程改革方案，更取决于教师对新课程改革的态度、认识、理解和实践。教师是实施新课程改革的主体力量，教师教育作用的发挥，决定着新课程改革的实践程度。

第一节 民族学校教师对新课程改革的态度和认知

一、对改革的态度

如何发挥教师在新课程改革中关键性的作用，主要取决于教师对新课程改革的认识和态度。心理学中态度是指个人对他人、对事物的较持久的肯定或否定的内在反应倾向。它影响一个人对事物、对他人、对各种活动所做出的定向选择和积极性，持有不同的态度就会表现不同的反应倾向。态度不是先天就有的，它是先天活动中和后天环境相互作用取得一定的经验而习得的且受人的认识和情感的影响。在新课程改革中，教师的态度影响教师日常教学中的行为选择和参与课程改革的积极性。“实施新的课程，要求实施者（主要是教师）的行为和思维方式、教学方法、内容安排，以及教学组织形式都发生一系列的变化。这些变化来自实施者新的认识。因为，唯有实施者既了解变革的必要性，又认识到变革的有效性，才会对变革有真正的需求，并见诸自己的行动”①。如对新课程改革持肯定态度的教师，就会自觉地学习新课程改革的相关知识，并通过新课程改革教师培训和日常教学实践不断提升自身的专业素质；对新课程改革持否定态度的教师，往往会被动参与新课程改革，不愿意改变自己已有的教育方式。教师对新课程改革的态度，受很多因素的影响，包括教师的年龄、教师对新课程改革的认识和理解、教师对新课程改革要求的适应性等，其中教师对新课程改革的认识和理解是影响教师对新课程改革态度的主要因素。

① 施良方：《课程理论——课程的基础、原理与问题》，134～135页，北京，教育科学出版社，1996。

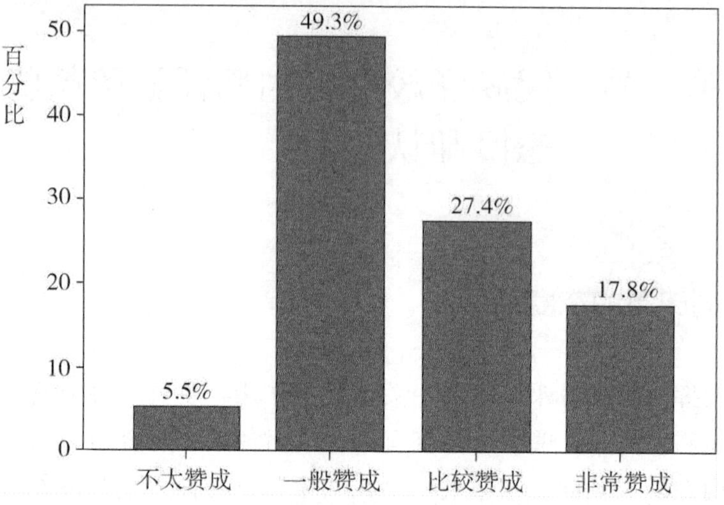

图 5-1　教师对新课程改革的认同情况

图 5-1 反映的是教师对新课程改革的认同情况。为了了解教师对新课程改革整体而直接的态度，笔者设置了“您赞成新课程改革”一题。从调查结果中可以看出，45.2% 教师对新课程改革持肯定的态度，其中有 17.8% 的教师对新课程改革非常赞成，27.4% 的教师比较赞成；49.3% 的教师“一般赞成”持中立态度；仍有 5.5% 的教师对新课程改革持否定态度。

教师对新课程三维目标的认同，是教师促成新课程改革目标达成的前提条件。图 5-2 反映的是教师对新课程改革三维课程目标，即知识技能、过程方法、情感态度价值观三者相统一的认同情况。从图中的调查结果可以看出，有 32.9% 的教师非常认同新课程改革三维课程目标；有 24.7% 的教师比较认同；41.1% 的教师持中立态度；1.4% 的教师不认同新课程改革三维课程目标。

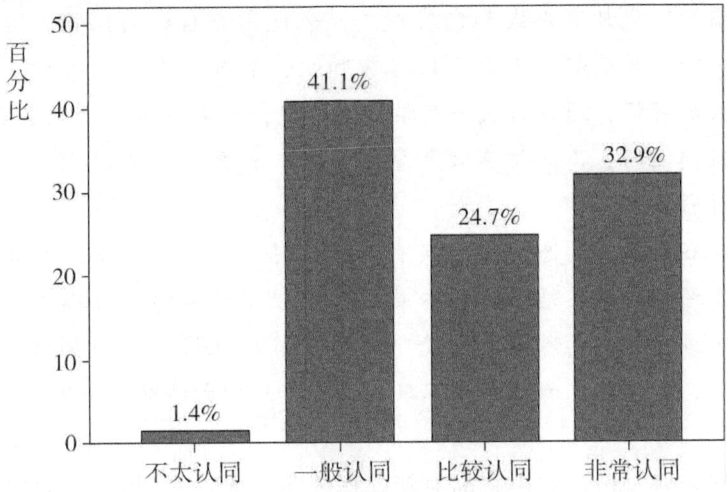

图 5－2 教师对新课程改革三维课程目标的认同情况

上述调查结果反映了教师对新课程改革的基本态度，从中可以看出，赞成新课程改革的教师占的比重最大，占 45.2%；还有相当一部分教师对新课程改革持中立态度，既不支持也不反对；对新课程改革持否定态度的教师虽然占比很小，但仍然存在。在库伦旗实验小学教师访谈中，一位教导主任提到：

（对于新课程改革）刚开始不适应，好多老师都反对，有的老师还认为该说的不说，有效教学①的意思是老师说的少，学生自己学习的多，小组合作之类的，还是不适应。现在还好，大体上 80% 的老师都顺过来了。

（教师之间也存在差距）接受能力特别强的老师，他就接受得快，而有的老师就接受不了，甚至就不想接受，认为自己老了，就不想改革了，他自己一辈子就是这样教过来的，这也强求不了。年轻的学校领导会逼着让他学，也能进入角色，而且现在年轻人上网，

① 这里的有效教学指的是由中央教育科学研究所韩立福教授提出的“先学后导—问题评价”有效教学模式，该模式以问题发现生成解决为主线，以问题评价为手段，以任务驱动为问题解决途径。库伦旗实验小学为了深入开展新课程改革，在教学中引入了该模式，通过“一案三单”，即有效教学导学案，问题导读—评价单、问题生成—评价单、问题训练—评价单，改进教师的教学方式，提高学生学习的自主性、合作性。

也会看看现代教育形式和发展形式，来提高点自己的认识，这样的话，年轻的接受起来怎么也比老教师快，能改变自己的教学，再加上学校的督促，通过自我还有学校的督促，一部分老师确实能接受，但是实质性的，真的把有效教学搞上来，也需要一段时间，也要有一个过程。

现在教师们的态度上确实有了一些转变，但是不多，有的就是形式上给你改，实质性的根本就改不了。有的老师真心摸索一下好的教学方式，有的人确实接受得快，实行得也好。有的从内心就不想改了，说实话，教师如果不跟着改的话教学成绩绝对上不来。

从访谈内容中可以看出，面对新课程改革，无论是以什么样的形式进行，都会改变既有的教育教学方式。这样的改变，有很多教师不能接受，特别是年龄大的教师，既有的教育教学方式已成为他们的故习，一时之间难以改变，所以这些教师就会对新课程改革产生抵制情绪。有的只是形式上的将学生围坐一团，其实还是以教师的教授为主；有的甚至不予理会，还是按照自己原来的方式教学。

综合上述材料，可以得出以下结论：第一，支持并认同新课程改革的教师人数不到一半，让教师真正实施新课程改革还需要一个学习和适应的过程；第二，约一半的教师对新课程改革持中立态度，比较被动地参与新课程改革，需要继续学习和外在的督促与引导；第三，仍有一小部分教师对新课程改革持否定态度，不愿意接受新的教学方式的改革，往往敷衍了事。

二、对改革的认知

新课程改革不仅是课程实践的变革，更是教育观念的革新。教师对新课程改革的认识和理解是探讨新课程改革对教师自身和本地区教育实际是否相适应的前提。为了了解个案学校教师对新课程改革的认识和理解，笔者在教师问卷中设置了如下问题：您对新课程改革内容的了解程度、您对新课程改革理念的了解程度、您自身的知识结构和能力水平是否适应新课程改革的需求等，其调查结果如下。

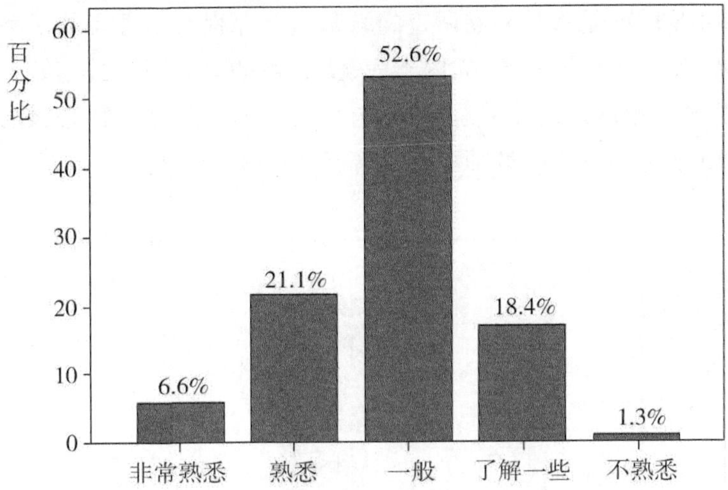

图 5－3　教师对新课程改革内容的了解程度

图 5－3 反映的是教师对新课程改革内容的了解情况，从图中可以看出，对新课程改革内容一般了解的教师人数最多，占总数的 52. 6%；熟悉的次之，占总数的 21. 1%；了解一些的再次之，占总数的 18. 4%；非常熟悉的教师人数比重较小，为 6. 6%；还有 1. 3% 的教师不熟悉新课程改革的内容。

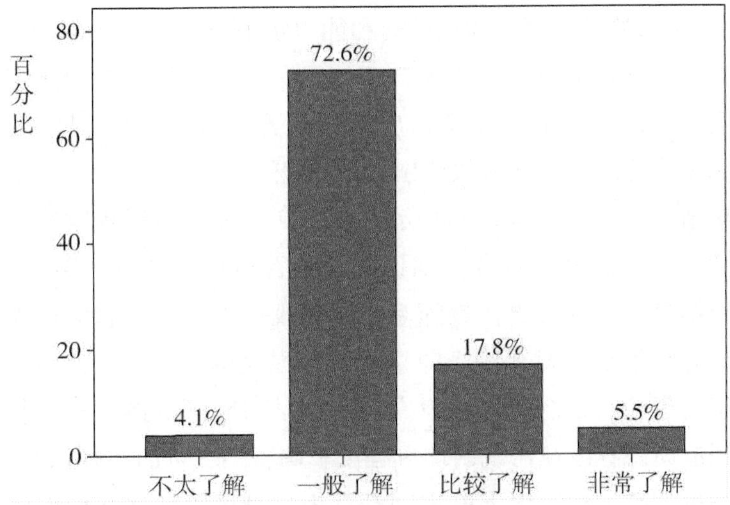

图 5－4　教师对新课程改革理念的了解程度

图 5 -4 反映的是参与问卷调查的教师对新课程改革理念的了解程度。从图中可以看出，对新课程改革内容一般了解的教师占大多数，占总数的 72. 6%；比较了解的次之，占总数的 17. 8%；非常了解的教师人数比重较小，仅为 5. 5%；还有 4. 1% 的教师不太了解新课程改革的理念。

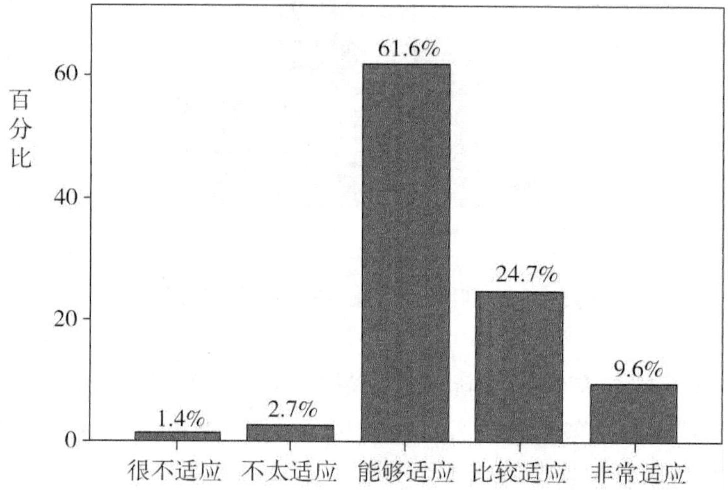

图 5 -5　教师的知识结构和能力水平能否适应新课程改革的需求

图 5 -5 反映的是教师的知识结构和能力水平对新课程改革的适应性。从图中可以看出，61. 6% 的教师认为自己的知识水平和能力结构能够适应新课程改革的需求；比较适应和非常适应的教师分别占总数的 24. 7% 和 9. 6%；不太适应和很不适应的教师人数分别占 2. 7% 和 1. 4%。

教师对新课程改革的认识和理解，既包括教师对新课程改革内容和理念的了解程度，也包括教师对自身知识能力是否适应新课程改革需求的判断。从上述调查结果中可以看出，教师对新课程改革内容和理念的认识程度并不高，大部分教师都是一般了解，即只在新课程改革培训中，集中了解过一些新课程改革的理论、理念等，而没有系统的学习和深入的了解。教师对自身知识能力适应新课程改革需求的认可程度较高，95. 9% 的教师认为能够适应，但适应的程度不高，60% 以上的教师都认为自身可以勉强适应课程改革的需求，仍需多方面的学习和提高。在访谈中，一名教师谈到：

> 我认为新课程改革对教师的要求提高了，就我们学校开展的有效教学而言，有的内容要求学生自己提出问题，因为学生不知道会提哪些问题，所以老师的准备要更充分。但是有的老师认为，这样老师就没事干了，学生把问题都提了，但是毕竟还是有学生解决不了的问题，需要老师来指导，所以说是对老师的要求提高了，需要教师全面地去备课。不仅是知识量的增加，还有教学方法的改进。

综合上述材料，可以得出以下结论：第一，教师对新课程改革内容的了解程度较低，仅有不到三分之一的教师表示熟悉或非常熟悉；第二，教师对新课程改革理念的认识程度要低于对新课程改革内容的认识程度，仅有不到四分之一的教师了解新课程改革理念；第三，大多数教师对于新课程改革的内容和理念，只限于听说过或培训时讲过，但没有深入了解过，处于一般认知状态；第四，教师对自身能力能否适应新课程改革要求的认可程度略高，三分之一以上的教师认为能够很好地适应，不能适应的教师较少。

第二节　民族基础教育新课程改革教师培训

一、新课程改革教师培训的重要作用——现行教育体制下的必然选择

我国的教育体制虽然历经三十余年的改革，但在根本上仍未摆脱中央集权为主的行政化的教育管理模式。教育是政府的一项公共职责，是一种行政性事业。在这种教育体制下，任何的教育改革，都必然由国家权力机构、教育行政机构等发起，“自上而下”的政策化、行政化的推进，新课程改革亦是如此。政策化的运行模式要依靠一套机构行政管理体系。少数民族基础教育管理机制不同于普通基础教育管理机制，有其自身的特点。新课程改革政策的理念、内容、方案等如何转变为学校教学实践，需要通过作为中心和核心要素的教师群体的认识、理解和实践。由于新课程改革的政策、理念、内容、方案等是由课程专家、教育专家提出的，因此需要通过新课程改革教师培训来帮助教师认识、理解和学会如何实践新课程改革。新课程改革教师培训在

新课程改革的推行过程中起到了"传播新课程改革理念、知识""传递新课程改革方法"的传播和教育作用。

二、"量"的考量

一切事物都具有一定的质和一定的量，是质和量的统一。本书对新课程改革教师培训的考量就是从"量"的维度和"质"的维度来进行的。"量"的维度的考量包括个案学校教师是否参与过新课程培训、参加新课程培训的频率如何、参加新课程培训的级别是怎样的。"质"的维度的考量包括个案学校教师参加新课程培训的内容及其效果等。

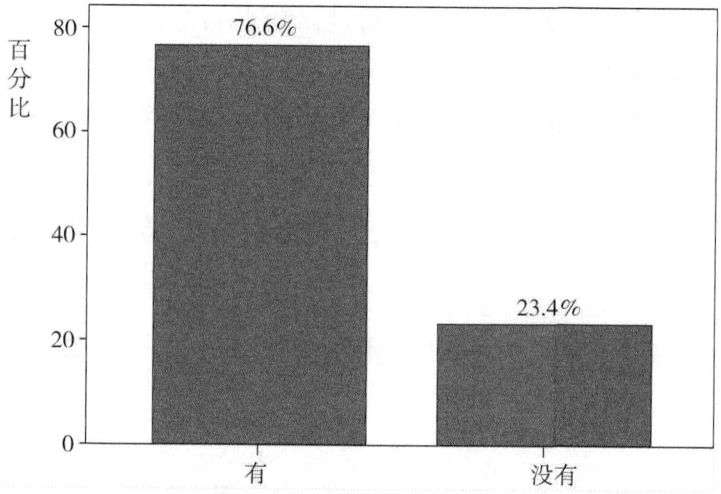

图 5－6　学校实施新课程改革前教师是否参加相关培训

图 5－6 反映的是个案学校在实施课程改革之前教师是否参加过相关培训的调查结果。从图中我们可以看出，参加过新课程改革前教师培训的教师占大多数，百分比为 76.6%；没有参加过的教师占 23.4%。

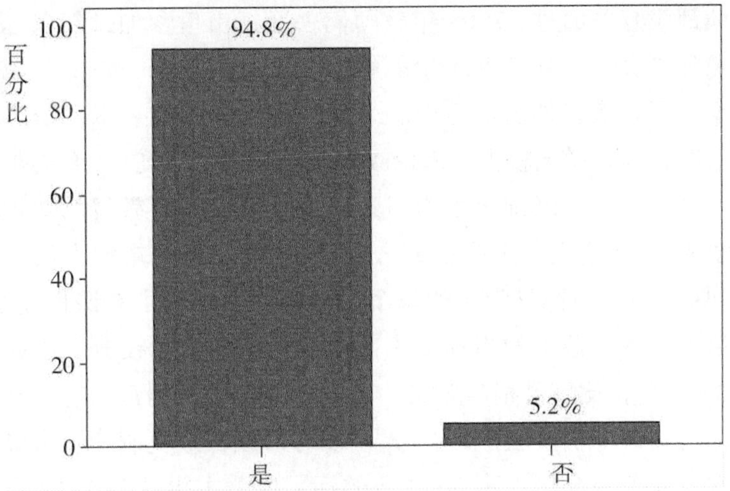

图 5－7　教师是否参加过新课程改革的培训

图 5－7 是教师是否参加过新课程改革的培训的统计结果：有 94.8% 的教师参加过新课程改革的培训，有 5.2% 的教师没有参加。

新课程改革已历经十余载，经历了一个逐步深入、探索、适应的过程。在这个过程中，不仅要在新课程改革之前对教师进行新课程改革理念、内容、实施方案的培训和教育，以反映不同地区、不同学校在课程改革前所做的宣传和重视程度；还要关注在课程改革十余年的过程中，教师通过不同的培训而获得的成长和提高。图 5－6 反映的是前者的具体情况，图 5－7 反映的是后者的落实情况。76.6% 的教师参与过新课程改革前的培训，说明个案学校及所属地区在新课程改革前对课程改革比较重视，宣传和教育的普及程度也较高。94.8% 的教师在新课程改革期间参加了新课程改革培训，说明个案学校的教师基本都接受过新课程改革的培训。

在调研中，通过对个案学校行政领导的访谈，笔者也了解到了个案学校教师参加新课程改革培训的一些基本情况。第一，新课程改革培训以市级培训为主，培训次数较少。自治区级培训名额有限，每次培训仅 1～2 名教师能够参加；国家级培训名额更少。在新课程改革十余年期间，作为市级学校的通辽市蒙古族学校曾有教师参加过新课程改革国家培训，旗县级教师均没参加过。第二，个别教师参加的培训多，全体教师参加的培训少。库伦旗实验小学的教导主任提到："市里面的培训，个别参加的有，全部参加的很少。国家级的培训都没有参加过。2008 年教师们去通辽市里参加过新课标培训，市教研室的老师给讲的，有三四百人参加，半天学习，半天讲课。”第三，教师校内的观摩、研讨多，外出学习少。个案学校的教师均表示，新课程改革的培训对于一线教师来说比较少，库伦旗实验小学教师提到：“我们出去学习的机会很少，就个别几个老师出去学习过。比如说王敏琴教授的知识树，但也就是一个学科 1 ~2 个人，全旗就那么几个指标。”通辽市蒙古族学校的教导主任也提到：“通辽市民族学校的每个老师基本参加过了新课程改革的培训；自治区的培训，每年盟市的指标就十几个，然后各个学校分，通辽市的学校还能多分 1 ~2 个，比旗县稍微多点。自治区级培训，刚开始有那么几次，但还是有指标的，每个学校也就 2 ~3 人，没有形成长效机制。国家级培训，偶尔才有一次，如果一个培训班 50 个人的话，内蒙古也就分有 10 个名额，各个盟市再去分，也就 1 个盟市一个人。整体而言，一线教师培训有些少。”第四，盟市之间、学校之间的交流较少。通辽市级的优秀教师或通辽市教研室的调研员每年会到旗县民族学校上示范课或观摩课，但次数很少，一年仅一次而已。盟市间的交流，往往由教师个人间进行，由于教育经费有限，学校和学校间的交流较少。

总体而言，对新课程改革教师培训的“量”的考量，可以得出以下结论：一是教师普遍接受过新课程改革的教师培训；二是新课程改革教师培训的次数较少，没有形成长效的培训机制；三是教师培训以市级培训为主，自治区级培训名额有限，国家级培训对旗县的辐射性低。

三、“质”的考量

对新课程改革教师培训的“质”的考量涉及以下内容，如新课程改革教师培训的主要内容是什么；对于民族学校的教师而言，有没有针对双语教师的新课程改革培训；新课程改革教师培训对教师的专业发展帮助有多大，是否能够很好地指导教师的教学实际等。

（一）新课程改革培训的内容

表 5－1　学校实施新课程改革前培训内容

		反应值	
		个数	百分比（%）
学校实施新课程改革前培训内容[a]	新纲要内容	24	26.3
	新课程改革教育理念	40	44.0
	新课程改革实施方案	26	28.6
	其他内容	1	1.1
总数		91	100.0

a. 二分法群组表列于值 1。

表 5－1 反映的是教师参加新课程改革培训内容的百分比。笔者将新课程改革动员期的培训内容分为四种类型：新纲要内容、新课程改革教育理念、新课程改革实施方案、其他内容。在四个选项中，新纲要内容被选次数为 24 次，占全部勾选次数的 26.3%；新课程改革教育理念被选次数为 40 次，占全部勾选次数的 44.0%；新课程改革实施方案被选次数为 26 次，占全部勾选次数的 28.6%；其他内容被选次数为 1 次，占全部勾选次数的 1.1%。这一调查结果说明，教师在新课程改革动员、宣传阶段培训中的主要内容依次为新课程改革教育理念、新课程改革实施方案、新纲要内容和其他内容。

除了上述内容外，对于民族语授课的学校而言，由于学校教学语言的多样性，在新课程改革培训中还应考虑到民族语授课学校双语教育的特殊性。在对教师的访谈中，笔者也了解到个案学校的教师在新课程改革中还接受了蒙古族教师的普通话培训、标准蒙古语培训和蒙古语文新教材的培训等。

个案学校的教师谈到针对双语教师的培训时提到：

有针对双语教师的培训，比如说蒙古语教师的普通话培训，但只是培训 1～2 次，后来就没有了，没有建立起长效机制，就是刚开始的时候培训过 1～2 次。

教育出版社讲新教材就是针对蒙古语文教师的，主要是自治区内办的。

蒙古语文方面还有标准蒙古语的培训。

上述培训内容更多的是语言方面的培训，对于是否有针对民族语授课的新课程改革培训内容，教师谈到：

通辽市蒙古族学校英语组组长："英语的有一次，就是外教培训40天，以口语和听力为主。汉语和蒙古语没有。培训都是按照汉校的标准为主，没有单独针对蒙校的培训，都是跟着大环境走。"

通辽市蒙古族学校汉语文老师："近两年的培训都是针对整体而进行的。在通辽市里，蒙古族学校比例比较少，所以专门针对蒙古语授课学校汉语文教学的培训还是非常少，都是针对所有学科的一个培训。"

通辽市蒙古族学校汉语文老师："双语教学的教师的话没有单独的培训，但是双语教学研讨我们每学期每年都有，也是我们自己研究，这包括课程设置、课程进度、强度等怎么安排等，每学期都有。"

（二）新课程改革培训的效果

在问卷中笔者设计"您认为新课程改革培训对您的教育教学的帮助有多大"和对于"'新课程改革培训不能很好指导教学实践'是否符合教师实际"，正反两种问法去了解教师对新课程改革培训效果的认可程度。结果见图5－8和图5－9。

从图5－8的调查结果来看，47.3%的教师认为新课程改革培训对自身教育教学有帮助；23.0%的教师认为非常有帮助；24.3%的教师认为新课程改革培训效果一般；仍有5.4%的教师认为新课程改革培训对教学没有帮助。

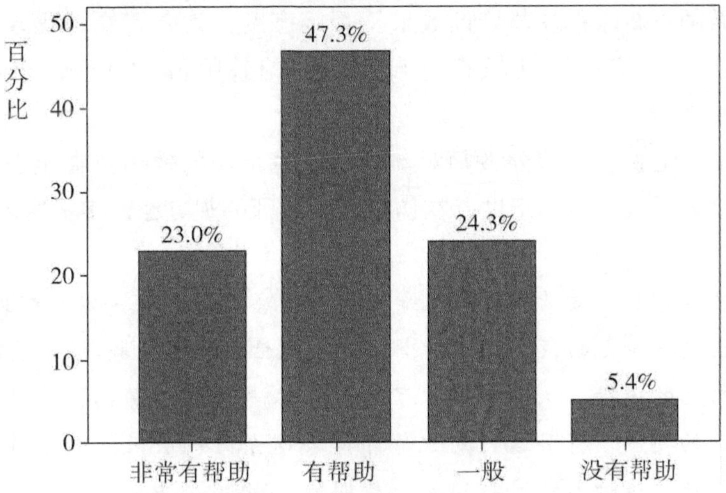

图 5－8　教师对新课程改革培训作用的认识

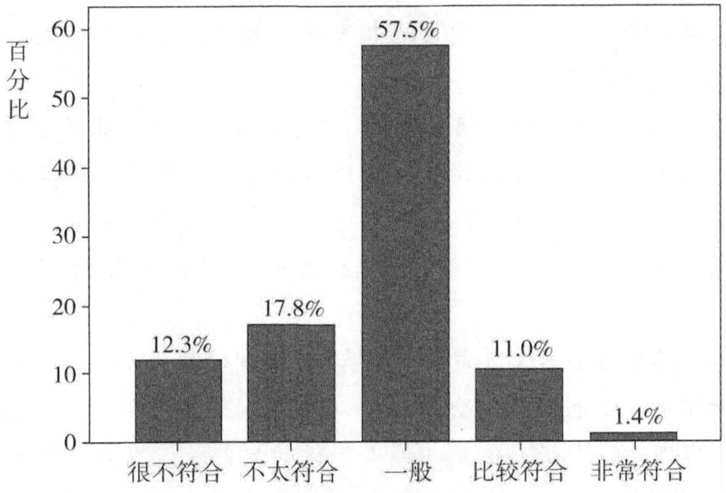

图 5－9　“新课程改革培训不能很好指导教学实践”是否符合教师实际

图 5－9 反映的是对“新课程改革培训不能很好指导教学实践”是否符合教师实际的调查结果，这是通过反问来了解教师对新课程改革培训效果的认可程度。从图中可以看出，57.5% 的教师对这一问题表示中立；30.1% 的教师对新课程培训效果持肯定态度，其中认为“新课程改革培训不能很好指导教学实践”不太符合自身实际的教师占 17.8%，很不符合的占 12.3%；

12.4%的教师对新课程改革培训效果持否定态度，其中“新课程改革培训不能很好指导教学实践”比较符合自身实际的教师占11.0%，非常符合的占1.4%。

综合上述分析，大部分教师对新课程改革培训的效果持肯定态度，认为培训对教育教学有一定的帮助，在访谈中，教师的观点也证实了这一结论。

通辽市蒙古族学校汉语文老师：“（培训是）有一定的帮助的，虽然说是理论上的，实践比较少，但是能让我们更快接收一些信息，开阔自己的视野，从中你可以了解到别人是这么讲课的，更多地理解课改的要旨。有了这种意识你才能朝这个方向去改。如果你没有这种意识，接触不到这种信息，按照自己的想法去讲，看不到别人是怎么讲的，没有一个比较。以个人的能力，你再去变，再去开发，再去想，个人的能力也是有限的。总体感觉挺好的，即使是不能马上去实施和应用，但至少你的思想里有了改革的意识和概念，这样还是比较先进的。”

库伦旗实验小学蒙古语文老师：“有帮助，尤其是新课程改革的培训。因为我们刚开始的时候连课改的理念都不知道，还学习了课程标准，然后根据这个标准进行教学。但有些效果不明显，比如说针对蒙古语文教育的。最好是一线工作的老师互相讲课，互相交流。”

库伦旗实验小学汉语文老师：“参加培训学到的东西肯定能用到教育教学中，但也不是完全能应用，就看专家讲的内容。一般专家讲的内容理论性太强，但是一线老师讲的我们就能更多地应用到教学当中。”

通辽市蒙古族学校汉语文老师：“培训对我们的观念观点的转变还是有帮助的，我们也都是请一些外边的名师，给我们做讲座，讲完之后学校也要求我们去实施，只是尽可能地去做，反正有一个转变的过程。2010年我们请过中央教研所的韩立福博士给我们做‘有效学习行动策略’的讲座。这个讲座操作性挺强的。请专家讲的话就集中培训几天。培训之后你就按照人家讲的模式去做。”

虽然新课程改革培训得到了大多数教师的认可，但是现实中，新课程改革培训仍存在很多问题，如新课程改革培训随意性大，只在课改初期加强培训若干次，没有形成长效的教师培训机制；新课程改革培训内容理论性突出，培训的操作性和针对性不强；培训形式单调等。广大民族语授课学校教师对自身专业发展的期望是很高的，大多希望通过各种形式的培训来增长专业知识、提高专业技能和专业素质。图 5－10 反映的是教师对自身专业发展的期望。

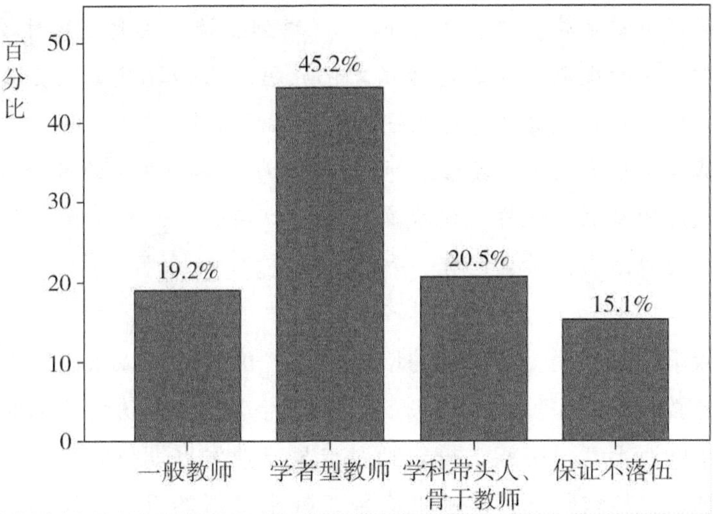

图 5－10　教师对自身专业发展的期望

从图 5－10 中我们可以看出，希望成为学者型的教师比例最高，占 45.2%；其次是学科带头人、骨干教师，占 20.5%；对自身专业发展期望不高的教师也占有一定比例，其中 19.2% 的教师认为成为一般的教师即可；受年龄等因素的影响，15.1% 的教师认为只要保证不落伍即可。总体而言，更多的教师期望在专业方面有一定的发展。教师的专业发展，不仅需要教师在日常教学中不断学习和实践，更需要通过系统的培训去完善和更新专业知识，练习和实践专业技能。对于新课程改革的培训，教师希望在以下方面加以改善。

库伦旗实验小学教导主任："我们希望能够多出去学习，在学校内交流，每次就是那几个老师，再讲也没有多少新的东西。我们都希望去外面看看别的学校是怎么教学的。出去学习之后听他们的教学，听专家们的点评，回来之后上示范课，收获是比较大的。”

通辽市蒙古族学校蒙古语文老师：“还是希望进行单科培训，针对各学科的教材来培训效果更好，整体上培训一点用都没有，更何况没有针对民族学校的培训，都是听汉校的课，蒙汉两个学校毕竟是截然不同的两种办学模式。而且每次请专家讲课，他们都讲大理论，没有具体的在每个学科上可操作性的东西，就是现在的培训操作性和针对性不强。”

通辽市蒙古族学校英语老师：“（培训应该）主要是针对教师教育教学方法的提高，或者是增强文化底蕴，比如说英美一些文化历史和文化背景，或者是针对某一文学作品的讲座。”

通辽市蒙古族学校英语老师：“还是希望参加这样的有外教老师亲自点评的培训，这样也能提高我们的口语啊，这样老师们给学生上课，用口语多，学生也有一个语言环境。”

对民族学校新课程改革教师的培训“质”的考量可以得出以下结论：第一，大部分教师对新课程改革培训的效果持肯定态度，认为培训对教育教学有一定的帮助；第二，民族学校教师对自身专业发展期待较高，对于新课程改革的培训，民族教师期待能够拥有更多外出学习的机会，期待接受具有地区、民族、学科针对性的培训，期待增强课程培训的文化底蕴等。

第三节　民族基础教育新课程改革教师教学变革

新课程改革倡导的教学方式的变革，突出以下几个方面的特征：一是互动性、交往性，强调教师和学生之间平等、民主的关系，追求的是师生之间、生生之间多向、连续的对话和交往，学生在与周围的环境及他人的互动交往中形成对知识、观点的理解、思考和反思，从而完成个人对知识和意义的理解和建构。[①] 二是引导性，教师不再是“教书匠”，而是要激发学生的学习兴趣和积极性，引导学生质疑、调查、探究，促进学生自主而富有个性的发展。三是研究性，通过教师的教学反思和教师的行动研究来转变传统的教学方式。新课程改革所倡导的这些教学的变革在多大程度上被实践是本书田野调查的重要内容，其调查结果通过图 5－11 至图 5－17 呈现。

一、民族学校基本教学方式

为了了解个案学校最基本、最常见的教学方式，笔者在教师问卷中和学生问卷中分别设置了“所在学校教师主要教学方式”一题。其调查结果见图 5－11 和图 5－12。

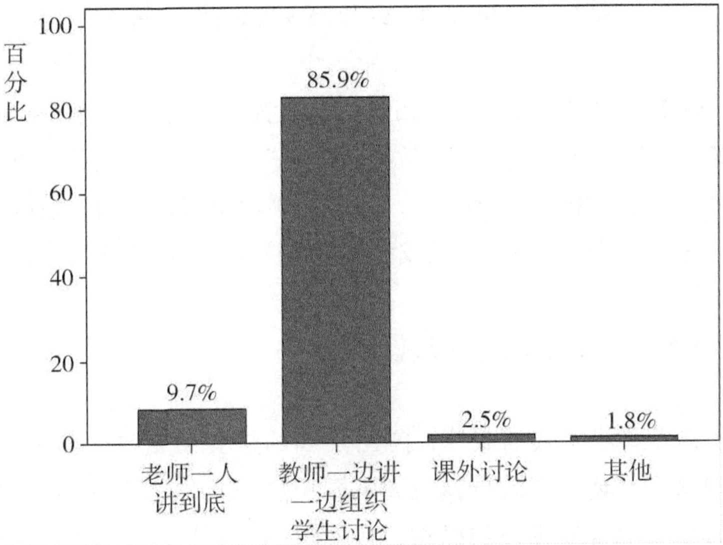

图 5－11　学生对学校教师教学方式的选择情况

① 参见李志厚：《变革课堂教学方式——建构主义学习理念及其在教学中的应用》，244 页，广州，广东教育出版社，2010。

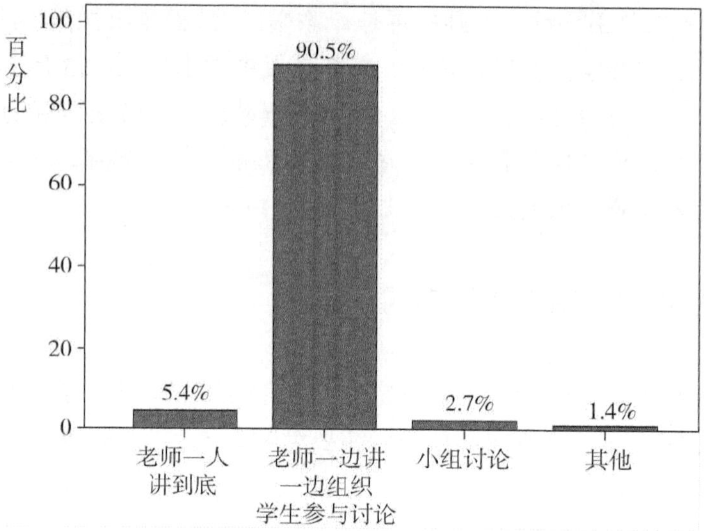

图 5－12　教师对学校教师教学方式的选择情况

图 5－11 是学生的选择情况，图 5－12 是教师的选择情况。从中我们可以看出，无论教师还是学生，选择“教师一边讲一边组织学生讨论”的人数最多，学生中占 85.9%，教师中占 90.5%，所占比例均很高，证明以教师教授为主、学生参与讨论为辅的教学方式已经成为个案学校最主要的教学方式。

二、教学的个性化和引导性

新课程改革教学方式的变革，突出强调的是要彻底改变同步式、“一刀切”的教学方式，使教学效果辐射到不同层次、不同水平的学生身上，让每个学生在教学中都得到成长和提高。在教学的引导性和个性化方面，库伦旗实验小学提出要使“逼着学生学的课”变成“学生愿意学的课”、“听着学的课”变成“探索着学的课”、“传统的课”变成“摸索着学的课”，把“灌输式的课”变成“建构的课”。要保证 40 分钟的教学效果，上课时间、内容、过程，应该是科学的、有系统的、前后连贯的，使每一步都有后面的内容涵盖前面的内容，突出重点、难点分散、安排扩充内容，使摸索、练习、巩固、扩充每一个环节都不可或缺，互为基础。通过这样的课程，使每个学生都有收获、每个学生都有兴趣，使每个老师能够高兴，使每节课都有成效。指导要从学生实际出发，“积极指导两个极端的学生，激发他们的兴趣、积极性、信念”，使学生有“当天学习的当天巩固，课堂学习的内容课堂吸收”，课堂上的指导尽量提供知识线索，“优秀的学生能够在老师的指导下完成，学困生在老师的帮助和同学的支持下学会”相互结合，坚持“保证优秀的学生，增加中等学生，提高学困生的学业成绩”的三步教学指导。以“渗透影响、自然影响、启发影响”使课堂变得有声有色，一至二年级以教学为主、指导为辅，三至六年级以指导为主、教学为辅。

教师对教学的个性化和引导性的认同和实践程度是否会随着学校的重视而变化，笔者在问卷中设置了“是否彻底改变同步式“一刀切”的教学方式”和“教师在教学中是否做到了引导学生积极参与课堂教学”两题。其结果见图 5 – 13 和图 5 – 14。

图 5 – 13 反映的是教师对是否彻底改变同步式“一刀切”的教学方式的认识，从图中可以看出，59. 7% 的教师认为没有很好地改变同步式“一刀切”的教学方式；33. 3% 的教师认为比较好地改变了同步式“一刀切”的教学方式；4. 2% 的教师认为自己很好地改变了同步式“一刀切”的教学方式；还有 2. 8% 的教师认为没有很好地改变同步式“一刀切”的教学方式，仍旧继续着传统方式。总体而言，个案学校的教师并没有彻底改变同步式“一刀切”的传统教学方式，教学的个性化程度低。

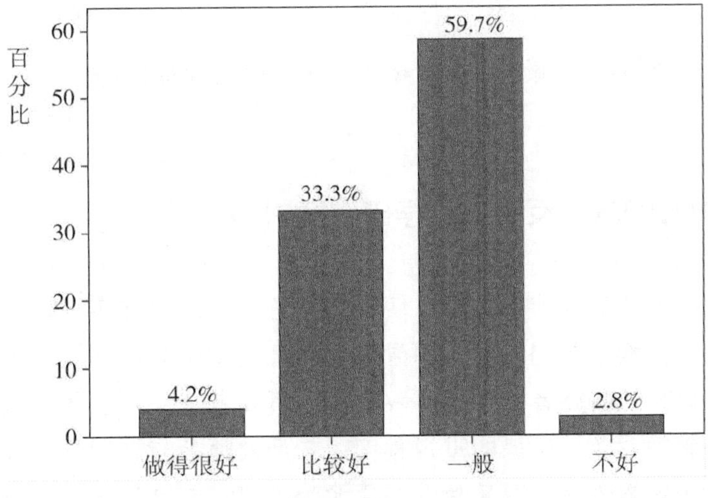

图 – 13　教师在教学中是否彻底改变了同步式“一刀切”教学方式

新的教学方式还倡导师生之间的互动与交往，在教学中师生的互动和交往是在教师的引导下进行的，教师是学生学习的支持者、引导者。图 5－14 反映的是教师是否做到了引导学生积极参与课堂教学的调查结果。从中可以看出，54.8% 的教师认为自己比较好地引导了学生积极参与课堂教学；16.4% 的教师认为做得很好；27.4% 的教师认为做得一般；还有 1.4% 的教师认为没有很好地引导学生参与课堂教学。从这些数据中可以看出，教师对自己在引导学生参与课堂教学的能力和效果持肯定态度，71.2% 的教师认为自己做得比较好或非常好，占绝大多数。

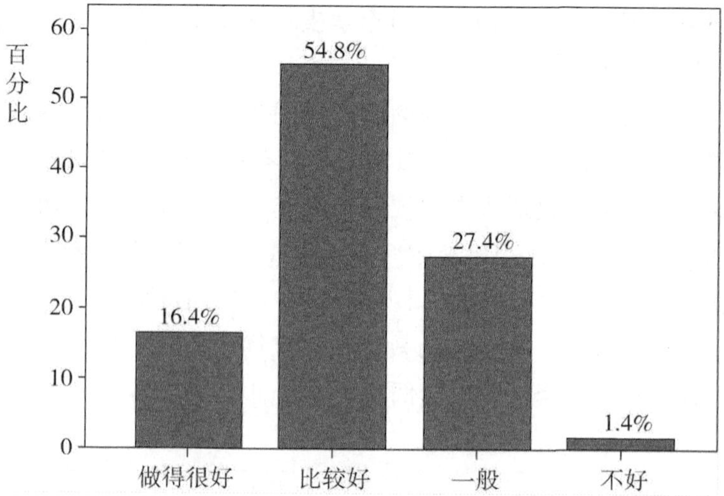

图 5－14　教师在教学中是否做到引导学生参与课堂教学

三、教师的教学反思与教学研究意识

新课程改革教学方式的变革，使教师角色的内涵更加丰富，教师不仅是知识的传递者，教学的组织者、引导者，而且是学生学习的支持者，更是开展教育教学研究的研究者。本书对教师作为研究者这一角色的考查包括三个问题：一是教师对教学反思的重视程度；二是教师参与课程资源开发的积极性，这点对于民族语言授课的教师来说尤为重要；三是教师对自身科研意识的高低的认识程度。

库伦旗实验小学在日常教学中要求教师做到三个坚持：

一是每周一次读书笔记，作为教师专业的学习（日期要清楚），坚持每周一次的读书笔记的学习，每周四当成学习日，学习的内容、要读的书、写的内容自己找、自己决定（除了学校特定的内容）。比如说关于理论的认识，可以学习以人为本的教学价值观、基础教育的职责、有效教学相关的理论、案例、与全面发展的教学相关的认识、教师专业素养的内容，教育学方面的知识要更新。

二是每周做一次技能的练习，教导处每周安排一次活动，科学安排。

三是每周写一次反思、一周写一次论文，要有质量地来做反思，认真考虑得失的原因，对今后的工作应该注意什么、补充什么、怎么准备才更有效，在技能培训中缺少什么、加强什么、扩展什么、到什么程度，要围绕这些内容去反思。在自己的教学中，坚持对每一节内容的反思，对每天的教学活动都要反思，每节课上完也要做反思。背完课要做反思，教完课要做反思，听完课要做反思，通过反思发现问题，解决问题，在不断的反思中更新自己的教学研究，通过学习、更新、改革来提高教师的素质。

这三个坚持主要是把反思和研究纳入教师工作的常规，包括具体的要求、内容和时间，力图建立教师反思与研究的常规。为了了解在学校的引导下，教师对反思重要性的认识程度是否有所提高，笔者在教师问卷中设置了“教学反思是您工作的重要内容”是否符合教师实际一题，其调查结果见图 5 – 15。

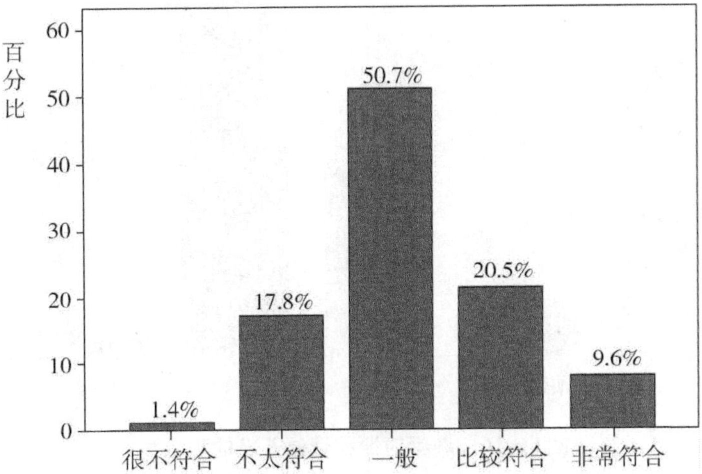

图 5 – 15　教师对教学反思的重视程度

从图5－15中可以看出，对于“教学反思是您工作中的重要内容”一题，50.7%的教师认为“一般”，所占比例最大；其次是认为“比较符合”的教师，占20.5%；9.6%的教师认为“非常符合”；19.2%的教师认为教学反思不是其工作的主要内容。总体而言，教学反思已被大部分教师接受和认可，但实践程度不高，有一半左右的教师对教学反思在教学实践中的重要性持中立态度。

少数民族有其独特的历史传统、文化氛围和社会环境，因此，新课程倡导建立符合民族地区实际的课程体系。然而，与民族地区教学实际相适应的课程体系的建立，需要广大教师共同参与，需要广大教师不断挖掘少数民族文化资源，并将其引入课堂教学中，更好地满足学生学习的需要。教师对课程资源开发的积极性在一定程度上反映了教师的研究意识。图5－16呈现的是教师开发课程资源积极性的调查结果，有57.4%的教师认为自己的积极性一般；29.4%的教师认为做得比较好；8.8%的教师认为做得非常好；还有4.4%的教师认为做得不好。从调查结果中可以看出，教师在开发课程资源方面的积极性不是很高，仅有三分之一的教师认为在课程资源开发方面做得比较好或者很好，三分之二的教师积极性不高。

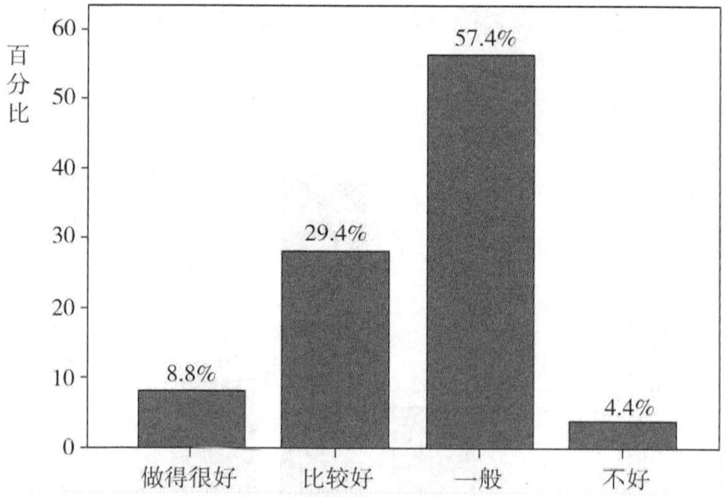

图5－16　教师对课程资源开发的积极性

图5－17是对教师研究意识的调查结果。对于“教师研究意识比较淡薄”是否符合教师的实际，54.2%的教师认为“一般”；18.1%和9.7%的教师认为“不太符合”和“很不符合”；13.9%和4.2%的教师认为“比较符合”和“非常符合”。由于是反向设置的问题，所以越不符合，实际代表教师的研究意识越强，从上述结果中可以看出，认为不符合自身实际的教师占27.8%，比例较低，对“教师研究意识比较淡薄”持中立态度的教师占大多数，这说明大部分教师的研究意识不强。

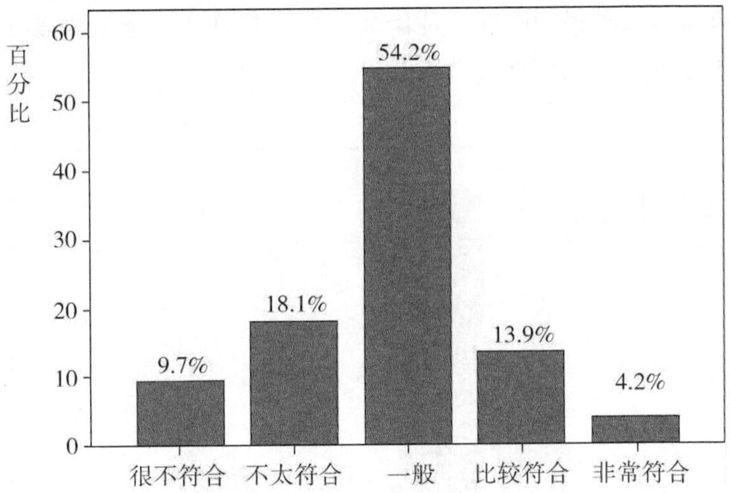

图5－17　教师对自身研究意识的认识

综合上述分析，对民族学校教学变革的调查可以得出以下结论：第一，“教师一边讲一边组织学生讨论”是教师和学生公认的民族学校教学的基本方式；第二，教师对引导学生积极参与课堂教学的认可度较高，三分之二的教师认为自己做得很好，但是对个性化教学的认可程度较低，仅有三分之一的教师认为做到了个性化教学；第三，教学反思虽已被大部分教师接受和认可，但实践程度不高；第四，教师在开发课程资源方面的积极性不是很高，仅有三分之一的教师认为在课程资源开发方面做得比较好或者很好，三分之二的教师积极性不高；第五，大部分教师的研究意识不强。

第四节　教师在新课程改革中面临的困难

由于不同地区、不同民族的教育传统与教育实际的差异，在实施新课程改革的过程中，也会存在不同的困难。这些困难是新课程改革推行过程中存在问题的集中体现，也是新课程改革进一步完善的基础。

为了了解个案学校在实施新课程改革中的困难，笔者在教师问卷中设置了“您对新课程改革最为困惑的是什么”和“您认为实施新课程改革的阻力是什么”两个问题，其调查结果如下。

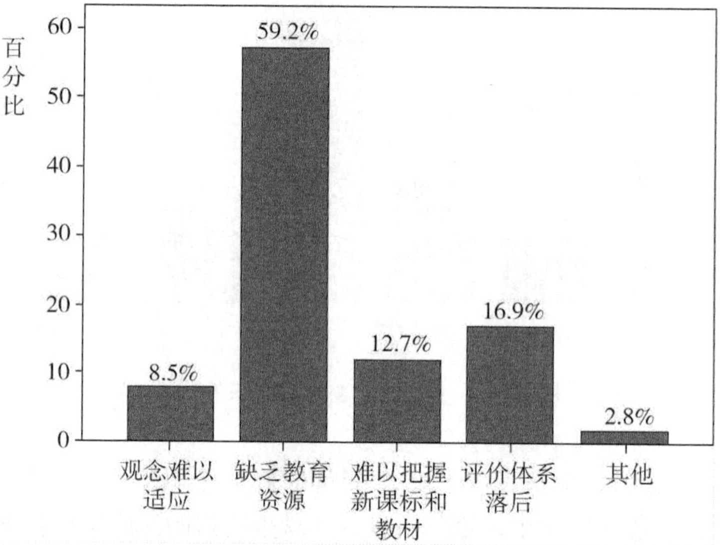

图 5－18　教师对新课程改革的困惑

图 5－18 反映的是教师在新课程改革中面临的困惑的调查结果，从中可以看出，59.2%的教师认为“缺乏教育资源”是实施新课程改革中最大的困惑；其次是“评价体系落后”，占 16.9%；再次是“难以把握新课标和教材”，占 12.7%；选择“观念难以适应”的教师所占比例较小，仅为 8.5%；其他困惑所占的比例为 2.8%。调查结果表明，“缺乏教育资源”是教师面临的最大困惑。

表5－2反映的是实施新课程改革阻力的调查结果。在教师问卷中，笔者将新课程改革的阻力划分为七种：课程政策本身不完善、培训不到位、课程资源不足、教师观念落后能力不足、评价机制不健全不合理、地方行政部门不重视和其他因素。从上表中可以看出，有23.2%的教师选择了“课程资源不足”，所占比例最大；其次是“培训不到位”和“地方行政部门不重视”，两者均占19.2%；再次“教师观念落后能力不足”，占15.2%；“课程政策本身不完善”和“评价机制不健全不合理”，两者均占11.1%；其他因素占1.0%。调查结果表明，民族学校新课程改革的实施面临着政策本身的、制度的、观念的、资源的等多方面的阻力，这些因素都在以各种方式或多或少影响着民族学校的教育教学，其中课程资源不足是实施新课程改革的最大阻力。

表5－2　新课程改革实施的阻力

		反应值	
		个数	百分比（%）
新课程改革实施的阻力[a]	课程政策本身不完善	11	11.1
	培训不到位	19	19.2
	课程资源不足	23	23.2
	教师观念落后能力不足	15	15.2
	评价机制不健全不合理	11	11.1
	地方行政部门不重视	19	19.2
	其他因素	1	1.0
总数		99	100.0

a. 二分法群组表列于值1。

除了上述原因，访谈中教师还提到家长的教育观念和方式也是影响课程改革深入开展的阻力。

库伦旗实验小学汉语文老师：“刚开始实施有效教学的时候，学生桌椅摆设变了，让学生们围坐在一起，但是围着坐写字的时候低头写，听课的时候得斜着看，所以家长反映这样不太好，后来我们就坐回来了，坐回来以后讨论的时候再围着坐。”

库伦旗实验小学教导主任：“现在学生跟以前不同了，家庭条件好了，每家就一个孩子，家长是全力以赴地想让学生学好，但是学生们从小就是享受惯了，一点也吃不了苦，学习这东西再怎么改革，学生自己不吃苦、不爱学，学习成绩根本上不来。所以现在家庭教育给学校教育带来一定的影响。”

调查结果表明：第一，缺乏教育资源是教师面临的最大困惑；第二，民族学校新课程改革的实施面临着政策本身的、制度的、观念的、资源的等多方面的阻力，这些因素都在以各种方式或多或少地影响着民族学校的教育教学，其中课程资源不足是实施新课程改革的最大阻力；第三，家长的教育观念和方式也是影响课程改革深入开展的阻力。

综合上述分析，教育资源不足是民族学校推行新课程改革中面临的最大困难。新课程改革是以全局的角度出发的，面向的是整个国家的课程变革，要增强课程对不同地区、不同民族的适应性，就需要各地各校积极开发校内外的各种课程资源。因此，课程资源的不足是民族学校新课程改革实践性、适应性差的重要原因。

第六章 学生新课程改革适切性的调查与分析

“学习即生存即斗争” 的时代已经来了。[①] 这意味着我们不得不改革学校教育，扩充终身学习的计划。新课程改革为了紧跟“学习时代” 的步伐，提倡要转变学生的学习方式。而学生学习方式的转变和学生学习效果的提高是课程改革力图实现的根本目标。因此，本书将民族基础教育新课程改革对学生的适切性的探讨聚焦在学生学习方式的转变和学习效果的提高两个方面。

第一节 学生学习方式的变革

新课程改革提倡的学习方式，“应培养学生的独立性和自主性，引导学生质疑、调查、探究，在实践中学习，以改变教学过程中过分依赖教材、过于强调接受学习、死记硬背、机械训练的现状，倡导学生主动参与、乐于探究、勤于动手，鼓励学生对书本的质疑和对教师的超越，赞赏学生独特和富有个性化的理解与表达，爱护学生的批判意识和怀疑精神，培养学生收集和处理信息的能力、获取新知识的能力、分析和解决问题的能力以及交流与合作的能力，大力开展探究学习。毋庸置疑，自主学习、合作学习和探究学习正是新课程改革所追求的崭新的学习方式”[②]。

① 参见［日］佐藤学著，钟启泉译：《学习的快乐——走向实践》，1 页，北京，教育科学出版社，2004。

② 靳玉勒：《自主学习》，1 ~ 2 页，成都，四川教育出版社，2005。

一、自主学习

西南大学靳玉勒教授在《自主学习》一书中将自主学习的定义分为广义和狭义两个范畴。广义的自主学习包含通过各种手段和途径进行有目的的选择学习活动，从而实现自主发展。狭义的自主学习是学生在教师的科学指导下，通过主动积极的创造性学习活动，实现自主的发展。[①] 本书取其狭义含义，注重考查学生在学习中的主动性、积极性、创造性和学生自主能力的养成。

良好的学习体验是学生主动、积极、创造性学习的前提条件。图 6－1 反映的是学生学习体验的调查结果。从中可以看出，47. 1% 的学生认为“我喜欢上学，也喜欢学习”“非常符合”自身的实际；22. 1% 的学生认为“比较符合”；25. 0% 的学生认为“一般符合”；还有 2. 2% 和 3. 6% 的学生认为“不太符合”和“很不符合”。这一结果表明了绝大多数学生在学校生活和学习中获得了积极的学习体验。

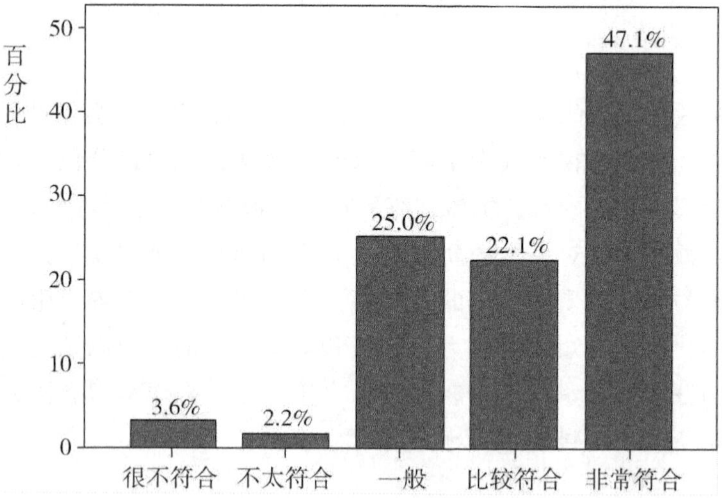

图 6－1　学生的学习体验

① 参见靳玉勒：《自主学习》，8 页，成都，四川教育出版社，2005。

自主学习建立在学生积极的学习体验基础上，突出强调的是学生对学习过程的自主掌控。为了了解学生对学习过程的自我调控情况，笔者根据调研对象的特点，设置了“上课时我总能集中精力”是否符合学生自身实际一题，调查结果见图6－2。从图6－2中可以看出，38.2%的学生认为自己上课时的自我调节能力一般，52.0%的学生认为自己调控能力很好，上课时能够集中精力，其中比较符合的占30.5%，非常符合的占21.5%；9.8%的学生认为自己调控能力较差。整体而言，大部分学生上课时都能集中精力，自我调控能力较好。在学生访谈中，学生们都表示上课时能够集中精力听老师讲课，但如果老师一直讲，“满堂灌”的话，还是会“溜号”。

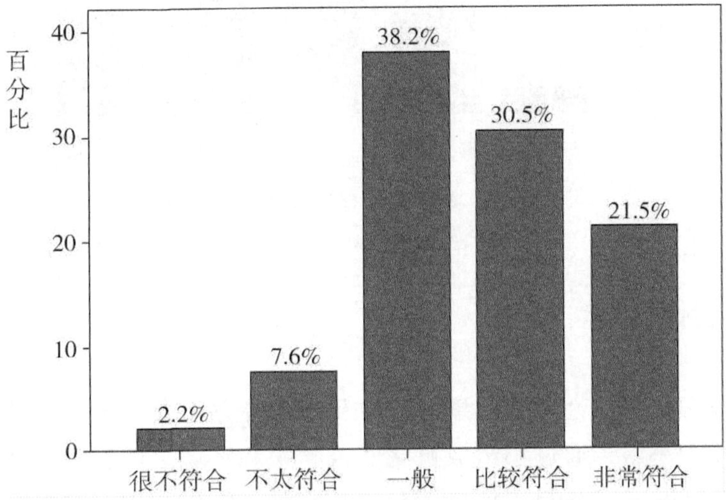

图6－2　学生学习的中的自我调控

自主学习还强调学生在课堂上的积极表现，笔者在调查中，通过“上课时是否经常回答问题”来考查学生的课堂表现，其调查结果见图6－3。从图中可以看出，46.3%的学生认为经常回答问题“一般”自身的实际；24.3%和13.4%的学生认为“比较符合”和“非常符合”自身的实际；13.0%和3.0%的学生认为“不太符合”和“很不符合”自身实际。这一结果表明，学生上课回答问题的积极性不是很高，具有积极表现的学生仅占37.7%。在访谈中大部分学生表示上课经常举手回答问题，但是每天被教师点到回答问题的学生并不多，每节课仅一两名，偶尔会多一些。这说明，学生本身的积极性差是学生上课时自主性不高的重要原因之一。而从课堂教学的互动性来看，也可能有教师引导、激发不到位等复杂因素的影响。

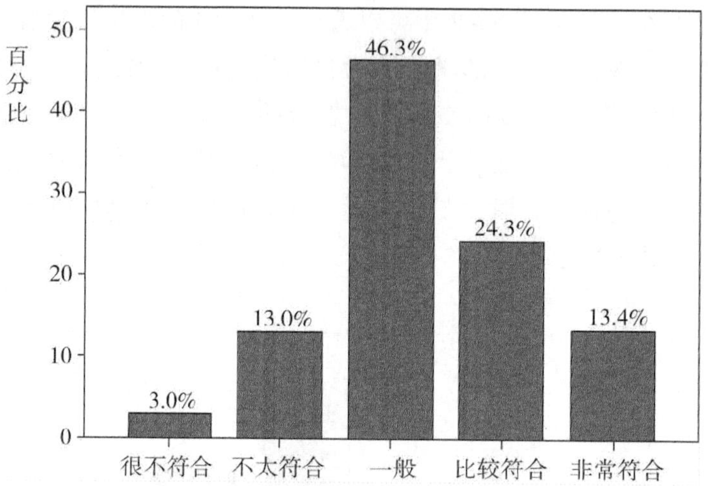

图 6－3　学生上课是否经常回答问题

二、合作学习

合作学习是将在性别、成绩、能力和背景等方面有一定差异性的学生组成若干个学习小组，通过小组成员之间及学生和环境之间、学生和教师之间的互动，达成某一预设目标的学习形式。它强调学生之间的互补和互动。访谈中学生谈到，教师经常会让学生进行小组学习，一天三四次，其中英语、科学讨论的相对比较多。每次讨论都围绕一个话题或者是完成一定的任务。在学生问卷中笔者还设置了"上课时我经常和同学讨论问题"和"讨论时同学总能给我启发"是否符合学生实际的问题，其结果见图 6－4 和图 6－5。

图 6－4 反映的是学生课堂问题讨论的基本情况，从中可以看出，45. 6% 的学生认为"上课我经常和同学讨论问题""一般"其实际情况；40. 5% 的学生认为符合其实际，其中 26. 6% 的学生认为"比较符合"，13. 9% 的学生认为"非常符合"；还有 13. 8% 的学生认为不符合其实际，其中"不太符合"的占 10. 2%，"很不符合"的占 3. 6%。整体而言，经常相互讨论的学生不到一半，说明学生课堂讨论的积极性不是很高。

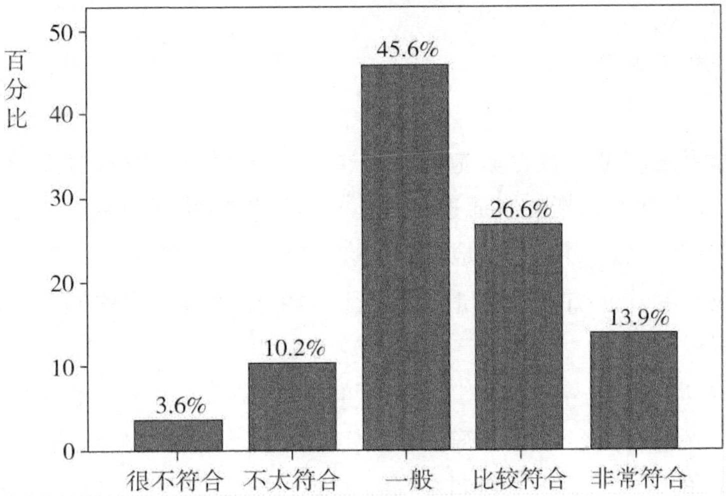

图 6－4　学生课堂问题讨论情况

图 6－5 反映的是学生课堂讨论效果的调查结果，即学生对课堂之间相互讨论是否具有启发性的认识。47.0% 的学生认为相互间的讨论总是能够启发自己；14.8% 生认为相互间的讨论不能够启发自己；还有 38.1% 的学生持中立态度。总体而言，学生对课堂讨论效果的认可程度不是很高。

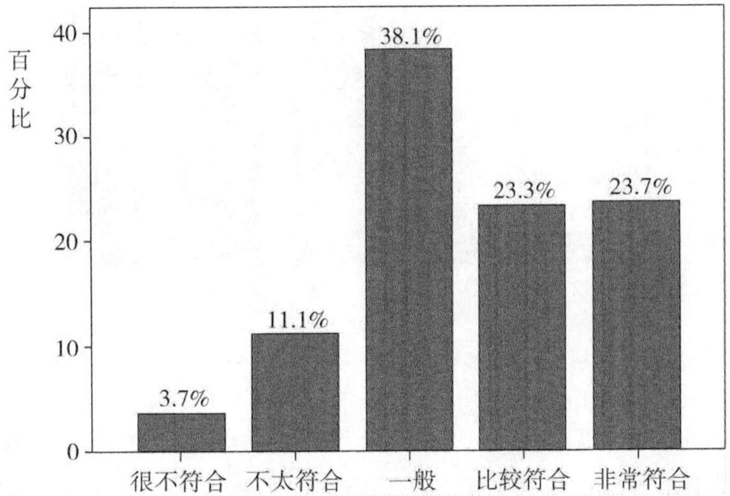

图 6－5　学生课堂讨论的效果

三、探究学习

探究学习是由美国教育家施瓦布首次正式使用的，他将探究学习的含义界定为："探究学习是指儿童通过自主地参与知识的获得过程，掌握研究自然所必须的探究能力；同时，形成认识自然的基础—科学概念；进而培养探索世界的积极态度。"① 探究学习追求的是让学生在获得知识的同时，形成探究的能力和积极的态度。

图 6-6 反映的是学生自主探究态度的调查结果。对于"有时候我自己会学习一些感兴趣的内容"是否符合学生实际，60.5% 的学生认为符合其实际，其中 33.9% 的学生认为"非常符合"，26.6% 的学生认为"比较符合"；8.1% 的学生认为不符合其实际；31.4% 的学生认为"一般"。从调查结果中可以看出，学生具有较高的自主探究的积极性。

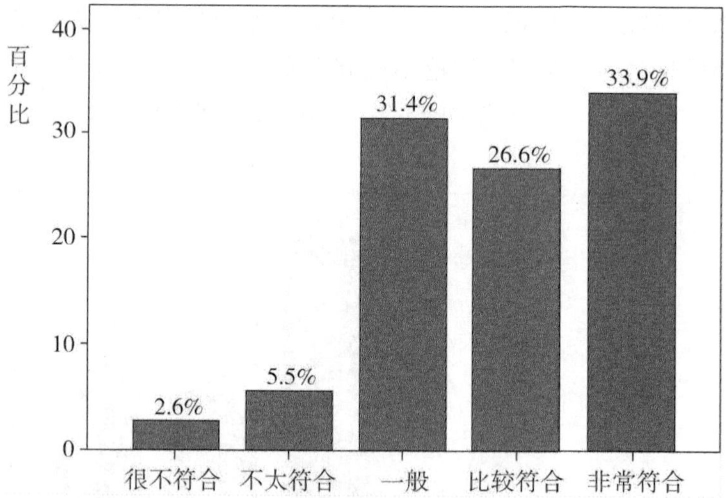

图 6-6　学生探索性学习的积极性

笔者在个案学校调查期间，曾深入其课堂去了解学校教学的真实情景。其中对通辽市蒙古族学校的一节初二英语课记忆犹新。

① 钟启泉：《现代课程论》，363 页，北京，教育科学出版社，1988。

教学片段：

课程名称：Keep Healthy

师：我们先把单词过一下，感冒怎么说？	生：have a cold
师：发烧呢？	生：have a fever
师：咳嗽呢？	生：have a cough
师：流感呢，是 have a flew 还是 have the flew？	生：have the flew
师：下一个。	生：have a sore eye
师：下一个。	生：have a toothache
师：后背疼呢？	生：have a backache

师：牙是 tooth，牙疼是 toothache，后背是 back，后背疼是 backache。下一个是胃疼，老师就不会拼“胃疼”这个单词，同学们帮老师拼一下。

生：s－t－o－m－a－c－h－a－c－h－e

师：It is so long，真是麻烦，我这回拼对了吗？这个单词真的很难，同学们要好好记一下。胃疼就是 have a stomachache。

师：好了，我们现在看黑板上的这些词，老师写得是不是太乱了，咱们应该简化一下，看看谁能简化得让大家一目了然？A 同学好像要举手，please。

A：前面写 have a，后面的用括号括起来。

have a ＋ { cold / fever / cough / sore eye / toothache / backache / stomachache }

师：Very clever，还能简化吗？我们看看这三个词，toothache、backache、stomachache。

生：都是 ache 结尾。

师：tooth、back、stomach 都是什么？

生：身体的部位。

师：觉得这句子还可以怎么改？再怎么简化一下？想啊想，B 同学你说说都是身体部位加 ache，应该怎么改？

B：把后面的都去掉。

师：身体哪儿疼就可以简写为：have a + 身体某部位名词 + ache

……

从这一教学片段中，可以看出教师不仅仅是个知识的传递者，她更是学生学习的组织者、参与者、引导者。第一，在教师的引导下，学生的课堂参与积极性较高，师生互动频繁，学生比较活跃。第二，教师设置拼写错误情境，让学生帮助修改，一方面创设了一种师生平等的心理氛围，另一方面强化了学生对单词的理解。第三，教师通过不断的追问和提示，和学生一起构建了知识的架构。这一知识架构是学生在教师的引导下自己概括的，因此，学生成为了研究者和发现者。学生不仅获得了知识，还提高了分类、总结、概括的能力，这正是探索性教学所追求的变革。

综合上述分析，对民族学校学生学习变革的调查可以得出以下结论：第一，绝大多数学生在学校生活和学习中获得了积极的学习体验；第二，大部分学生上课时都能集中精力，自我调控能力较好，但如果老师一直讲，"满堂灌"的话，还是会"溜号"；第三，学生上课回答问题的积极性不是很高，且每天被教师点到回答问题的学生并不多；第四，经常相互讨论的学生不到一半，说明学生课堂讨论的积极性不是很高，并且学生对课堂讨论效果的认可程度不是很高；第五，学生具有较高的自主探究的积极性，部分教师在教学中也渗透了探究部分的内容。

第二节　学生学习的效果

促进学生学习方式变革的主要目的是提高学生的学习效果，以提高整个民族教育的质量。民族学校教学方式和学习方式的变革，是否提高了学生的学习效果是探讨学生新课程改革适切性的重要内容。

图 6－7 反映的是教师对"新课程改革促进了学生的发展"在多大程度上符合教育实际的调查结果，从中可以看出，50.7% 的教师认为"一般"实际；42.5% 的教师认为符合实际，其中 32.9% 的教师认为"比较符合"实际，9.6% 的教师认为"非常符合"实际；6.9% 的教师认为不符合实际，其中 1.4% 的教师认为"不太符合"实际，5.5% 的教师认为"很不符合"实际。调查结果表明，教师普遍认识到新课程改革促进了学生发展，仅有 6.9% 的教师持否定态度，但促进学生的发展程度不高，仅有不到一半的教师给予肯定。

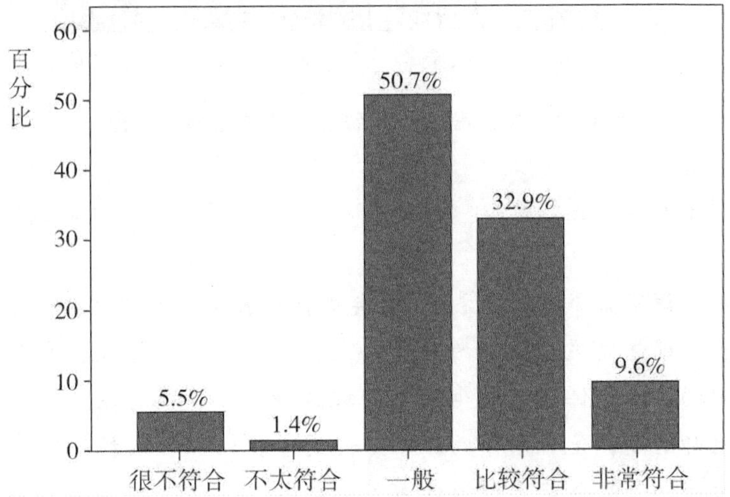

图 6－7　新课程改革是否促进了学生的发展

图 6－8 反映的是教师对"新课程改革提升了民族教育的质量"在多大程度上符合教育实际的调查结果，从中可以看出，57.5% 的教师认为"一般符合"实际；23.2% 的教师认为符合实际，其中 16.4% 的教师认为"比较符合"实际，6.8% 教师认为"非常符合"实际；19.1% 的教师认为不符合实际，其中 16.4% 的教师认为"不太符合"实际，2.7% 的教师认为"很不符合"实际。调查结果表明，教师对新课程改革提升了民族教育质量的认可度同样较低，低于对新课程改革促进学生发展的认可度，仅有不到三分之一的教师给予肯定。

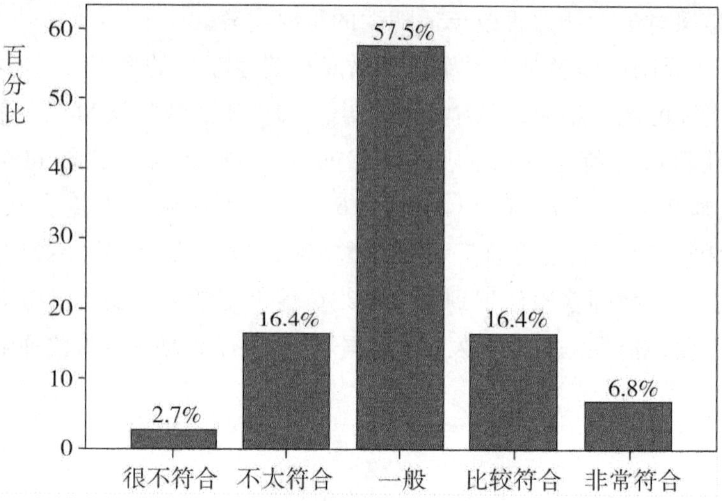

图 6－8　新课程改革是否提高了民族教育的质量

在访谈中教师们提到：

库伦旗实验小学教导主任："实施有效教学以来学生有变化，学生就变成课堂的主人。有的孩子，尤其是学习好的学生，真正成为了学习的主人。但是学困生他本身就是胆子小，他也在听，但是不是听老师的了，是听同学的。学习好的学生的学习成绩一定是有很大的提高的，有效教学适合学习好的学生，不适合学困生，因为有效教学主要是自主学习，学困生根本不爱学习，没有学习兴趣，就是学习好的学生拿到那个单子才会认真完成。"

库伦旗实验小学蒙古语文老师："（实施有效教学）学生自学能力提高了，但是成绩没有明显的变化。"

库伦旗实验小学汉语文老师："有效教学的目标与学校实际教学有一定的距离，有效教学说实话不太适合小学生，小学生的自主学习能力差一点，不如中学生、高中生，所以有一定的差距。小学的老师要紧跟着，督促、检查，要不然学生自主不了。优秀学生真的适合有效教学，学困生一点也不适合，如果像对待好学生一样对待学困生的话，学困生更变成学困生了，他就更不学习了，他想，这就好了，老师也不讲了，我就该玩的玩，同学们讲的爱听不听了，所以还得跟踪。小学的话就高段适合，低段不适合。真正做到了有效教学学生的成绩绝对有提高，这个我有亲身体会。我上学期毕业的那个班我教一个，是同届里头最不好的班，但是他们班的优秀学生伴随着有效教学的实施，渐渐不用老师督促，学会自己学习了，掌握了自主学习的方法，小组讨论也很热烈，不是表面的讨论，是真正的能讨论出来，能自己提出问题和解决问题了。这只能针对优秀的学生，韩立福教授的有效教学当中，倡导让优秀学生帮助学困生，但是我们学校这样做起来特别困难，学困生根本带不起来。”

库伦旗实验小学教导主任：“有时候课程上确实有意想不到的收获，让你值得高兴。老师想不到的问题，学生提出来了，确实有这样的惊喜。这样就可以让他们讨论，学生自己也会沾沾自喜。以前是老师们能备多少课，就只能给学生们讲多少课，现在是有些意外的问题，确实是让老师触动一下，证实你的备课还不够充分，‘这个问题我怎么就没想呢’，有些答案也是会给你惊喜的。有时候由于种种原因，学生发挥不好也让你失望；学校整体方面，有些老师不支持你的改革，让你失望。”

总体而言，教师对新课程改革的效果的认可度不是很高，虽然否定新课程改革效果的教师比例很低，但是肯定的教师的比例并不是最高的，一半以上的教师对新课程改革的效果持中立态度。调查结果说明，大部分教师对新课程改革的效果持肯定态度，但新课程改革提高民族教育质量的程度不高。

第七章　民族基础教育新课程改革适切性分析

本章对民族学校基础教育课程改革适切性的分析，主要内容是对田野调查结果——民族学校新课程改革实施现状结论的分析，包括结论是什么；谁赞成新课程改革，谁不赞成；哪些方面取得了突破，哪些方面还有待改进等的分析。在此基础上剖析为什么会得出这样的结论，其中存在什么样的问题；为什么会存在这样的问题；存在这样的问题说明了什么；也就是对民族学校基础教育课程改革进行价值分析，这里所说的价值是指“人们倾向的事物或原则，个体、团体或社会的价值观，是不依具体情况而转移的对事物的期望和评价的标准”[①]。

第一节　民族基础教育新课程改革适切性表现

本书对民族基础教育新课程改革适切性的探讨，采用的是通过政策目标群体的行为表现来反映政策执行效果的“效果论”或“结果论”范式。本书所采取的课程政策分析方式具体表现为：民族学校基础教育课程改革中实际现状如何，哪些是合理的，哪些是不合理的；课程改革的预期目标在多大程度上得到了实现，取得了哪些成就，存在哪些问题；民族学校实施新课程改革的影响因素有哪些；等等。在此基础上，本书对民族学校基础教育课程改革进行了价值探讨。概括而言，本书是用自下而上的分析模式来反映自上而下的政策模式存在的问题。

---

① 江渝：《政策分析方法：视角·路径·工具》，24页，成都，四川大学出版社，2011。

《纲要》中所提出的课程改革六大具体目标包括课程功能、课程结构、课程内容、课程实施、课程评价以及课程管理。但它们在课程改革中的实践程度是不同的。由于新课程改革实践的不均衡性，以及笔者对新课程改革认识的有限性，本书无法全面分析课程六大目标的具体变化。因此，本书采取问卷调查和深度访谈方法，从新课程改革实践中不同主体的视角来阐释新课程改革对民族学校师生和学校带来的影响，以反映民族学校对新课程改革的适切之处。

一、“以人为本”的课程目标价值取向逐渐被认可

新课程改革“以人为本”的课程目标价值取向的确立，是我国教育政策伦理价值取向的重要转向。教育政策的伦理价值取向一方面体现了政府决策主体对现实教育问题的主观认识与价值选择，同时，还客观地反映了一定历史时期社会各个群体之间的利益结构和关系。[①] 教育政策的伦理价值取向是随着社会历史环境的变迁而变化的。改革开放以来，我国的教育政策的伦理价值观由“社会同善优先”向“社会同善优先兼顾个人权利”转变，且个人权利取向的价值在不断增加。所谓的“社会同善优先”是指社会共同利益优先，判断与选择政策行为正当与否的标准在于社会整体利益的最大化，即最大多数人的最大利益。[②] 所谓的“个人权利优先”，强调的是以个体的存在为目的，每个个体都是平等的存在者，教育价值与资源的分配不应该以外部的教育效益为衡量标准，而应该保证每个个体都平等地享受教育权利。[③] 改革开放以来，我国教育政策过分强调“社会同善优先”而忽视个人的权利，因此出现了很多问题。随着社会开放程度的增加，政治、经济、文化制度的改革以及个体思维方式的转变，人的自我意识也在逐渐增强。因此，新课程改革的目标，把“人”作为教育的根本，体现“以人为本”的思想价值观念，把学生素质的全面发展和能力的全面提高看做是教育中最为重要和最为根本的追求以及课程领域中各项工作的出发点和归宿。

新课程改革对人的发展的重视，不仅体现在学生发展上，更是强调通过

① 参见刘世清：《教育政策伦理》，174 页，上海，上海教育出版社，2010。
② 参见刘世清：《教育政策伦理》，157 页，上海，上海教育出版社，2010。
③ 参见刘世清：《教育政策伦理》，169 页，上海，上海教育出版社，2010。

每个教师的成长来促进学生的发展。随着新课程改革的深入，教师的专业发展意识被唤醒，越来越多的教师将教学反思作为工作中的重要内容，与此同时，教师的行动研究兴起，且成果不断涌现，这些都是教师个体自我意识增强的表现，都是在“以人为本”的课程目标价值取向引导下呈现的繁荣之象。

二、开始走向探索的教学实践

新课程改革在教学方面提倡互动性、交往性、引导性和研究性，教师从“忠诚取向的执行者”向“创生取向的研究者”转变。作为“忠诚取向的执行者”，教师要严格按照预先设定好的教学计划和教学方案进行教学，这一取向强调课程设计的优先性与重要性，强调事前规划的课程方案具有示范作用，强调教师对课程内容的“原貌”传递。而作为“创生取向的研究者”，教师要在课堂情境中与学生积极互动，共同合作来帮助学生“创生”新的经验。课程知识不是由专家、学者总结出来再由教师机械地传递给学生。专家设计的课程仅仅是一种暂时性的假设，教师要在课堂教学中加以实验，与学生交互作用，与同事讨论对话，经由这种过程建构的结果才是知识。

教师从“忠诚取向的执行者”向“创生取向的研究者”转变，在课堂教学中表现为从斥责到鼓励；从灌输到让学生独立思考；从学生静坐到学生在课堂上动手操作；从学生静听到学生间的相互讨论的转变。这种转变并不意味斥责的、灌输的、静坐的、静听的教学方式的消失，而是说鼓励的、独立思考的、动手操作的、合作讨论的等新的教学方式在课堂中不断涌现。

在调查中笔者也了解到，“教师一边讲课一边组织学生讨论”已经被教师和学生认可为最基本、最常见的课堂教学模式，也就是说教师在课堂上展开了互动性和交往性的探索。在课堂上教师对学生良好表现的称赞不绝于口，这说明教师对学生和教学都有了新的认识，并在新的认识的指引下，尝试着按照新课程改革的要求探索新的教学方式。如库伦旗实验小学在教学方面的改革包括：一是建立以年级组为单位的教学研究小组，共同备课，共同探索教学方法，并鼓励教师探索新课程要求的、高效的、具有个人特色的教学方法；二是把对教材的研究和拓展作为教学常规；三是建立教学研究和反思的常规，如背完课要做反思、教完课要反思、听完课要做反思、每周写一次读书笔记、每月写一篇教学论文；四是开展小组教学；五是以“怎样备课效率高和怎样提高学生的兴趣”为主题开展具有针对性、实践性的课题研究。

三、自主、合作、探索学习方式的初步体验

从“授—听—练”的学习方式转变为自主、合作、探究的学习方式，回归积极主动的学习探究过程。在应试教育的价值影响下，学校教育逐渐形成了机械接受式的、练习式的、背诵式的、套路式的、重复式的学习方式，这压抑了儿童的好奇和探索的天性，使学习变得枯燥乏味而令人厌倦；对知识、技能的推崇使学生的品德、修养、生存能力、自立能力、交往能力等被拒于课堂之外。在传统教育的弊端日益暴露的情形之下，素质教育的改革应运而生，而新课程改革正是学校实施素质教育的核心环节。新课程改革倡导自主的、合作的、探究的学习方式，这种新的学习方式以互助与合作为基础，通过师生合作、生生合作讨论、交流、操作、探索、研究等形式，使学生在知识、技能、情感、态度、价值观等方面获得发展。

在调研中笔者了解到，小组合作学习是民族学校新课程改革的重要探索之一，各个学校都比较重视小组教学的实施。如库伦旗实验小学通过组织学习小组，培养学生相互学习的兴趣、方法、职责，学生间互相帮助、互相监督，“好的”带“困难的”，每个人都学、讲、画、写、算。在学习小组中，学生之间的监督和教师的监督结合，教师要按时了解小组的互相学习的情况，为下次的学习奠定基础，要提高学生的与人互相学习、积极学习、互相帮助的能力。尽管有时候合作学习容易流于表面，但是各校已经认识到这种学习方式的重要性，并开展了积极的探索。学生也在学习形式的变化中，初步体验了自主的、合作的、探究的学习方式。

四、开始走进学生生活的课程内容

教育与生活的背离是教育在“唯科学主义”支配下对绝对理性和功利价值盲目追求而带来的困惑，它往往使学校教育陷入“学而无以致用”的尴尬境地。随着社会的发展和人的自我意识的觉醒，“回归生活世界”已经成为不同领域的学者共同追求的研究趋向，课程领域也是如此。新课程改革对课程内容的变革要求既包括根据时代的发展更新课程内容体系，又包括增强课程

内容时代性、生活化、适应性的规范，还包括在课程内容选择标准中增加学生兴趣和经验维度。“回归生活世界”的课程内容，“并不是让课程脱离学术轨道，而是让课程与学生生活和现实社会更有效地融合起来，给已有充分发展的学术课程增添时代的源泉和生活的活力。课程生活化意味着课程要直接面向社会，与生活融为一体，既使学生生活和现实社会实际之间保持密切联系，又使实践和生活成为学生个人发展的活的源头”①。

对于民族学校的学生而言，生活的世界是在主流文化与少数民族文化两种文化的交融下铺展开来的。加强课程内容与学生生活、社会实际之间的联系，意味着课程内容不仅要反映主流文化的价值观念、生活方式，还要反映少数民族的历史传统、文化精华、价值信念和生活态度。对民族学校而言，课程内容对生活的回归，更多地体现在蒙古族文化传统和生活习俗的增加上。调研中很多教师对新版的蒙古语文教材给予了肯定，认为新教材摒弃了很多过时的、枯燥的和重复的内容，增加了反映蒙古族文化、习俗的内容，且这些新增的内容很多都是蒙古族的原创而不是翻译，非常新颖。在此基础上，新版蒙古语文教材还增加了介绍科学方面的、科技方面的、现代文明方面的内容，体现了课程对民族学生生活和社会发展的关注。

五、均衡化、综合化课程结构的初步形成

课程结构反映着人们对知识的取舍，渗透着对人的发展的假设和课程的价值观。单一的、比重失衡的课程结构，包含对人的片面发展的假设，认为课程应该给予学生科学的知识和技能，因此学科课程占据了课程体系的绝大部分；综合的、均衡的课程结构，包含对人的全面发展的假设，认为课程不仅应该包含科学的知识和技能，更要重视学生的素质的全面提高，使学生在体、智、德、美等方面全面发展。从单一的、比重失衡的课程结构到综合的、均衡的课程结构，体现了对人的本质的认识的转变。

具体到民族学校，新课程改革所带来的课程结构最重大的变革，体现在对音、体、美教育的重视上。在应试教育的“指挥棒”下，由于升学考试不涉及音、体、美学科，这些学科的课时往往被挤占，由于学校不重视，有的

① 钟启泉：《课程论》，143 页，北京，教育科学出版社，2007。

学科甚至没有专任教师。随着素质教育的实施和新课程改革的深入，音、体、美学科越来越受到重视。学校不仅重视这些学科的开设，要求保障其课时，而且更重视其课程内容的完善和教学方法的优化。对于蒙古族学校而言，对音、体、美课程的重视，还意味着更多形式的蒙古族文化开始走进民族校园。如库伦旗是“安代舞之乡”，因此库伦旗实验小学在体育课和课间操中融入安代舞，不仅使安代舞这种别具民族特点和地方特色的舞蹈形式在民族校园广泛推行，更增加了蒙古族学生的民族自豪感。

开设校本课程是新课程改革课程结构变革的重要部分。虽然目前民族学校校本课程开发还存在诸多问题，如理论基础薄弱，课程资源开发的内容、手段、途径单一，课程资源开发能力匮乏等，但是不可否认的是，校本课程已经走进民族学校，每个学校都使用着具有蒙古族特色的校本教材，都或多或少地开设着校本课程。而学校所开设的这些校本课程，使蒙古族学生对蒙古族的历史、习俗有了初步的了解，从无到有，这就是历史的进步。

民族学校新课程改革取得的成果不仅包括上述几个方面，还包括教师教育观念的转变、学校课程管理自主范围的扩大、民族文化内容的增加、课程评价多元化等，尤其课程目标价值取向、教学、学习、课程内容、课程结构等方面的成就是最为突出的。本书对这些成就的表述，如“‘以人为本’的课程目标价值取向逐渐被认可”“开始走向探索的教学实践”“自主、合作、探索学习方式的初步体验”“开始走进学生生活的课程内容”“均衡化、综合化课程结构的初步形成”，采用的是动态的过程取向，“逐渐被认可”“开始走向”“初步体验”“开始走进”“初步形成”等词汇，表达了这些成就仅处于课程变革的起步阶段，说明的是“从无到有”的突破。概括而言，“改革已经起步，但有待进一步深入”。

第二节　民族基础教育新课程改革非适切性表现及其原因分析

从对民族学校新课程改革成就的分析中可以看出，虽然新课程改革任重而道远，但是我们已经意识到课程改革的重要性，也已经迈出了通向课程改革目标的第一步。然而，民族基础教育的课程改革还在“改与不知道怎么改”

之间和“做与不知道怎么做”之间摇摆。

本书的现状调查部分是对民族基础教育新课程改革的客观现实进行的描述性阐释，是帮助读者了解其真实面貌的过程，是对民族基础教育新课程改革进行问题分析和理论探讨的必要前提和基础性工作。本书对民族基础教育新课程改革存在问题的分析就是以现状调查部分的结论为基础和参照的。

一、民族教师对新课程改革的认知问题

新课程改革不是对课程内容进行技术层面的简单调整，而是对其进行全方位的范式转换。相应地，这需要教师调整文化观念、改变思维方式。[①] 而教师观念的转变是在教师对新课程改革认可的前提下实现的。从本书对教师的新课程改革态度调查中发现，除了极少数的教师反对或不认同新课程改革以外，支持新课程改革的教师和对新课程改革持中立态度的教师人数相差不多，也就是说，有相当一部分教师对新课程改革热情不足，是以比较被动的姿态参与新课程改革的。

在教师对新课程改革的认识和理解方面，教师对新课程改革的内容了解程度较低，仅有不到三分之一的教师表示熟悉或非常熟悉；教师对新课程改革理念的认识程度要低于对新课程改革内容的认识程度，仅有不到四分之一的教师了解新课程改革理念；大多数教师对于新课程改革的内容和理念，只限于听说过或培训时讲过，但并没有深入了解过，处于一般认识状态；相比而言，教师对自身能力能否适应新课程改革要求的认可程度略高，三分之一以上的教师认为能够很好地适应，但总体而言，这种适应只是“一般”水平的适应。

从第五章的调查结果中可以看出，无论是教师对新课程改革的支持和认同，还是教师对新课程改革内容和理念的了解程度、对自身知识结构和能力水平对新课程改革的适应性，选择“一般”选项的教师占最多数，说明教师对新课程改革的态度、认知和实践都持“中立”。为什么民族教师对新课程改革没有表现出应有的热情，原因何在呢？

---

① 参见蔡宝来、晋银峰：《我国基础教育改革的现实境遇与未来抉择》，载《上海师范大学学报》（哲学社会科学版），2010（1）。

第一，对于民族教师而言，新课程改革是在“外源性”动力推动下进行的，而不是基于教师认识到课程实践中存在的问题而寻求解决之道的“内源性”改革过程。从心理学角度讲，“外源性”动机指人为获得物质或社会报酬或避免惩罚而完成某种行为，行为的目的是为了行为的结果，而不是行为本身。“内源性”动机则指人进行某种行为本身，是因为行为本身可以带来成就感，或者个体认为这种行为是有价值的。可见，新课程改革价值取向与民族教师主体需要的契合程度，是影响民族教师对新课程改革态度的决定因素。从学者对新课程改革的批判和笔者的亲身调研可以看到，无论是在新课程改革政策的制定阶段还是实施推行阶段，作为政策目标群体的广大民族教师的切实需要和切身利益都没有被完全纳入政策主体的考虑范围。新课程改革仅是一味要求教师要提高认识、要转变观念、要转化行为，却没有考虑到民族教师的实际需求。从而造成了民族教师对新课程改革热情不足的问题。

第二，民族教师对新课程改革内容和理念的了解程度不高，主要有两个方面的原因。首先，从认识途径来讲，新课程改革教师培训是民族教师认识和了解新课程改革的基本途径，而民族学校的新课程改革教师培训存在数量不足、质量不高等问题，因此民族教师对新课程改革的了解是初步的、片面的。其次，对于民族教师而言，许多新课程改革的理论和理念晦涩难懂，一方面由于这些理论和理念是翻译而来的，在翻译中可能存在表达不清的问题，另一方面将翻译过来的理论和理念再转化成少数民族语言，可能会出现因为没有对应的民语词汇而使其变得更加难以理解。民族教师在非常有限的时间里学习由翻译转换而来的理论和理念，其不理想效果可想而知。

第三，新课程改革目标的实现，需要有一支专业知识扎实、专业技能娴熟、专业能力全面、专业道德高尚的高素质教师队伍，而民族学校的教师素质现状却不尽如人意。虽然民族教师的学历合格率已经达到了国家的要求，但是很多教师的学历都不是初始学历，而是通过自学考试、成人教育等方式获得的。“成人教育存在教学随意、质量难以保证，学历合格，但能力没有提高的情况。专业知识不扎实，尤其缺乏系统的教育学、心理学知识，使得很多少数民族地区农村中小学教师连传统的教育教学方法都还没有学会，适应新课程对于他们来说，更是一项观念、方法、知识诸方面的挑战”①。

二、民族基础教育新课程改革教师培训问题

教师培训一直被看做是提升教师专业素质的重要途径和课程改革实践的关键性战略。从现状调查结果中可以看出，虽然广大民族教师已普遍接受了新课程改革的培训，但是培训的次数相对较少，没有形成长效的培训机制；培训的级别低，主要以市级培训为主，自治区级培训名额有限，国家级培训对旗县的辐射性低；大部分教师对新课程改革培训的效果持肯定态度，认为培训对教育教学有一定的帮助，但这种帮助主要体现在教师的观点的转化上，而培训的针对性、时效性、操作性实际并不高。由于民族学校教师对自身专业发展期待较高，因此期待能够拥有更多外出学习的机会，期待接受具有地区、民族、学科针对性的培训；期待增强课程培训的文化底蕴等。

总之，民族教师的新课程改革培训存在培训次数少、培训级别低、培训效果差等问题。在新课程改革政策的引领下，新课程改革教师培训自课程改革实施以来便轰轰烈烈地在全国铺展开来，教育部组织的国家级培训、地方政府组织的省市（自治区）级培训、高等院校组织的专家培训等不绝于耳，但是这些培训的辐射范围往往有限。对于基层民族学校而言，民族教师参加培训次数是非常少的。就笔者所调研的两所学校而言，市级直属学校的教师偶尔有机会参加国家培训，但名额非常有限，参加自治区级培训相对较多，主要是通辽市里的培训和校本培训；旗县学校教师自课程改革以来根本没有教师参加过国家培训，自治区级培训偶尔有教师参加，就连通辽市级的培训参加的也很有限，主要依靠的是校本教研和校本培训。

造成民族学校新课程改革教师培训次数少、级别低的原因包括：其一，新课程改革没有形成长效的培训机制；其二，教育投入不足和教育经费有限，而后者为主要原因。我国教育政策执行一向有重视政策宣传的成功经验，这一方面能够使相关群体如教育政策执行者、教师、学生等在短时间内了解教育政策的内容，另一方面，也反映了我国教育政策执行“虎头蛇尾”的问题，

① 杨建忠：《少数民族地区农村基础教育课程改革中的问题与对策》，载《民族教育研究》，2007（3）。

即教育政策的执行往往有好的宣传和好的开始，但不重视过程的监控和结果的评估。新时代的新课程改革，虽然已经意识到过程的监控和结果评估的重要性，但是未取得良好的成果。就教师培训而言，大部分民族教师都是在课程改革初期接受培训的次数较多，近些年培训数量明显减少。这说明新课程改革教师培训重视前期的宣传和初步普及，而忽视课程改革过程中的指导与调控。新课程改革的教师培训没有形成系统的长效机制。

教育投入不足和培训经费有限是造成教师培训次数少、级别低的根本原因。“新课程师资培训经费基本有三个渠道：一是政府专项列支，二是继续教育经费支出，三是出版社赞助”①。民族地区经济发展相对落后，地方政府投入新课程改革培训的专项经费非常有限，而通过后两种渠道筹集资金的偶然性又很大，因此难以保证有足够的资金支持培训工作。由于少数民族地区农村地域广阔、学校分散，组织教师培训的成本也相应较高，使得本来经济困难的地方更加难以开展培训工作。

就民族教师接受的有限的培训而言，还存在缺乏针对性、操作性不强、培训形式化等多种问题。由于新课程改革的培训以课程理论和理念为主要内容，授课人员多为课程专家、大学教师或地方教育机构的教研员，培训形式往往以讲授为主，这样的培训难以融入实际教学的情境中，也难以让教师引起共鸣。新课程改革初期的培训与宣传，以新课程改革的理论、理念为主，其主要目的是引发教师的改革意识，并力图把这些意识内化为教师的改革动力。但在改革意识被启发之后，教师需要的是操作性、技术性的知识，而课程专家传授的是抽象的理论，这种“供与需”的不对称、不平衡造成了新课程改革教师培训的低效和形式化等问题。

三、民族基础教育新课程改革课程设置与教材改革问题

（一）课程设置问题

课程设置以课程目标和各类课程固有的价值为依据，反映的是各种课程

① 杨建忠：《少数民族地区农村基础教育课程改革中的问题与对策》，载《民族教育研究》，2007（3）。

类型以及具体科目在课程结构中的重要性和比重。新课程改革在课程设置方面，力图改变学科课程比重过大的问题，通过学科整合，增加综合实践活动、地方课程和校本课程，以增强课程设置的综合性、均衡性和选择性。

但在民族学校真实的教育情境中，新课程改革所倡导的理念并没有在课程设置中得以很好体现。尽管新课程改革在一定程度上影响了民族学校课程门类及各科授课时数，例如增设了以蒙古族习俗为主要内容的校本课程和综合实践活动、增加了体育课课时数等，但课程设置的变革并没有达到《内蒙古自治区义务教育课程计划》的要求。民族学校虽然增加了校本课程，也组织教师编写了校本教材，但是课程开设的时数也没有达到内蒙古自治区义务教育学校课程设置要求。《内蒙古自治区义务教育课程计划》要求小学一至二年级每周开设2 节校本课程，每学期上课33 周，共应开设66 节；三至九年级每周开设1 节校本课程，学期总课时数应为 33 节。但笔者在田野调查中通过学生访谈了解到，校本课程只在小学低年级段开设，每个年级均为 1 周 1 节，五至六年级并不开设校本课程。教师也向研究者反映校本课程每学期也就十几节，远没有达到《内蒙古自治区义务教育课程计划》的要求。

此外，笔者在调研中还发现，随着年级的增高，蒙古语文课的课时数在递减，从一年级的 8 节减少到七年级的 5 节；汉语文课和外语课的课时数则在递增。本书的两所个案学校均先于《内蒙古自治区义务教育课程计划》的要求，提前 1 年在小学二年级开设了汉语课。受学习内容的难度和学生兴趣的影响，就三种语言的总体教学效果来说，学生的汉语文学得好；低年级学生的蒙古语文分数高，越到高年级蒙古语学得越深奥，蒙古语的成绩就不如汉语成绩；英语成绩和蒙古语、汉语成绩差不多，由于英语是新学的学科，所以学生愿意学，兴趣高。

造成上述问题的原因可以归结于应试教育制度、功利主义的价值取向。个案民族学校不按照要求设置校本课程和地方课程，并且提前开设汉语文课，从现象层面而言，是受到了应试教育制度的影响。虽然新课程改革是转变应试教育模式的关键性环节，但是迄今为止，考试和评价制度的改革仍未得到实质性的贯彻，中考和高考仍是民族学校的“指挥棒”，正如通辽市蒙古族学校教导主任所言，“升学的杠杆还没有变，现在还是升学，还是拿笔拿纸考出来的”。究其根源，学校教育还是受教育功利主义价值取向影响的，所追求的仍然是教育效率和利益。家长希望孩子通过学校教育获得更好的发展机会和更大的经济效益，为了迎合家长的需要，学校把升学作为最重要的评价指标，追求以最小的教育资源投入换取学生最高的升学分数。正是在这种价值追求下，学校一切工作、活动都向分数看齐，都为考试“让路”，而校本课程由于未纳入考试评价体系，便不得不给考试“让路”，汉语文作为考试中的重要科目，则要越早开设越好。

（二）民族基础教育教材改革问题

民族语言授课的学校，由于授课语言和社会文化背景的差异性，需要根据本民族历史传统、社会文化、语言和文字特点及少数民族学生身心发展规律来编写各科教材。在新课程改革的背景下，民族文字教材改革取得了一定的成就，但也存在着很多问题。

现状调查结果显示，虽然大部分教师对新教材持肯定态度，但是教师对新教材内容难易程度的恰当性认可程度并不是很高，教师和学生对新教材与学生生活联系的认可程度也都不高。这说明新教材在难易程度和与学生生活联系性方面还有待改进。

内蒙古教育科学研究所蒙古语文教研室的研究员认为，教材内容的变革应该基于继承传统的基础上，要适当地发展原来的教材，而更新的内容应该受到多数人或者绝大多数人的维护和欣赏。多某些不确定的目的而随意提出来的理论不但不能促进发展，反而会致使原来的秩序发生紊乱，新编辑出版的（蒙古语文）就存在这种现象。其具体表现有以下几方面：第一，否定一直以来的蒙古语文教学，肯定新编蒙古语文书，表现在批判过去的蒙古语文语法教学过于分散、不系统，而认为新版蒙古语文教材从理论角度进行了概括。第二，新版的蒙古语文教材不是从小学开始逐步实施的，而是不同年级同步推进，这使学生没有掌握系统的、完整的母语和语法知识。第三，新编蒙古语文教材的很多内容跟学生过去学的内容有矛盾，所以学生在学习过程中容易陷入迷茫。第四，课程内容难，学习负担重，有些课程不适合在某些年段安排，尤其是对一些低年级的学生来说，有些课是很难理解的。第五，目前的蒙古语文教材，只重视知识的传授，而忽略了培养学生的创造性思维。第六，新版蒙古语文教材缺乏配套的教辅材料，尤其缺乏参考书。

可见，配合民族学校新课程改革出版的教材，在实际教学应用中存在许多问题。这些问题归根到底是由于民族学校教材编写未能转变价值取向，即没有实现从“工具理性”的价值观向“以人为本”的价值观的转变。

教材的编写要综合参照三个逻辑体系：一是社会发展的规律和特点；二是学生身心发展的特点；三是学科自身的发展特点。对不同逻辑体系的侧重反映了不同的教育价值观。教材内容对社会问题的侧重，往往考虑的是让学生接触和了解社会，掌握解决社会问题的技能；教材内容对学生发展的侧重，往往考虑的是增加学生感兴趣和需要的内容，并加强教材内容与学生生活的联系；教材内容对学科知识逻辑的侧重，往往考虑的是教材内容要尽量系统和完备，最大限度地反映学科发展成果。

侧重于学科逻辑体系一直是我国教材编写的传统，这反映了“工具理性”的价值取向，“这种工具主义往往是从一种物质实体化和社会本位化的观点出发，把人只作为工具来培养”①。新课程改革应当改变教材编写的物质实体化和社会本位化的传统，把对学生发展的关照作为教材编写的首要参考依据，体现一种“人本主义”的价值取向，以学生的兴趣、需要和能力为出发点，关注学生生活世界。

四、民族基础教育教学与学习变革的问题

（一）教学改革问题

应该说，在新课程改革的影响下，教师在观念层面上已经认识到教师不再是拥有知识的权威者，而是学生学习的引导者、促进者。民族教师们也在课堂上努力实践着从“授课者”向“引导者、促进者”转变。我们在调查中也发现，大部分民族学校的教师对自己在引导学生参与课堂教学的能力和效果持肯定的态度。但改革终究不是一蹴而就的，需要教师不断地摸索。而对于民族学校的教学实际而言，新课程改革实践还处于摸索阶段，还存在着一些问题。

在个案学校调研中，一节初二的汉语文课让笔者感慨良多。其教学流程和教学内容如下：

---

① 刘春燕：《当代教育中的工具理性主义》，载《江西教育科研》，2004（8）。

《把我的心脏带回祖国》

课前背景介绍：介绍课文的主人公肖邦，他是波兰伟大的作曲家、钢琴家，用时1分钟；

第一遍读课文：自由读课文，标出生字，边读边认，用时5分钟；

第二遍读课文：学生朗读，用时4分钟；

第三遍读课文：学生朗读，寻找和生字组词的词语，用时4分钟；

学习生字：字形、字音，教育引导学生组词，用时9分钟；

第四遍读课文：学生分组朗读，找不理解的词语，教师和学生一起学习、解释生词，用时9分钟；

做课后练习：包括组词、造句，教师引导学生提出问题，用时5分钟；

第五遍读课文：带着疑问读课文，用时4分钟。

这是一篇讲述波兰音乐家肖邦爱国精神的课文。从知识授受的角度而言，这是一节很好的课，教师通过让学生反复读课文，与学生共同寻找、理解生字、词等过程，使学生对本书的知识重点有了清晰而深刻的印象。但从学生发展的完整性和整体性而言，这节课又欠缺了一些内容，如教师课前的背景介绍过于简单，缺少对肖邦生平及其主要作品的介绍，缺少对时代背景的介绍，如19世纪欧洲的整体状况、当时波兰的状况等。而恰恰正是这些内容才能引起学生学习兴趣和情感共鸣。显然，这是一节以完成认识性任务为中心的课程，课堂教学关注知识目标的达成，重视技能训练，却忽视了对学生情感的培养，忽略了对学生态度的培养和价值观的塑造。

在调研中，笔者还了解到，两所个案学校在新课程改革前后都完成了一些科研课题，如通辽市蒙古族学校在1995年开始实施“优化三语教学整体改革实验研究”课题的研究工作，并于1999年顺利通过鉴定。2002年该校又承担了全国教育科学“九五”规划国家教委重点课题“大面积提高中学外语教学质量的实验研究”的子课题“探索适合少数民族地区外语教学法”的实验研究，于2004年3月通过课题组验收，顺利结题。库伦旗实验小学也在2010年9月开始开展了国家级课题“用适当的问题去启发学生，培养学生的创造力”（蒙汉语）的研究工作。但是教师问卷反馈的信息中却反映出教学反思并没有被大多数教师在教学过程中接受、认可及实践；大部分教师的研究意识仍比较淡薄等问题。总体而言，教学的研究性在民族学校的教学实践中尚未形成。

概括而言，民族学校在教学中还存在以下问题：第一，个案学校最主要的教学方式以教师教授为主、学生参与讨论为辅，学生参与课堂讨论仍比较被动，参与的程度也不是很高。第二，个案学校的教师并没有彻底改变同步式“一刀切”的传统教学方式，教学的个性化程度低。第三，教学反思虽然被大部分教师认可和接受，但实践程度较低。第四，教师在开发课程资源方面的积极性不是很高，仅有三分之一的教师认为在课程资源开发方面做得比较好或者很好。第五，教学反思虽已被大部分教师接受，但实践程度不高，教师没有形成通过反思去发现和解决问题的研究意识。

抛去表象而言，造成民族学校教学改革存在上述问题的根本原因在于传统教育观影响下教师的被动性。新课程改革要求教师超越现有的教学方式，在不断的变革与更新中逐步成长。这就意味着教师需要主动打破原有的教学方式，这势必使教师面临观念和能力方面的挑战。而“正如教师的教育经历不会主动地转化为教师的教育经验一样，教师也只有在课程改革中主动解决问题，通过批判性的反思与审视，在与众多的对话者的对话与交流中，才能够将自身的教育经历从具体生动的教育实践活动中和丰富的教育表象中梳理出来，生成教育经验；在经验的反复拷问与申辩中练就智慧，真正成为推动课程改革的中坚力量”①。

另一方面，教师的价值观念、主体需求是否能够纳入课程政策范围也是影响教师积极性的重要因素。前面提到过，新课程改革追求的是教师由“忠诚取向的执行者”向“创生取向的研究者”转变，而“忠诚取向的执行者”与“创生取向的研究者”的根本区别在于教师的价值观念是否能在课程政策中得以体现，也就是说，教师是否有权利和机会参与课程政策执行过程中的价值分配。教师参与课程政策执行中的价值分配，教师这一团体的主体需要能够体现在教育政策的执行过程中，就会增强教师的主体意识和积极性，并影响教学和学生的发展。反之，很难改变教师在教学中的被动状态。

---

① 路书红：《基础教育课程改革阻力的文化思考》，载《教育发展研究》，2007（5）。

（二）民族基础教育学生的学习变革问题

新课程改革提倡使学生的学习走向自主、合作与探究。自主学习、合作学习和探究学习契合了“以人为本”的素质教育的核心价值观，反映了学习是学生构建意义的过程的学习观。

自主学习以学生作为学习的主体，重视学生在学习中自醒、自励、自控的自我调节，通过学生的独立分析、探索、实践、质疑、创造等方法来实现特定的学习目标。合作学习是提高学生课堂参与程度的重要途径，它能帮助师生在课堂中建立一种平等的心理气氛，能够培养学生正确的竞争和合作意识，能够促进学生智力因素与非智力因素的全面发展，能够增强学生的社会适应能力、社会交往能力以及学生团体的凝聚力。探究学习能够培养学生的创新意识、提高学生的创新能力以及学生的综合素质。

学生学习方式的转变是新课程改革追求的直接目标。笔者在调研中发现，个案民族学校并没有形成自主的、合作的、探究的学习氛围，主要存在的问题有：第一，在自主调控方面，大部分学生上课时都能集中精力，自我调控能力较好，但如果老师一直讲，“满堂灌”的话，学生们的学习精力就容易分散；第二，学生上课回答问题的积极性不是很高，且教师提问学生的次数并不多；第三，学生课堂讨论的积极性不是很高，经常相互讨论的学生不到一半，并且学生对课堂讨论效果的认可程度不是很高；第四，学生具有较高的自主探究的积极性，但是真正意义上的探究学习并没有落实到教学中，只有很少一部分教师在教学中渗透了部分的探究内容。

从教学中的实际来看，学生学习方式没有转变的原因在于教师的教学方式没有改变。虽然诸如组织学生小组讨论、组织学生动手操作等多种教学方式已经走进民族学校的课堂，但所占比例甚微，授受型教学模式还没有得以根本转变。在很多教师看来，自主的、合作的、探究的学习方式根本不适合本校的学生，因为学生没有这些能力，如果教师将学习的自主权下放，会使学习表现差的学生变得越来越差。

更进一步讲，新课程改革的理想与学校的教育实际之间存在价值观上的冲突。关于什么对学生最为重要这个问题，课程改革的理想和现实的追求给予了不同的答案。新课程改革的目标中反映出对人的全面发展的重视，强调教育不仅要重视学生知识增长和技能的提高，还要重视学生的能力建设，重视学生情感、态度和正确价值观的培养。而在真实的教育情境中，却透露着对人的片面发展的追求，即追求的是在短时间内让学生获得尽可能多的知识和技能，并以此作为衡量学生发展的最重要的标尺。这种价值冲突也使教师不敢贸然在违背主流教育价值的前提下大胆革新。

五、民族基础教育新课程改革与民族文化传承问题

民族文化传承对于民族学校而言，具有两个方面的重要意义：其一，对本民族文化传承和创新是民族学校的历史使命；其二，对于民族学校而言，新课程改革对学生生活的关注和对现实社会生活的回归，也将课程改革的生长点聚焦在民族文化上。

文化意味着一种生活的样式。一种特定的文化一旦生成，就会成为生活于其中的个体自觉不自觉地普遍遵循、赖以安身立命的依托，不得不在特定文化所包含的习俗、观念、信仰、规则等调节下活动。[①] 因此，不同的民族文化造就了不同的民族性格。

在民族学校的教学中，存在着课程文化不平衡的现象，表现在：第一，学校在实施新课程改革时并没有完全考虑少数民族学习、生活和文化背景；第二，教师认为在课程改革中没有很好地传承了蒙古族的文化；第三，民族学校重视物化的文化的传承，如安代舞、蒙古语文书法、蒙古族象棋等，忽视民族文化观念、意识和价值观的培养；第四，大部分学生认为学校不经常举行民族特色活动；第五，学生对蒙古族传统和习俗的了解并不是很多，而且学校教育，即书本知识和教师的讲授是学生了解这些内容的主要渠道。

很多学者用“断裂”来形容民族学校文化传承的问题，因为少数民族学生主要是通过学校教育来了解本民族的文化和传统的，而学校教育改革在“普适知识”的影响下，有轻视地方性知识的倾向，忽视学生的生活和文化背景，没有将民族文化很好地渗透到教育中，这就造成了学生的“文化断裂”。而进入民族学校的民族文化，大多是物化的文化，民族的文化承载形式不仅是物化的书籍、服饰、食品、建筑、习俗等，还包括被少数民族个体内化的观念、意识和价值观，民族教育作为传递知识、传承文化的重要媒介，要在

① 参见路书红：《基础教育课程改革阻力的文化思考》，载《教育发展研究》，2007（5）。

教学中体现民族信念、价值观，这才是民族文化传承的重要内容。

造成学生的“文化断裂”的根本原因在于课程改革中的文化失衡。对于民族学校课程文化失衡的研究，仅从静态的学校课程文化现状出发是不够的，文化是在动态的交流、冲突、融合中不断的变迁的，因此要考查动态的文化发展过程对课程的影响。笔者认为，“文化交流的失衡”“文化冲突中的妥协”“文化融合中的‘自我迷失’”“文化变迁中的‘碎片化’”是造成民族学校课程文化失衡的原因所在。

“文化交流的失衡”是指民族学校的课程文化，应以本民族文化为中心，吸收主流文化和外来文化合理的内容。而现实中往往相反，民族学校的课程文化，是以主流文化为中心，吸收外来文化和少数民族文化的合理内容。如民族学校课程内容主要取决于主流文化的经验，而忽略了少数民族、少数民族文化的经验和历史，对少数民族的学生没有给予充分的关照，没有全面反映我国少数民族的历史贡献。民族地区中小学长期以来使用全国统一的课程计划、教学大纲和教材，并以全国统编教材为范本来编写民族学校教材，在物质文化与精神文化上都与少数民族的传统文化相背离，轻视了民族教育与少数民族文化的关系。在课程设置上，遵循国家统一的课程结构，严重脱离民族地区经济建设和社会发展需要，不利于少数民族学生素质的提高等。

在笔者所调研的学校中，均在小学一年级开设蒙古语，二年级开设了汉语，三年级增设了英语，并且这些学校先于《内蒙古自治区义务教育课程计划》对汉语文开设的要求，提前1年开设了汉语。

语言是文化的载体，是文化交流的工具。在课程设置上，蒙古族小学提前1年开设汉语文，体现的是以汉语为载体的主流文化的重视。但是在小学低年级同时开设3门语言课程，势必会影响母语学习的效果。在对教师的访谈中教师们反映：“总体来说学生汉语文学得好。低年级的蒙古语分数高，越到高年级蒙古语学得越深奥了，有些课程不适合他们，这样一来，蒙古语的成绩就不如汉语的了，汉语的成绩就高了。”

这说明民族学校的课程文化以主流文化为主，文化交流中的失衡使民族文化的发展在课程文化中没有受到应有的关注。

“文化冲突中的妥协”是指在主流文化与外来文化的冲击下，少数民族文化在民族学校传承的载体在锐减。究其原因，是少数民族文化在面对异质的文化的冲突时的妥协所致。这种妥协不是消极的不作为，而是积极地向汉族地区或者是国外学习，将主流文化与外来文化带入课程之中，将本民族文化主要保存在少数民族特色的课程之中。我们只是忙着向“先进”学习，而忘记了应该从自身文化中寻找课程改革的出路。

在前文对新课程改革的理论基础的文献梳理中可以看到，有的学者认为新课程改革的理论基础是“脱离传统和现实的推倒革命”，有的学者认为不是“推倒式的革命”，“是改革、不是革命；是扬弃，是继承和发展，而不是割裂和推倒重建”。

这一争论的焦点反映出新课程改革的理论更多的是来源于对国外教育理论的借鉴，对于我国课程改革的实践继承不足。在外来文化与本土文化的碰撞中，对于外来文化借鉴过多，对于本土文化吸收过少。这是文化“妥协”的表现——向“先进”学习。在夹裹着外来文化的主流文化与少数民族文化的碰撞中，内蒙古民族学校的新课程改革，对于少数民族学生学习、生活和文化背景关注不够；对蒙古族传统文化的传承不足；教师在工作中对民族传统的渗透不到位。这也是文化“妥协”的表现——忽视从本民族文化中衍生新的课程。

“文化融合中的‘自我迷失’”是指在课程文化的融合中，表现出明显的“主流文化中心”倾向，民族文化没有受到足够的重视。如在课程观念上，课程改革所倡导的以学生为本的观念、素质教育的观念等并不是根植于蒙古族的现实生活环境的，而是移植西方观念的结果。在课程目标上，所有的民族学校都没有制定符合本校情况的课程目标，而是以国家颁布的课程目标为准。蒙古族的文化为民族学校课程发展提供丰富的资源，但是在民族学校设置的课程中，反映蒙古族文化的内容并不多见。在课程实施中，课程实施模式的变革，是在国家课程变革的推动下进行的，没有根据本地或本校的实际情况加以灵活应用。在课程评价的标准上，少数民族文化因素很少被考虑在内，与主流文化的课程评价标准一致。

“文化变迁中的‘碎片化’”是指传统的蒙古族文化在主流文化与外来文化的冲击下，失去了赖以生存的母体，变成碎片。已有的文化体系被打碎，新的文化体系还没有建设起来，这即是“碎片化”。文化在发展变化的过程中总会失去一部分，保留一部分，并补充进一部分。但是在民族学校的课程文化中，蒙古族文化失去的越来越多，保留的越来越少，补充的总要大于失去的。就课程内容而言，以往人们总是从蒙古族语言发展以及民族传统的角度来构建民族学校课程的内容，但是，现在人们更多地是把大量的汉文教材翻译过来，把以主流文化为底蕴的课程引进来。在课程内容的现代化、科学化过程中，蒙古族文化没有得到适当的发展和创新。人们以替代的方式而不是以创新的方式来重构民族学校的课程文化，以主流文化、外来文化来替代传统蒙古族文化，而不是对传统的蒙古族文化加以现代化的改造。将原有的课程文化体系打破，但却没有重新构建一个新的体系，使现有的课程文化体系"碎片化"。①

如在前文所列的访谈中，教师提到新教材"增加了反映蒙古族文化的内容"，但"思想教育的、介绍科学方法的、科技方面的、现代文集课访美刘翻译过来的"。

从访谈中我们不仅了解到教师对于新教材的肯定，也可以了解到在民族语言教材的编写中，民族语言原创内容不多，而且以培养学生道德感的内容为主。思想教育的、介绍科学方法的、科技方面的、现代文明方面的课文都是翻译过来的。无可厚非，爱祖国、爱自然、爱民族的内容是民族语言课程的主要目标，除此之外，民族传统服饰、民间艺术、民族传统工艺等反映少数民族社会发展历程的文化内容也应更多地融入课程之中。从少数民族学生的生活出发，在课程中为学生展示少数民族生活的全景。

少数民族文化在课程体系中的传承，从社会发展角度来看，文化的繁荣是社会主义现代化的重要内容。民族文化的传承和发展是文化繁荣的前提和保障，也是社会主义精神文明建设的重要目标。文化的多元、共生、和谐、发展的前提是不同文化自身的传承、创新与传播，而文化的传承、创新与传播都离不开教育，特别是学校教育这一基本途径。从个体发展角度来看，民族文化的传承与创新能够促进少数民族成员的社会化。维果斯基提出，个体的社会化是在一定的社会文化背景下进行的。少数民族成员的社会化，不仅要内化普适文化的价值体系，而且要习得本民族的价值观的和行为准则。以学校教育促进民族文化的传承，能够有目的、有计划、有系统地促进少数民族成员的社会化的进程，为少数民族学生的社会化奠定良好的基础。因此，要从民族文化的传承与创新的角度建构新课程的文化体系。

---

① 参见杨志娟：《改革开放以来内蒙古地区幼儿园课程改革的文化研究》，呼和浩特，内蒙古师范大学硕士学位论文，2010。

除了上述问题外，教师们普遍认为“缺乏教育资源”是制约新课程改革深入开展的主要因素，也是教师面临的最大困惑。家长的教育观念和教育方式也是影响课程改革深入开展的阻力。

总体而言，民族学校新课程改革的实施面临着政策本身的、制度的、观念的、资源的等多方面的阻力，且大部分教师认为新课程改革在民族学校的推行，在促进少数民族学生发展和提高民族教育质量方面并没有取得预期的效果。

第八章　走出民族基础教育新课程改革的困境

作为研究的最后部分，通常有提出建议的传统。然而研究者的教育研究经验和理论视野始终是有差异又有局限的，提出的建议也总是侧重于某一方面，并且我们不确定这些政策性建议在多大程度上被参考或采纳，因此本书以“启示”替代建议部分。叶澜教授提出：“教育改革是一个文化改造、社会改造和国民性改造的整体工程。”[①] 而课程的文化改造意味着新课程文化的知识和思想的普及，通过新的课程思想和思维方式的不断碰撞，来唤醒课程主体（包括课程研究者、课程政策的制定者和执行者、教师、学生、家长）对学生生命体验的关注，改变传统课程对人片面发展的追求。

第一节　利益和价值观的冲突
——新课程改革多重问题的根源

一、课程政策中的利益冲突与价值冲突

（一）新课程改革中的利益冲突

课程政策中涉及不同的利益群体，从利益的相关性来讲，主要包括三大群体，即政府、学校和教师、家长和学生。每一利益群体在课程改革中的利

① 叶澜等：《基础教育改革与中国教育学理论的重建研究》，4 页，北京，经济科学出版社，2009。

益诉求是不同的。

政府作为国家利益的代言人，寄希望于通过课程改革实现素质教育的目标，以提升教育民主、促进社会公平、增进社会文明、提高国家生产力和科技实力。“因此政府一直以来扮演着公共教育投资人和受益人的双重角色”[①]。对于学校管理者和教师而言，公立学校是其职业生存和职业生涯发展的场所。在学校能够维持垄断性的教育服务提供者地位的状态下，学校管理者和教师的职业生涯处于最为稳定和安全的状态。任何对既有状态的改革都会对这种状态造成直接的威胁。[②] 家长和学生期望通过课程改革来提升个人和家庭的存续和发展能力。

在各自利益的驱使下，不同的利益群体对课程改革的态度和行为也是不同的。政府作为课程政策的制定者、课程改革的倡导者，往往给予课程改革最大的支持，新课程改革的实施就是从中央到地方，从教育行政部门到学校的推行过程，“自上而下”是我国课程改革的主要模式；由于课程改革要求学校管理者承担更多的工作，做出更多的决定，要求教师要不断地学习、不断地探索，这就打破了学校管理者和教师最为安全而稳定的状态，因此，学校管理者和教师往往对课程改革持否定和迟疑的态度，表现为表面化和形式化地执行课程改革政策，以及教学研究中的敷衍了事。问卷调查中反映出，无论是教师对新课程改革的支持和认同，还是教师对新课程改革内容的了解程度，或是对自身知识结构和能力水平对新课程改革的适应性，选择“一般”选项的教师都占最多数。说明教师对新课程改革的态度、认知和实践大多都持“中立”态度，缺乏参与新课程改革的积极性和热情。新课程改革倡导的是“以学生为本”的素质教育观，这有利于学生的全面发展，因此会得到家长和学生的支持。但是在时间上，素质教育与应试教育相比，投入和产出的周期比较长，在效果上，学生能力和素质的全面提升也不像应试教育的分数提升的那么显著，家长又会顾虑课程改革可能会造成孩子学习成绩的下降，因此往往又对课程改革表示反对。家长和学生对于新课程改革的态度是支持和反对兼有的。

---

① 田凌晖：《公共教育改革——利益与博弈》，165 页，上海，复旦大学出版社，2011。

② 参见田凌晖：《公共教育改革——利益与博弈》，166 页，上海，复旦大学出版社，2011。

（二）新课程改革中的价值冲突

在课程政策的本质部分我们也探讨过，课程本身是价值负载的，是价值有涉的。课程政策的价值反映的是课程政策主体的需要与课程政策客体的属性在课程实践基础上统一起来的一种课程效用关系。不同时期的课程政策，涉及不同的价值追求，体现了不同的价值取向。

从新课程改革的理论基础、政策内容中可以看出，新课程改革中渗透着“以学生为本”的人本主义的价值取向。但是在现实的学校教育中，仍充斥着对工具主义、功利主义价值的追求。表现在对学生分数、对考试升学的狂热追求不减，对知识、技能目标的侧重不减，对学生兴趣需要的忽视等。新课程改革倡导的价值取向与课程实践中的价值取向的冲突，是造成课程改革难以取得显著性成果的重要影响因素。

新课程改革中的价值冲突是课程政策、学生全面发展、课程制度之间关系不协调所致。新课程改革政策将促进学生全面的发展作为其基本宗旨，是观念层面进步的表现，但是在课程制度层面，决定课程成败的考试和评价制度的滞后，观念和制度的错位，使得进步的观念很难得以实施。课程政策、学生全面发展与课程制度之间内在的价值取向应该是一致的，才能促进课程改革目标的实现。

二、民族学校课程改革中的利益与价值冲突的表现

（一）宏观层面的冲突

不同的利益群体有不同的利益需求，与普通教育相比，少数民族教育具有其特殊的需求。就整体而言，民族教育具有社会历史背景和语言文化的特殊性，与主体民族的教育相比是较为落后的，因此需要具有针对性、文化关照性、倾斜性的课程改革政策。课程目标的设置要反映少数民族学生发展的双重任务，即既要继承本民族的文化传统和价值观念，同时要具有适应主流社会发展的能力。课程内容的选择要反映本民族社会生产和生活场景、反映本民族传统和习俗，要渗透本民族的价值观念。课程实施要以民族语和汉语为媒介，遵循双语教育的规律。课程评价要参考民族地区的实际和少数民族

学生的文化背景和身心发展特点。这既是民族教育发展的应然追求，也是民族教育发展的现实需要。

而现已推行的民族教育政策虽然仍以资源和经费向民族教育倾斜为首要内容，但这些资源和经费是有限的，无法满足整个民族教育体系的完善和发展的需求。除此之外，现已推行的民族教育政策关注的重点是民族教育事业的发展，如民族学校的“两基”达标水平、民族师资队伍建设、民族地区寄宿制学校管理等，较为重视民族教师事业规模的扩展，而对于具体的民族教育的课程的改革关注不够，忽视了民族学校在课程目标、课程内容、课程实施、课程评价方面的特殊性。这固然与民族教育发展落后的现实有关，但民族教育的发展应该是“质和量”的统一，否则将进一步加剧民族教育的落后局面。

（二）中观层面的冲突

我国的教育管理，具有几千年的中央集权的传统，新课程改革力图打破这一传统，建立国家、地方、学校三级管理的课程模式。传统是悠久的，改革是新起而短暂的，这影响了人们对课程管理放权的理解与行为。

在三级课程管理的模式下，课程政策赋予地方、学校一定程度的课程管理权，如省级教育行政部门可以单独制定本省（自治区、直辖市）范围内使用的课程计划和课程标准，编写和选用适合本地区实际的教材。学校应视当地社会经济发展的具体情况，结合本校的传统和优势、学生的兴趣和需要，开发或选用适合本校的课程。这是新课程改革增强课程的地方适应性的重要体现，对于具有特殊性的民族教育意义重大，赋予民族文化走进校园的政策保障。但是在实际执行中，地方政府往往照搬国家的课程计划和课程标准，而面对突如其来的课程选择权、管理权、教材的编制权，往往认识不清自己在新政策下的责任和义务，更不知道如何去执行，表现为教师培训的随意性、对民族文化课程资源开发的重视不够等，陷入实践的困惑。

民族学校在开发适合本校的课程的过程中，往往通过增设校本课程来贯彻“国家、地方、学校”三级课程管理制度。由于教师自身课程开发的能力有限，加之民族文化资源的不足，校本课程的内容大都从民族通史或民族简史中挑选适合小学生或中学生的内容汇集而成，对民族地区文化传统、社会生活关注不足。

在课程改革政策的贯彻过程中，不同的利益群体从自身的需求出发，表现出不同的行为选择：中央政府以完善新课程改革的配套政策、加强新课程改革的宣传与教育为主；地方政府以贯彻中央政府的课程政策为主要任务，对于本地区的社会生活、文化背景参考不够；学校在被动的状态下，探索新课程改革的实践路径，对于学生的生活与需求关注不到位。

（三）微观层面的冲突

新课程改革对学生全面发展的提倡和课程内容对学生生活和社会生活的回归等，涵括民族教育关注本民族学生的发展特点和本地区生产生活实际的内容。也就是说，期望通过新课程改革实现民族教育对民族文化和民族生活的回归。

关于什么对少数民族学生最重要，是传承和发展本民族文化传统还是提高适应主流社会的能力等问题，站在不同的立场，会有不同的观点和行为。在认识层面上，无论是民族学校管理人员还是教师都意识到传承和发展本民族文化传统的重要性，认为这是民族学校的根本所在。但在行为层面，却更重视学生知识的积累和应试能力的提高，忽视地方课程和校本课程的开发，挤占校本课程的课时。思想和行为上存在着明显的差异。

通过升学考试的成功来提升学生的发展能力和发展空间也是少数民族家长期望并追求的目标，也是功利主义社会价值取向在民族教育领域的表现，这与新课程改革所倡导的人本主义的价值观相背离，家长的教育价值观也影响民族学校新课程改革目标的实现。

课程政策中的利益与价值的冲突，是整个社会转型时期社会观念和行为变革在课程领域的表现，但这种冲突不是阻碍民族教育发展的障碍，而是促进课程制度变迁和课程发展的动力。

第二节　走出困境的路径：制度创新与文化自觉

民族学校新课程改革中的各种问题和挑战，是在“双重冲突”下产生的。而“双重冲突”是指整个教育领域中课程理想和理念与现实教育实际之间的价值冲突，和民族教育内部民族文化与主流文化“主次”的矛盾冲突。

任何改革都是思想与行为的统一，要消解民族学校课程改革的双重冲突，也要从这两个方面入手，我们认为，制度的创新是行为的路径，文化的自觉是思想的路径。

一、社会转型呼唤课程制度的创新

当代中国社会转型，就是当代中国在社会组织方式与运作方式上的重大转型，是人与社会关系形态的一次重建，社会发展进入“复杂”状态。在这一形态中，个体与群体、社会共生共荣，在不同层面相互滋养、相互需要、相互促进。社会转型呼唤健康的、富有活力的生命个体的出现，关注个体的生命质量，为生命个体的形成提供可能。这为学校教育提供了丰富的发展空间，向学校教育提出了不容回避的研究课题：学校教育，你该如何面对当代中国社会的转型？①

面对这一研究课题，新课程改革应运而生。新课程改革是贯彻素质教育的核心环节，是将素质教育的理念付诸教学实际的实践环节。在课程改革蓬勃发展中涌现的新事物、新问题、新现象，使原有制度的解释力和包容力相对不足，这需要在原有制度的基础上进行改革创新。

然而，在对新课程改革政策的分析中，我们看到了课程理想与教育实际中的利益和价值冲突，这源于以社会同善的教育伦理为基本取向的中央集权的教育管理体制。社会同善的教育伦理是指通过中央政府对教育的调控与引导，实现整体教育利益的最大化。在这一制度下，教育管理体制强调统一性、严肃性，往往使课程不仅忽略了应有的灵活性和适应性，也造成了学校和教师的被动和依赖心理。这些问题与相关课程制度创新的缺失不无关系，旧的教育制度没有改变，新的课程改革就难以深入。

有学者提出，教育改革之所以较少涉及制度，有两个方面的原因。一是利益方面的原因（制度是既定的利益格局，制度的变革则意味着既定利益格局的打破，从而导致既得利益者的反对或抵抗，使教育改革的阻力增大）。二

---

① 参见叶澜等：《基础教育改革与中国教育学理论的重建研究》，195 页，北京，经济科学出版社，2009。

是教育改革理想化的人性预设（把教育者看做是具有崇高理想和社会良知的道德人），不符合“人是有限理性的”社会现实。[①]

教育制度创新的必然性取决于“对教育者日常行为起决定作用的不是人们所常说的教育理念或教育观念，而是教育理念或教育观念的具体化的教育制度”[②]。

在新课程改革的背景下，民族教育的制度创新该何去何从呢？由于课程的权力过分集中在国家手里，学校没有办学自由，在招聘教师、经费使用及师资培训等方面都受国家的控制，难以进行自身建设和发展。因此叶澜教授提出了基于校本管理的课程管理制度。这种制度“就是以学校法人制度为核心，‘政校分离，产权明晰，社会参与，有效管理’，其目的在于促使学校真正成为自主经营、自我约束、自我负责、自我发展的办学主体，增强学校面向社会和市场，依法自主办学、主动发展的竞争能力，创造新型学校”[③]。并期望教育制度创新的发展趋势为，由以政府办学为主体逐步过渡到以社会办学为主体；由国家控制教育标准逐步过渡到由社会自发调节教育标准；由办学体制多元化向办学体制一体化的转变。这对民族教育制度的创新启示良多，只有民族学校成为真正的自主管理的主体，才能更好地协调主流文化与民族文化在课程改革中的关系，才能立足本地区、本民族的社会生活实际，通过塑造本校的民族特色，来提高学校的竞争能力。

民族学校课程制度的创新，就是要把关注少数民族学生的生命体验、多元文化共生共存等理念具体化为约束和引导教育主体行为的课程制度，形成新课程改革理念和制度的统一。

二、文化转型需要文化自觉

多元文化共处是一个历史的格局，而多元文化和谐互助是一个现实的话题。文化的转型是指各民族文化突破地域和模式的局限，走向文化间的交流、渗透和涵化。文化转型的过程中，文化自觉是各民族的思想先导和行为方向。

① 参见周兴国、江芳：《课程改革与管理制度创新》，6～7页，合肥，安徽教育出版社，2007。

② 参见周兴国、江芳：《课程改革与管理制度创新》，11页，合肥，安徽教育出版社，2007。

③ 参见叶澜等：《基础教育改革与中国教育学理论的重建研究》，145页，北京，经济科学出版社，2009。

“文化自觉”一词是由著名社会学家、民族学家、人类学家费孝通教授提出来的，他将文化自觉的内涵界定为：文化自觉是指生活在一定文化中的人对其文化有“自知之明”，明白它的来历、形成过程、所具有的特色和发展的趋向，不带任何“文化回归”的意思，不是要“复旧”，同时也不主张“全盘西化”或“全盘他化”。自知之明是为了加强对文化转型的自主能力，取得决定适应新环境、新时代时文化选择的自主地位。文化自觉是一个艰巨的过程，首先要认识自己的文化，理解所接触到的多种文化，才有条件在这个正在形成中的多元文化的世界里确立自己的位置，经过自主的适应，和其他文化一起，取长补短，共同建立一个有共同认可的基本秩序和一套与各种文化能和平共处、各抒所长，联手发展的共处守则。①

文化自觉是一个认识的过程，这一认识包括两个方面：一是了解本民族文化的来历、形成过程、特色和发展趋势；二是理解接触到的多种文化。基于这两点认识可能会出现两种倾向：一是立足其他文化，补充本民族文化；二是立足本民族文化，渗透其他文化。前者是“文化异化”或者“文化他化”的表现，后者是文化传承和创新的表现。

文化自觉是一个自主的过程，追求的是文化转型中各民族自主能力加强，并取得决定适应新环境、新时代时文化选择的自主地位。

在民族学校的课程改革中，“无论是文化交流中的失衡，还是文化冲突中的妥协、文化融合中的‘失去自我’、文化变迁中的‘碎片化’，都说明了民族学校课程文化缺乏自觉的态度。文化交流的失衡与文化冲突中的妥协是缺乏文化自信心的表现，文化融合中的‘失去自我’和文化变迁中的‘碎片化’是课程文化发展缺乏理性态度的表现”②。这就造成了在课程文化转型中民族学校课程文化的“异化”或“他化”，课程文化是以包含外来文化的主流文化为主，少数民族文化在课程文化中比例在缩小，且处于一种被动与缓慢的发展状态。而要走出民族学校课程改革的文化困境，就要树立文化自觉意识，提升自身的文化自主能力。

民族学校课程文化要走向自觉，单靠学校自身的力量还是远远不够的，它需要国家、地方、学校的共同努力。

---

① 参见费孝通：《费孝通论文化与文化自觉》，166页，北京，群言出版社，2011。

② 参见杨志娟：《改革开放以来内蒙古地区幼儿园课程改革的文化研究》，呼和浩特，内蒙古师范大学硕士学位论文，2010。

国家应该简政放权，扩大地方和学校的办学自主权。通过课程政策给予宏观上观念的引导和政策的支持，创设一种多元文化氛围；地方政府要结合本地区、本民族的社会生产生活实际，制定具体的、灵活的、具有民族和文化适应性的课程政策、课程计划或课程标准；民族学校要通过校本管理提升学校的办学自主能力和竞争力，通过对本民族的历史传统、风俗习惯、社会生产生活实际的挖掘，开发校本课程，塑造学校的办学特色。在促进少数民族文化传承和创新的同时，增强学生的文化认同意识和社会适应能力。

结　语

一、本书的研究结论

本书对民族学校新课程改革成就的表述，即"'以人为本'的课程目标价值取向逐渐被认可""开始走向探索的教学实践""自主、合作、探索学习方式的初步体验""开始走进学生生活的课程内容""均衡化、综合化课程结构的初步形成"，采用的是动态的过程性的表述方式。其中"逐渐被认可""开始走向""初步体验""开始走进""初步形成"等词汇，表达了这些成就仅处于课程变革的起步阶段，说明的是"从无到有"的阶段性突破。概括而言，"改革已经起步，但有待进一步深入"。

归结纷繁复杂的问题，本书得出的最终结论为，民族学校的新课程改革在促进少数民族学生发展和提高民族教育质量方面并没有取得预期的效果。其原因在于：

从态度角度来讲，对于教师而言，新课程改革是在"外源性"动力的推动下进行的，而不是由于教师认识到课程实践中存在的问题而寻求解决之道的"内源性"改革过程。新课程改革价值取向与民族教师主体需要的契合程度，是影响民族教师对新课程改革态度的决定因素。教师参与积极性差，是因为自身的利益没有得到满足，或者说教师认为在新课程改革的投入不能得到预期的效益，所以积极性差。

从认识角度来讲，新课程改革教师培训是民族教师认识和了解新课程改革的基本途径，而民族学校的新课程改革教师培训存在着数量不足、质量不高等问题，因此民族教师对新课程改革的了解是初步的、片面的；经过"二次移植"的课程改革的理论和理念对于民族教师而言是晦涩难懂的。

从执行角度来讲，课程改革对教师专业发展的目标定位与教师的实际需要之间的“不衔接”。新课程改革教师培训注重理论和理念的宣传，而教师需要的是具有地区、民族、学科针对性的操作性知识。

从制度层面来讲，在优势教育资源有限的前提下，评价标准是影响课程制度的关键性因素。当前，应试教育的评价机制仍未发生实质性的变革，因此，升学考试还是民族学校的“指挥棒”，学校积极执行有利于升学考试的课程政策，一切活动向分数看齐，为考试“让路”，新课程改革中的其他内容学校和教师往往积极性、主动性不高。

从价值观念角度来讲，新课程改革的理想与学校的教育实际之间存在价值观上的冲突，即新课程改革的“以人为本”的价值观与教育实际中的“工具理性”的价值观的冲突。新课程改革的目标中透视着对人的全面发展的重视，强调教育不仅要重视学生的知识增长和技能的提高，还要重视学生的能力建设，重视学生情感、态度和正确价值观的培养。而在真实的教育中，却透露着对人的片面发展的追求，即追求的是在短时间内让学生获得尽可能多的知识和技能，并以此作为衡量学生的重要标尺。

从文化角度来讲，民族学校存在“文化断裂”的现象，其根本原因在于课程改革中的文化失衡，表现为“文化交流的失衡”“文化冲突中的妥协”“文化融合中的‘自我迷失’”“文化变迁中的‘碎片化’”。“文化交流的失衡”是指民族学校的课程文化，应以本民族文化为中心，吸收主流文化和外来文化的适合地区、适合民族特点的内容。而现实中往往相反，民族学校的课程文化，是以主流文化为中心，吸收外来文化和少数民族文化的合理内容。“文化冲突中的妥协”是指在外来文化与主流文化的冲击下，少数民族文化在民族学校传承的载体在锐减，将外来文化与主流文化带入到课程之中，将本民族文化更多地保存在少数民族特色的课程之中。“文化融合中的‘自我迷失’”是指在课程文化的融合中，表现出明显的“主流文化中心”倾向，民族文化没有受到足够的重视。“文化变迁中的‘碎片化’”是指在民族学校的课程文化中，蒙古族文化失去的越来越多，保留的越来越少，补充的总要大于失去的。在课程内容的现代化、科学化过程中，蒙古族文化没有得到适当的发展和创新。人们以替代的方式而不是以创新的方式来重构民族学校的课程文化，以主流文化、外来文化来替代传统蒙古族文化，而不是对传统的蒙古族文化加以现代化的改造。将原有的课程文化体系打破，但却没有重新构建一个新的体系，使现有的课程文化体系“碎片化”。

民族学校新课程改革中的各种问题和挑战，是在整个教育领域中课程理想和理念与现实教育实际之间的价值冲突，和民族教育内部民族文化与主流文化“主次”的矛盾冲突的“双重冲突”下产生的。

任何改革都是思想与行为的统一，要消解民族学校课程改革的双重冲突，也要从这两个方面入手，我们认为，制度的创新是行为的路径，文化的自觉是思想的路径。

二、本书的不足和今后有待研究的问题

本书基于个案研究，探讨民族学校新课程改革的适切性问题，使研究的内容和结论都局限于某一类型的民族学校（本书中主要指向以民族语为主要授课语言的、文字体系健全的、民族教育体系相对完备的民族中小学）。我国幅员辽阔，不同地区的民族学校具有不同的语言生态背景、文化背景，因此本书所得出的结论可能与其他类型的民族学校是不同的。另一方面，由于笔者个人研究经验的限制，可能还存在理论分析不够深入、数字与资料的概括与归纳不足等问题。因此在后续的研究中，笔者将拓宽研究视野，以不同类型的民族学校为个案，来拓展民族学校新课程改革适切性研究的实践范围。同时，笔者还要加强民族学、教育学、人类学、社会学等学科的理论学习，并通过参与相关的研究项目来提升自身的理论修养，丰富自身的研究经验。

民族基础教育新课程改革适切性研究
田野工作手册

一、调查目标

本次调研目标是完成对内蒙古通辽市两个个案点的新课程改革基本情况的调查。调研的预期目标是想获得有关以下问题的信息：

1. 新课程改革在民族学校实施的过程及现状、保障性政策和措施；
2. 新课程改革相关主体（校长、教师、学生、家长、教育行政人员、当地学者）对新课程改革的认识和了解的程度和基本态度；
3. 新课程改革与民族学校双语教育，如新课程改革与双语教师、新课程改革与双语课程设置、新课程改革与双语教学等；
4. 新课程改革以来学生学习态度、学习方式及学业成绩的变化；
5. 民族学校在实施新课程改革中面临的特殊问题及应对措施；
6. 新课程改革与民族学校的特色发展，如学校的定位，办学思路等；
7. 新课程改革对民族文化的传承与发展。

二、调研点简介

（一）通辽市蒙古族学校简介

通辽市蒙古族学校始建于 1984 年，是通辽市教育局直属唯一一所九年一贯制义务教育民族学校。学校现有 60 个教学班，147 名教职员工和 3200 多名学生，是民族教育教学与教育科研为一身的民族基础教育窗口学校。学校现已逐步形成了“蒙汉兼通、三语并进、素质全面、和谐发展”的办学特色。培养的学生在区内外各行业发挥着蒙汉兼通，又懂一门外语的优势。

（二）库伦旗实验小学简介

库伦旗实验小学始建于1902年9月19日，名为兴源寺蒙文学堂。库伦旗实验小学是一所具有百年历史的民族小学。坐落在库伦旗中心街东端，是旗直属学校。现有教职工100名，23个教学班，2个学前班，在校学生887名。

三、民族基础教育新课程改革适切性研究指标体系

维度划分	调研内容	数据来源	评估方法
生态文化背景	地理特点、自然资源与传统的生计方式	教育局	统计资料
	民族结构、民族关系、民族文化传统	教育局、校领导	资料、访谈
学校概况	学校历史、周边环境、基本设施、校风校训、校园文化	学校	资料、观察
新课程改革实践历程与现状	新课程改革的实践历程（前期的宣传与组织、实施的方案、全面开展的时间、阶段的划分、标志性事件、保障性政策和措施）	教育局、校领导、教师	资料、访谈
	新课程改革实施的本土化方案，尤其是针对当地情况的创新	教育局、校领导	资料、访谈
对新课程改革的认识和态度	对新课程改革目标的认知和再解释	教育局、校领导、教师	访谈
	新课程改革政策的操作性概念转化	校领导、教师	访谈
	相关主体对新课程改革的认同（重要性的理解、对成绩和问题的看法）	教育官员、校领导、教师、学生、家长	问卷、访谈
新课程改革与双语教育	新课程改革与双语教师（对民族教师的特殊要求；教师培训——数量、质量、内容、形式、效率、评价；教师评价方式）	教师	问卷、访谈
	新课程改革中双语课程设置的变化及影响	校领导、教师	访谈、资料
	新课程改革与双语教学（教学目标、教学内容、方式方法、评价方式等的变化）	教师	访谈、课堂观察

续表

维度划分	调研内容	数据来源	评估方法
新课程改革与学生	学生的学习态度	教师、学生	课堂观察、访谈、问卷
	学生的学习方式	校领导、教师	问卷、访谈、课堂观察
	学生的学业成绩	校领导、教师、学生	访谈、课堂观察
实施新课程改革面临的问题与对策	学校层面（教学资源、教师数量质量、家长的认识态度、政策和经费保障）	校领导、教师	问卷、访谈
	教师层面（能力素质、知识结构、态度认识、对教材的理解与把握、学生学习兴趣的调动与保持、生活经济问题）	教师	问卷、访谈、课堂观察
	学生层面（学习兴趣、课程内容的吸引力、学习方式、升学压力、就业前景）	学生	问卷、访谈、课堂观察
新课程改革与民族学校的特色发展	学校的特色定位、办学思路的内容、表现及教师和学生的认同程度	校领导	资料、访谈
	学校特色发展的保障和问题（政策支持、环境支持、主要问题）	校领导	访谈
新课程改革对民族文化的传承发展	民族文化的外在表现（校园环境、教学内容、师生互动）	学校	资料、观察、访谈
	民族文化的潜在影响（对教师和学生态度和价值取向的影响）	教师、学生	观察、访谈、问卷
	影响新课程改革的文化因素	校领导、教师	访谈、问卷
总体评价	取得的成绩（教师素质、学生学习、学校管理、特色化发展）	校领导、教师、学生	访谈、问卷、观察
	存在的问题（民族教育资源缺乏、教师能力素质有待提高、学校管理的民主）及原因分析	校领导、教师	访谈
	新课程改革在促进学生、教师、学校、民族教育发展方面的作用	校领导、教师、学生	访谈、问卷

四、调研工具

（一）校园观察

1. 学校所处的地理位置、周边环境（学区、商业区、居民区、其他）

2. 基本设施（建议画出学校地图）

（1）校舍的新旧程度、数量。

（2）设施设备：运动设施、多媒体教室（拥有资源的数量、利用的程度等）。

3. 校园文化

（1）校训、校风。

（2）墙式、标语的、教室环境布置（体现多元文化还是一元文化）。

（3）日常作息与课程安排（作息时间表、课程表）。

（二）课堂观察表

课堂观察表

科目：________　　　　时间：________

教师基本情况		教师授课语言	
师生互动用语		学生数量	
1. 教师授课方式、方法； 2. 学生专注程度、参与程度； 3. 师生互动的频率、发起者、质量、形式和内容概要； 4. 学生学习方式、掌握程度； 5. 授课基本流程。			

（三）校领导访谈提纲

1. 校领导教育与专业成长背景

（1）您的毕业院校、专业是什么？您从教多少年？

（2）您在校长这一岗位上工作了多长时间？

（3）在您接任校长一职之前是从事什么工作的？

（4）您是如何成长为一名校长的？

2. 学校概况

（1）您能简要绍一下所在学校的发展历程吗？大体可以划分为几个阶段？

（2）学校的教师和学生的民族构成是什么样的？

（3）学校的校风校训的内容是什么？它有什么重要意义？学校的特色定位与办学思路是什么？教师和学生对学校的办学定位是否认同？

3. 学校办学条件

（1）硬件设施：校舍、现代化教学手段的配备和使用、各种功能场馆等。

（2）师资条件：教师的数量、质量（能否胜任教学工作）、专业构成（各科任课教师是专业毕业还是职后继续教育转变过来的）、年龄结构（年轻教师和资深教师的比例如何）、编制问题（是否存在缺编现象，缺口有多大，是不是结构性短缺，缺编的原因是什么，有多少代课老师，代课老师的待遇如何）。

4. 学校新课程改革实践历程

（1）前期宣传准备情况：如何组织教师参与新课程改革？对学生有没有宣传和教育？

（2）有没有新课程改革的实施方案或者是计划？（国家、自治区、通辽市、学校）有没有专门针对蒙语授课学校的当地的实施方案，尤其是针对当地情况的创新？

（3）什么时候全面开展新课程改革的，大体可以划分几个阶段？每一个阶段有没有什么标志性的活动、事件、文件或政策？新课程改革主要表现在学校工作的哪些方面？

（4）新课程改革的实施需要各种手段，例如行政法规、经济手段（拨款与补贴）、信息支持与能力培训、社区（村寨头人或老人）支持等。学校实施新课程改革，国家、自治区、通辽市有没有什么保障性的政策、措施（如师资培训、经费支持、教材出版、招生升学倾斜政策等)?

(5) 新课程改革实施效果贵校是如何反映给上级主管部门的，又是如何了解到教师实施新课程改革的状况? 有没有制定一些激励机制，比如说奖金等?

5. 对新课程改革的认识和态度

(1) 能谈一下您对新课程改革的理解吗? 您认为新课程改革主要想达到哪些目标? 在您看来这些目标实现了吗? 为什么?

(2) 您对新课程改革持一种什么样的态度呢? 它给民族学校带来了什么影响?

6. 新课程改革与双语教育

(1) 您是否认为新课程改革对教师的要求提高了，这种要求体现在哪些方面? 您认为民族学校的教师是否能够满足新课程改革提出的要求?

(2) 贵校教师参与新课程改革培训的情况如何呢?（级别、项目、参训教师选择的标准、效果、评价方式）除了新课程改革的培训外，教师们还参加哪些方面的培训? 您认为这些培训对教师的专业成长帮助大吗? 您认为教师的培训应该在哪些方面加以改善?

(3) 贵校对教师的绩效评估方式是怎样的? 实施新课程改革之后，对教师的评价有没有什么变化? 是以学生成绩和升学率为标准还是增加了新的内容?

(4) 实施新课程改革对学校的课程设置有没有影响? 科目的数量和各科课时数有没有显著变化?

(5) 新课程改革对民族学校教学目标、教学内容、教学方式方法的影响是什么?

(6) 新课程改革对学生的学习方式、学习评价的影响是什么? 新课程改革实施以来，学生的学业成绩的发展趋势是怎样的?

7. 学校与家长沟通

(1) 实施基础教育政策时，有些内容，比如说对强调学生自主学习而增加学生自主学习的时间，有的家长会认为这样的方式是对学生的放任自流，可能会出现一些需要消除的误解。贵校是否遇到过类似的情况，在消解误会方面的经验是什么? 或者是否存在这样的情况，就是由于这样的顾虑而不能够大胆地进行改革和尝试?

（2）新课程改革的有效实施是需要家长的理解和支持的，贵校在争取少数民族家长的理解和支持方面，是否存在困难？请举例说明。主要经验有哪些？

8. 新课程改革与民族文化传承

（1）学校是否经常举办具有蒙古族特色的活动？教师和学生是否乐于参与这些活动？

（2）蒙古族传统的文化主要表现在学校的哪些方面？

（3）您认为蒙古族文化对学校、教师和学生的发展的影响表现在哪些方面？

（4）您认为学校在传承蒙古族文化方面应该起到什么作用？

9. 实施新课程改革面临的问题与对策

（1）学校层面：教学资源、教师数量质量、家长的认识态度、政策和经费保障等。

（2）教师层面：能力素质、知识结构、态度认识、对教材的理解与把握、学生学习兴趣的调动与保持、生活经济问题等。

（3）学生层面：学习兴趣、课程内容的吸引力、学习方式、升学压力、就业前景等。

10. 总体评价

（1）取得的成绩：新课程改革已经走过十几年的历程，您认为新课程改革在哪些方面取得了可喜的效果？哪些方面没有取得预期的效果？有没有一些结果会出乎人们起初的设想，新课程改革中哪些结果出乎你们的预料（如对少数民族学生受教育机会的保障；对教育质量的提升；对当地经济社会发展的促进，尤其是民族文化保护与传承；偏差与预料之外的结果等）？

（2）存在的问题：民族教育资源缺乏、教师能力素质有待提高、学校管理的民主及原因分析（政策本身、政策资源、政策环境、政治资本、经济条件）。

（3）新课程改革在促进学生、教师、学校、民族教育发展方面的作用。

（四）教师访谈

1. 教育背景

您是什么时候毕业的？毕业学校和专业？您在这里工作多长时间了？教

什么科目？您的感受如何？

2. 学校新课程改革实践历程

（1）前期宣传准备情况：学校如何组织教师参与新课程改革？改革前有没有进行一些宣传活动？对学生有没有宣传和教育？

（2）有没有新课程改革的实施方案或者是计划？（国家、自治区、通辽市、学校）有没有专门针对蒙语授课学校的当地的实施方案，尤其是针对当地情况的创新？

（3）您在教学中是如何实施新课程改革的，您主要把新课程改革渗透在哪些工作当中？

（4）新课程改革的实施需要各种手段，例如行政法规、经济手段（拨款与补贴）、信息支持与能力培训、社区（老人）支持等。学校实施新课程改革国家、自治区、通辽市有没有什么保障性的政策、措施（如师资培训、经费支持、教材出版、招生升学倾斜政策等）？

（5）新课程改革实施效果您是如何反映给校领导的，又是如何了解到学生的学习状态的？学校有没有制定一些激励机制，比如说奖金等？

3. 对新课程改革的认识和态度

（1）能谈一下您对新课程改革的理解吗？您认为新课程改革主要想达到哪些目标？在您看来这些目标实现了吗？为什么？

（2）您对新课程改革持一种什么样的态度呢？它给民族学校、教师和学生带来了什么影响？您认为实施新课程改革是否增加了工作压力？

4. 新课程改革与双语教育

（1）您是否认为新课程改革对教师的要求提高了，这种要求体现在哪些方面？您认为民族学校的教师是否能够满足新课程改革提出的要求？

（2）您参加过新课程改革的培训吗？（级别、项目、参训教师选择的标准、效果、评价方式）除了新课程改革的培训外，教师们还参加哪些方面的培训？您认为这些培训对教师的专业成长帮助大吗？那您认为教师的培训应该在哪些方面加以改善？

（3）学校对教师的绩效评估方式是怎样的？实施新课程改革之后，对教师的评价有没有什么变化？是以学生成绩和升学率为标准还是增加了新的内容？

（4）实施新课程改革对学校的课程设置有没有影响？科目的数量和各科

课时数有没有显著变化？

（5）新课程改革对民族学校教学目标、教学内容、教学方式方法的影响是什么？

（6）新课程改革对学生的学习方式、学习评价的影响是什么？新课程改革实施以来，学生的学业成绩的发展趋势是怎样的？

5. 新课程教材

（1）实施新课程改革以来，学校共使用了几版教材？您认为哪一版比较好，哪一版比较不符合当地的情况？为什么？

（2）新教材是更贴近学生的生活还是相反？学生对新教材的适应性如何？

（3）学校有没有自主开发校本课程？内容涉及哪些方面？您是否参与编写校本课程？这些校本教材学生都有吗？通常什么时间上学校校本课程？

6. 学校与家长沟通

（1）实施基础教育政策时，有些内容，比如说对强调学生自主学习而增加学生自主学习的时间，有的家长会认为这样的方式是对学生的放任自流，可能会出现一些需要消除的误解。贵校是否遇到过类似的情况，在消解误会方面的经验是什么？或者是否存在这样的情况，就是由于这样的顾虑而不能够大胆地进行改革和尝试？

（2）新课程改革的有效实施是需要家长的理解和支持的，在争取少数民族家长的理解和支持方面，是否存在困难？请举例说明。主要经验有哪些？

7. 新课程改革与民族文化传承

（1）学校是否经常举办具有蒙古族特色的活动？教师和学生是否乐于参与这些活动？

（2）您在工作中会渗透蒙古族传统文化的内容吗？如何渗透？学生反映如何？

（3）您认为蒙古族文化对学校、教师和学生的发展的影响表现在哪些方面？

（4）您认为教师在传承蒙古族文化方面应该起到什么作用？

8. 实施新课程改革面临的问题与对策

（1）您在实施新课程改革的过程中，面临的困难有哪些？原因是什么？（能力素质、知识结构、态度认识、对教材的理解与把握、学生学习兴趣的调动与保持、生活经济问题等）

（2）您是怎么解决这些问题的？

9. 总体评价

（1）取得的成绩：新课程改革已经走过十几年的历程，您认为新课程改革在哪些方面取得了可喜的效果？哪些方面没有取得预期的效果。有没有一些结果会出乎人们起初的设想，新课程改革中哪些结果出乎您的预料（如对少数民族学生受教育机会的保障；对教育质量的提升；对当地社会经济发展的促进，尤其是民族文化保护与传承；偏差与预料之外的结果等）？

（2）存在的问题：民族教育资源缺乏、教师能力素质有待提高、学校管理的民主及原因分析（政策本身、政策资源、政策环境、政治资本、经济条件）。

（3）新课程改革在促进学生、教师、学校、民族教育发展方面的作用有哪些？

（五）学生访谈

1. 你叫什么名字？你多大了？你来自哪里？家在学校附近吗？你上几年级？（班里）男生多还是女生多？你的同学都是蒙古族吗？平时有多少人上课？

2. 你觉得什么样的老师才是好老师？你身边有这样的好老师吗？你觉得什么样的学生才是好学生？你身边有这样的好学生吗？

3. 你在学习中会遇到的困难是什么，遇到学习困难你会找谁帮忙（同学、家长或者教师）？

4. 你的学习负担重吗？这种负担主要来自哪里？

5. 你在课堂上经常发言吗？经常发言的同学有多少？

6. 课堂上老师会经常让同学们讨论吗？你会和同学合作完成任务吗？

7. 你喜欢老师一直讲，还是喜欢老师边讲边和同学讨论？

8. 你会自己学习一些感兴趣的内容吗？老师这样鼓励你们吗？

9. 你有什么课？你喜欢哪门课？为什么？你哪门课比较好？哪门比较不好？为什么？

10. 每天上课你都能集中精力听课还是很难集中精力？

11. 你觉得课本上的内容和你的生活接近吗？还是差距较远？

12. 你知道一些蒙古族的故事吗？从哪里知道的？老师会给你们讲蒙古族

的各种故事吗?

13. 如果你不明白老师说什么，你会怎么做？你有什么感受？如果你不明白他（她）说的什么，老师都做了什么？（老师用汉语讲课，你能听得懂吗？如果你听不懂，老师会帮助你吗?）

（六）教师问卷

亲爱的老师：

您好！为了解少数民族地区中小学教师的生活和工作状况，我们设置了这份问卷。答案无所谓对错，一律匿名处理，调查结果只做研究用途，请您按实际情况作答。谢谢您的合作！

一、根据实际情况填写在“________”上。

性　　别：________　　　　民　　族：________

婚姻状况：________　　　　出生年份：19 ____年

学　　历：________　　　　HSK 等级或 MHK 等级：________

从教年份：________年　　　专业技术职称：________

毕业院校：

1. 本学期您所教的年级（请按 1 ~ 12 年级填写）：________
2. 本学期您教几门课程：共教________门课
3. 本学期您所教的课程是（可写多个）：________
4. 本学期您给几个班上课：____个班；共有多少名学生：____名

二、请在您所适合的选项序号上画“√”。

1. 您属于下面哪类教师？(　　)

   A. 正式编制的专任教师　　　B. 特岗教师

   C. 代课教师　　　D 其他（请说明）：________

2. 从事教学工作前，您属于下列哪种类型？(　　)

   A. 师范生　　　B. 非师范生

3. 新课程改革实施前，学校有没有组织宣传动员活动？(　　)

   A. 有　　　B. 没有

   如果有，形式是什么？(　　)

A. 会议　　B. 培训

C. 观摩课　　D. 专家讲座

E. 网上学习　　F. 其他（请说明）：________

4. 新课程改革实施前，教师有没有经过相关的培训？（　　）

A. 有　　B. 没有

如果有，培训的内容是什么？（　　）

A. 《基础教育课程改革纲要》主要内容

B. 新课程改革的教育理念

C. 新课程改革的实施方案

D. 其他（请说明）：________

5. 您对新课程改革的内容（　　）。

A. 非常熟悉　　B. 熟悉

C. 一般　　D. 了解一些

E. 不熟悉

6. 您是否参加过新课程改革的培训？（　　）

A. 是　　B. 否

如果参加过，您参加的哪个层次的新课程改革培训？（　　）

A. 国家级培训　　B. 自治区级培训

C. 地州级培训　　D. 市县级培训

E. 校级培训　　F. 没有参加过培训

7. 您认为培训对您的教育教学的帮助有多大？（　　）

A. 非常有帮助　　B. 有帮助

C. 一般　　D. 没有帮助

8. 学校更换教材的频率大概是（　　）。

A. 十年一换　　B. 五年一换

C. 三年一换　　D. 每年一换

E. 其他（请说明）：________

9. 您对现在使用的教材的满意程度是（　　）。

A. 非常满意　　B. 满意

C. 无所谓　　D 不满意

E. 非常不满意

10. 您所在学校是否做到了对蒙古族文化的传承？（　　）

A. 做得很好　　B. 比较好

C. 一般　　D. 不好

E. 很不好

11. 您所在的学校教师常用的教学方式是（　　）。

A. 一堂课老师一人讲到底

B. 老师一边讲一边组织学生参与讨论

C. 小组讨论

D. 其他（请注明）：________

12. 您在教学中是否做到了积极开发学科课程资源？（　　）

A. 做得很好　　B 比较好

C. 一般　　D. 不好

E. 很不好

13. 您在教学中是否彻底改变了同步式“一刀切”的教学方式？（　　）

A. 做得很好　　B. 比较好

C. 一般　　D. 不好

E. 很不好

14. 在教学中您是否做到了引导学生积极参与课堂教学？（　　）

A. 做得很好　　B. 比较好

C. 一般　　D. 不好

E. 很不好

15. 实施新课程改革对学校的课程设置的影响包括（　　）。

A. 课程门类增加

B. 各科课时数有显著变化

C. 少数学科起止时间有显著变化

D. 没有变化

16. 您对学校的教师评价制度是否满意？（　　）

A. 非常满意　　B. 满意

C. 无所谓　　D. 不满意

E. 非常不满意

17. 您对自身专业发展的要求是（　　）。

A. 一般教师　　　　　　　B. 学者型教师
C. 学科带头人、骨干教师　D. 保证不落伍
E. 没有要求

18. 您对新课程改革最为困惑的是（仅选一项）（　　）。
A. 观念难以适应　　　　　B. 缺乏教育资源
C. 难以把握新课标和教材　D. 评价体系落后
E. 其他（请注明）：________

19. 您认为实施新课程改革的阻力表现在哪些方面？（　　）
A. 课程改革政策本身不完善　B. 培训不到位
C. 课程资源不足　　　　　　D. 教师观念落后，能力不足
E. 评价机制不健全、不合理　F. 地方行政部门不够重视
G. 其他（请说明）：________

20. 本题有5种不同的答案。从“很不符合”到“非常符合”分别记为1至5，请在适合您的选项数字下划“√”。

题目	很不符合	不太符合	一般	比较符合	非常符合
1. 您赞成新课程改革	1	2	3	4	5
2. 您认同新课程改革的三维目标（知识技能、过程方法、情感态度价值观三者的统一）	1	2	3	4	5
3. 您了解新课程改革的教学理念	1	2	3	4	5
4. 新教材难易程度恰当	1	2	3	4	5
5. 新教材内容贴近学生的生活	1	2	3	4	5
6. 您自身的知识结构和能力水平能够适应新课程改革的需求	1	2	3	4	5
7. 新课程改革的培训不能很好地指导教学实践	1	2	3	4	5
8. 您所在的学校在实施新课程改革时考虑到了少数民族学习、生活和文化背景	1	2	3	4	5
9. 新课程改革增加了教师的工作量	1	2	3	4	5
10. 教师们的教育研究意识比较淡薄	1	2	3	4	5
11. 学生的学习成绩是评价教师的重要指标	1	2	3	4	5

续表

题目	很不符合	不太符合	一般	比较符合	非常符合
12. 教学反思是您工作的重要内容	1	2	3	4	5
13. 新课程改革提升了民族教育的质量	1	2	3	4	5
14. 新课程改革促进了学生的发展	1	2	3	4	5
15. 家长支持和理解教师的各项工作	1	2	3	4	5
16. 您在工作中会经常渗透蒙古族传统文化的内容	1	2	3	4	5

（七）学生问卷

亲爱的同学：

你好！这是一份关于学校生活的问卷，请你如实填写问卷。填空题请将答案直接填写在横线上，选择题请在适合你的选项序号上画“√”。谢谢你的支持和合作！

性　　别：________　　　　出生年份：________年

民　　族：________　　　　年　　级：________

你父母有几个孩子？________

1. 你父亲的文化程度是（填写下列选项序号）：________

   你母亲的文化程度是（填写下列选项序号）：________

   A. 小学及以下　　　　B. 初中

   C. 高中　　　　D. 中专、技校

   E. 大专　　　　F. 大学

   G. 研究生

2. 你喜欢上学吗？（　　）

   A. 很喜欢　　　　B. 喜欢

   C. 不太喜欢　　　　D. 不喜欢

   如果你喜欢上学，请你回答你为什么喜欢上学？（可多选）（　　）

A. 有同学一起玩　　B. 交到很多朋友
C. 学到知识　　D. 老师好
E. 读书有用　　F. 其他（请说明）：________

3. 你听得懂老师讲的课吗？（　　）
A. 能听懂　　B. 听懂一些
C. 听不太懂
如果听不懂，为什么？（　　）
A. 因为听不懂老师说的话　　B. 因为学习内容太难了
C. 因为不喜欢　　D. 其他

4. 你们老师经常采用的教学方式是（　　）。
A. 一堂课老师一人讲到底
B. 老师一边讲一边组织学生参与讨论
C. 课外讨论
D. 其他（请注明）：________

5. 你最喜欢的教学方式是（　　）。
A. 一本教材一支（粉）笔一块黑板的教学方式
B. 实验操作
C. 多媒体教学、电化教学
D. 动手实践
E. 其他（请注明）：________

6. 在你班同学中，能经常被老师点名回答问题的同学大约有（　　）。
A. 所有　　B. 绝大多数
C. 一半左右　　D. 三分之一
E. 少数几个

7. 你们学校是否经常举办有少数民族特色的活动？（　　）
A. 经常举办　　B. 不经常举办
C. 从来不举办

8. 你是否知道蒙古族的节日和风俗习惯？（　　）
A. 知道　　B. 知道一点儿
C. 不知道
如果知道，请你说明你是从哪儿知道的？（　　）

A. 老师讲的　　B. 亲戚朋友告诉的

C. 听村里人说的　　D. 从电视等媒体上知道的

E. 从书本上了解到的　　F. 其他渠道________

9. 你最近在学习中遇到的最大困难是什么？

____

____

10. 本题有5种不同的答案。从“很不符合”到“非常符合”分别记为1至5，请在适合您的选项数字下划“√”。

题目	很不符合	不太符合	一般	比较符合	非常符合
我喜欢上学，也喜欢学习	1	2	3	4	5
上课时我总是能集中精力	1	2	3	4	5
上课时我经常和同学们讨论问题	1	2	3	4	5
讨论时同学总能给我启发	1	2	3	4	5
上课时我经常回答问题	1	2	3	4	5
有不会的问题我总是不敢问老师和同学	1	2	3	4	5
新教材上的内容在生活中不是很常见	1	2	3	4	5
课堂上学生不能反对老师	1	2	3	4	5
有时候我会自己学习一些感兴趣的内容	1	2	3	4	5
我学习是为了考大学	1	2	3	4	5
我了解很多蒙古族的故事和生活习俗	1	2	3	4	5

五、调查过程

1. 进入方式：在双语调研之后，继续开展新课程改革调研。

2. 展开过程：一日教育生活全面观察、课堂观察、访谈、问卷、学生座谈。

（1）一日教育生活全面观察：由校领导推荐1名双语教师，标准是骨干教师、教龄10年以上、科研意识强；由教师推荐1个非正式学生群体，人数

2~3 人，对其进行一日教育生活的全面观察。

（2）课堂观察：每天听 1~2 节课，尽量涉及全部学科。

（3）访谈：每天下午进行 2~3 个访谈，先后顺序是校领导（校长、教导主任）访谈、教师访谈 5 个。

（4）问卷：调研末期发放问卷，以便调整和修改。

（5）学生座谈：选择的非正式群体、寄宿生。

参考文献

一、图书类

［1］ T. 胡森，等．简明国际教育百科全书·课程．江山野，主编译．北京：教育科学出版社，1991.

［2］ 陈庆云．公共政策分析．北京：北京大学出版社，2011.

［3］ 陈庆云．公共政策分析．北京：中国经济出版社，1996.

［4］ 陈振明．公共政策学．北京：中国人民大学出版社，2004.

［5］ 董建稳，肖自明．基础教育课程改革导论．西安：陕西师范大学出版社，2009.

［6］ 费孝通．费孝通论文化与文化自觉．北京：群言出版社，2011.

［7］ 冯增俊．教育人类学．南京：江苏教育出版社，1998.

［8］ 哈经雄，滕星．民族教育学通论．北京：教育科学出版社，2001.

［9］ 黄小燕，周敬山．新课程语文教与学．福州：福建教育出版社，2005.

［10］ 黄忠敬．课程政策．上海：上海教育出版社，2010.

［11］ 江渝．政策分析方法：视角·路径·工具．成都：四川大学出版社，2011.

［12］ 靳玉勒．自主学习．成都：四川教育出版社，2005.

［13］ 黎海英，祝炳宏．新课标理念下的中学数学方法论．南宁：广西教育出版社，2007.

［14］ 李定仁．西北民族地区校本课程开发研究．北京：民族出版社，2006.

［15］ 李连科．哲学价值论．北京：中国人民大学出版社，1991.

［16］ 李志厚．变革课堂教学方式——建构主义学习理念及其在教学中的

应用．广州：广东教育出版社，2010.

［17］林耀华．民族学通论．北京：中央民族大学出版社，2001.

［18］刘世清．教育政策伦理．上海：上海教育出版社，2010.

［19］潘涌．语文新课程与教学的解放：面向21世纪基础教育课程改革．广州：广东教育出版社，2004.

［20］申仁洪．研究性学习教学论．广州：广东高等教育出版社，2006.

［21］施良方．课程理论——课程的基础、原理与问题．北京：教育科学出版社，1996.

［22］施良方．学习论．北京：人民教育出版社，2001.

［23］舒志定．教师角色辩护：走向基础教育课程改革．杭州：浙江大学出版社，2006.

［24］苏德．教育学原理．呼和浩特：内蒙古大学出版社，2007.

［25］孙绵涛．教育政策学．北京：中国人民大学出版社，2010.

［26］田凌晖．公共教育改革——利益与博弈．上海：复旦大学出版社，2011.

［27］通辽市民族教育发展概况编委会．通辽市民族教育发展概况（1636—2007）．通辽：内蒙古少年儿童出版社，2009.

［28］王嘉毅，常宝宁，等．西北地区农村基础教育课程改革研究．北京：教育科学出版社，2009.

［29］王鉴，万明钢．多元文化教育比较研究．北京：民族出版社，2006.

［30］王守恒，姚运标．课程改革与教师专业发展．合肥：安徽教育出版社，2007.

［31］王锡宏．中国少数民族教育本体理论研究．北京：民族出版社，1998.

［32］王欣欣．推进新课程：科尔沁区基础教育课程改革研究．北京：新华出版社，2006.

［33］伍启元．公共政策（上册）．台北：台湾商务印书馆，1985.

［34］幸克坚．数学文化与基础教育课程改革．重庆：西南师范大学出版社，2006.

［35］杨慧文，黄建国．走过五年：江西省基础教育课程改革经验汇编．

北京：人民教育出版社，2006.

[36] 杨九俊．基础教育课程改革新教师读本．南京：南京大学出版社，2008.

[37] 杨明全，等．新课程下的课堂观．北京：首都师范大学出版社，2005.

[38] 杨明全．课程概论．北京：北京师范大学出版社，2010.

[39] 叶澜，等．基础教育改革与中国教育学理论的重建研究．北京：经济科学出版社，2009.

[40] 战建华．公共政策学．济南：山东人民出版社，2011.

[41] 张德伟，何晓芳．新课程与教学改革．北京：北京出版社，2005.

[42] 赵必华，查啸虎．课程改革与教育评价．合肥：安徽教育出版社，2007.

[43] 钟启泉，汪霞，王文静．课程与教学论．上海：华东师范大学出版社，2008.

[44] 钟启泉．现代课程论．北京：教育科学出版社，1988.

[45] 钟启泉，等．为了中华民族的复兴为了每位学生的发展：《基础教育课程改革纲要（试行）》解读．上海：华东师范大学出版社，2001.

[46] 钟启泉．课程论．北京：教育科学出版社，2007.

[47] 周兴国，江芳．课程改革与管理制度创新．合肥：安徽教育出版社，2007.

[48] 朱天利．新课程学习论．广州：广东高等教育出版社，2005.

[49] Philip W. Jackson. *Handbook of Research on Curriculum*: *a Project of the American Educational Research Association.* New York: Macmillan Publishing Compony (part), 1992.

[50] Sandra Taylor, Fazal Rizvi, Bob Lingard, Miriam Henry. *Educational Policy and the Politics of Change.* London and New York: Routledge, 1997.

二、期刊类

[1] 巴·苏和．关于科尔沁文化的几点思考．通辽日报，2008-01-06.

[2] 蔡宝来，晋银峰．我国基础教育改革的现实境遇与未来抉择．上海师范大学学报（哲学社会科学版），2010（1）．

[3] 陈旭．反思，在课改艰难行进时．教育科学论坛，2006（9）．

[4] 邓璐．关于新课程改革理念及其实践适切性的思考．阿坝师范高等专科学校学报，2007（1）．

[5] 葛玲霞．反思建构主义教学理论及其在我国的适切性．现代教育科学（普教研究），2007（3）．

[6] 郝德勇．新课程改革：症结与超越．教育研究，2006（5）．

[7] 何娟，靳玉乐．新课程发展中学校文化品性的缺失与重建．中小学教育，2005（7）．

[8] 金志远．民族基础教育课程改革的思考：理论，文化与实践之维．民族教育研究，2007（5）．

[9] 雷晓云，王英．走出对立思维，实现思维创新——关于基础教育课程改革的文化反思．教育导刊，2005（5）．

[10] 黎世法．基础教育新课程体系实施的主要矛盾和存在的主要问题．异步教学研究，2002（3）．

[11] 梁润冰．我国教育体制改革的路径分析．复旦教育论坛，2004（2）．

[12] 刘春燕．当代教育中的工具理性主义．江西教育科研，2004（8）．

[13] 刘冬岩．关注行动本身——课程改革教学价值观的反思．当代教育科学，2005（16）．

[14] 路书红．基础教育课程改革阻力的文化思考．教育发展研究，2007（5）．

[15] 潘新民．反思“当代西方新理论”在我国新课程改革中的适切性．教育科学研究，2006（10）．

[16] 彭泽平．我国新一轮基础教育课程改革的问题检视．教学与管理，2005（11）．

[17] 石中英．关于当前基础教育改革的几点认识论思考．人民教育，2002（1）．

[18] 苏德，王平．“文化和发展”视角下的少数民族基础教育政策问题分析．教育学报，2011（1）．

[19] 苏德，王渊博．云南民族基础教育政策实施情况的调查及对策研究——以德宏州陇川县为例．民族教育研究，2010（4）．

[20] 苏德．对民族教育基本概念的再认识．内蒙古师范大学学报，2002（2）．

[21] 苏德．多元文化教育——一个跨文化研究视角．内蒙古师范大学学报（教育科学版），2004（1）．

[22] 苏德．少数民族多元文化教育的内容及其课程建构．中央民族大学学报（哲学社会科学版），2008（1）．

[23] 苏德．文化教育人类学视野下的校本课程开发．内蒙古师范大学学报（教育科学版），2004（3）．

[24] 滕飞，赵琼．追问建构主义在基础教育课程改革中的适切性．教育科学研究，2005（6）．

[25] 万明钢，王平．教学改革中的文化冲击与文化适应问题．教育研究，2005（10）．

[26] 王爱菊，徐文彬．"新课程"批判与反思：教材的选用机制．当代教育科学，2005（8）．

[27] 王策三．关于课程改革方向的"争议"．教育学报，2006（2）．

[28] 王鉴．当前民族文化与教育发展所面临的主要问题及对策．民族教育研究，2010（2）．

[29] 王沛贵．新课程改革中几个值得探求的问题．教育革新，2005（3）．

[30] 王平强，徐文彬．多元文化背景下小学语文教材的适切性——以国标本苏教版语文教材为例．教育科学研究，2011（3）．

[31] 王迎，魏顺平．教育政策文本分析研究．现代远距离教育，2012（2）．

[32] 魏宏聚．新课程三维目标在实践中遭遇的尴尬与归因——兼对三维目标关系的再解读．中国教育学刊，2011（5）．

[33] 温欣荣，薛国凤．课程改革背景下基础教育问题的反思．课程·教材·教法，2005（8）．

[34] 吴志华．义务教育生物实验教材（人教版）与课程目标适切性研究．课程·教材·教法，2003（4）．

[35] 杨建忠．少数民族地区农村基础教育课程改革中的问题与对策．民族教育研究，2007（3）．

[36] 张爱萍．基础教育课程教材适切性评价研究．教育理论与实践，2005（13）．

[37] 张计兰．新课程标准适切性的两难处境——基于课程改革功能的反思．新课程研究，2007（4）．

[38] 张强．双语教学——提高民族教育质量的重要途径．中国民族教育，2007（Z1）．

[39] 张荣伟．我国基础教育“十年课改”的反思．课程·教材·教法，2010（12）．

[40] 钟海青．质量与特色：民族教育的永恒追求．民族教育研究，2011（2）．

[41] 钟启泉．中国基础教育课程改革：问题与行动．全球教育展望，2004（1）．

[42] 钟启泉．中国课程改革：挑战与反思．比较教育研究，2005（12）．

[43] 周彦．“祛魅”与“返魅”：新课程视野中教师角色转变的文化反思．教育研究与实验（新课程研究），2006（4）．

三、论文类

[1] 胡东芳．课程政策研究——对“课程共有”的理论探索．上海：华东师范大学博士学位论文，2001.

[2] 李泽宇．我国基础教育课程改革的适切性研究．长春：东北师范大学博士学位论文，2010.

[3] 骆寒波．我国基础教育改革过程中运用建构主义出现的问题及其反思．广州：华南师范大学硕士学位论文，2007.

[4] 倪娟．初中理科课程标准的适切性研究——基于对江苏省内实施情况调查及文本内容分析．南京：南京师范大学博士学位论文，2008.

[5] 王慧霞．西北民族地区基础教育新课程实施问题研究——以夏河县两所藏族学校为个案．兰州：西北师范大学博士学位论文，2008.

[6] 晏燕平．新一轮基础教育课程改革研究的反思及建议．长沙：湖南师范大学硕士学位论文，2008.

[7] 杨志娟．改革开放以来内蒙古地区幼儿园课程改革的文化研究．呼

和浩特：内蒙古师范大学硕士学位论文，2010.

[8] 张灵芝．后现代课程观及其在中国的适切性．南京：南京师范大学硕士学位论文，2003.

后　记

人们常说："时间在流逝。"其实不对，时间是静止的，是我们在流逝。从2010年9月入学至2013年6月，我在中央民族大学渡过了人生中最为充实的三年。在这三年中，除了学术知识的增长、研究方法和技术的娴熟、研究意识的增强、研究视野的开阔之外，我很庆幸地积累了更为丰富的人生经验，那便是恩师的教诲与解惑，学友的共勉与互助，以及家人的理解与支持。这些都是无价之财富，不仅在我昔日的求学历程中鼓励着我，也为我后续的征途注入不竭动力。在此，心表感激！

本书是在我的博士学位论文的基础上修改而成的。在本书出版之际，感谢我最崇敬的导师苏德教授，您细致、认真、坚持、严谨的治学态度，豁达的心胸，丰富的专业知识和专业阅历，深深影响着我的学术研究和做人的态度，让我从初入门时的迷茫逐渐地领略到做学术的乐趣。在这里，我要最为诚挚地对我的导师说一句："苏老师，您幸苦了，感谢您！"

我要感谢的还有广西民族大学的党委书记钟海青老师。钟老师作为我们2010级博士的合作导师，无论是在授课过程中的精辟讲解，还是从论文开题到论文写作时的启发和引导，都让我受益匪浅。还要感谢哈经雄教授、滕星教授、常永才教授、吴明海教授，从论文选题、资料搜集到论文的构思、撰写和修改过程中都给予了我指导和帮助，在此一并表示我最真诚的谢意！

感谢通辽市教育局民族教育科的巴图吉日嘎拉科长在调研期间给予我的支持和帮助，从与巴科长的讨论中，我受益良多。还要感谢通辽市蒙古族学校的白乙拉老师和库伦旗实验小学的曹桂琴老师在调研期间给予我的支持和帮助，他们为我提供了大量的资料和信息。

感谢我的同门师兄弟姐妹们三年来对我的陪伴，让我的求学之路充满了欢声笑语。感谢达万吉和塔娜，永远记得我们在图家图书馆奋斗的岁月，谢谢你们在撰写论文最为艰辛的日子里倾听我的抱怨，给予我的安慰和陪伴。感谢同门的丛静、沙尔娜，感谢我可爱的师妹袁梅、王渊博、王露、黄拓、王璐，是你们给我的学习和生活增添了丰富的色彩，给我的人生留下了难忘的回忆。

最后，我要感谢我的父母和丈夫张亮。在我最为迷茫、悲伤、困惑的时候给予我安慰。感谢我的父母，总是在精神上给予我肯定和鼓励，在行动上默默地付出。感谢我的丈夫这么多年给予我最有力的支持和最贴心的陪伴，我们的幸福会长长久久。

感谢所有帮助我、支持我的老师们、同学们和朋友们！

本书的出版得到了中央民族大学“985 工程”三期建设项目与国家社会科学基金教育学重点招标课题“民族教育质量保障与特色发展研究”的经费资助，在此衷心感谢！

杨志娟

2017 年 4 月

于内蒙古民族大学图书馆